/ 艺 术 大 师 自 画 像 /

多面肖邦

—— 钢琴诗人的四百封来信

Chopin

[波] 弗里德里克·肖邦 著

王云松 王超君 宁亚维 王丽君 编译

山东美术出版社

编译者的话

　　最初接到这本书英文稿时，肖邦给我的印象还仅仅停留在波兰爱国音乐家这样标签式的内容上。然而，翻开 E.L.Voynich 的英文版《肖邦书信选》，一切都变了：呈现在我面前的是一个多面而立体的肖邦，其命运之多舛，内心之丰富，爱情之跌宕，交往之广泛，常令我或扼腕叹息，或会心微笑，或惊讶不已……这位多才多艺的钢琴大师如同一颗划过天际的流星，于短暂的39年的生命里，闪现出璀璨炫目的光彩。

　　说他命运多舛，其实20岁之前的肖邦，由于家庭的爱和保护，过着衣食无忧的生活。他很早就展露出音乐才华，风趣幽默，富有想象力，似乎对一切事物都充满兴趣和好奇。尽管也经受了家庭的变故、考试的压力、初恋的折磨等等，读者仍可以从这段时期他写给家人和朋友的信中感受到他神采飞扬、活泼开朗的勃勃风姿。1830 年 11 月 2 日肖邦离开华沙，开始了他坎坷的后半生。从此远离父母，再也没有回过故国。爱情的曲折、动荡的时局，再加上不善理财、疾病缠身，成年的肖邦经历了各种残酷的考验。后来为了生计，他不得不远赴英国演奏授课，使原本多病的身体愈发孱弱。也许正是肖邦这奇特的生活经历给他带来了无尽的创作灵感吧。

　　说他内心丰富，请允许我引用 E.L.Voynich 在英译版前言中所写的一段："从这些信函中，我们能看出他在家时与家人关系融洽，他对老友真挚的忠诚，及无意识地一再利用他们；他那暴躁的脾气和那善良的心肠；他那拉伯雷式的笑话和骨子里的因循守旧，他对索兰热·克莱辛热（乔治·桑的女儿）的温柔呵护，他对英国人、出版商、葡萄牙人等等类似的'下等人'充满天真的蔑视。他那迷人的稳重和庄重的自尊；他能接受富有的业余爱好者和愚蠢的皇室做的评价，他的天赋让他能在他们的宫殿中保持崇高的地位。"令我惊讶的是，肖邦在给家人、恋人和朋友的书信和日记里，尽管有抱怨和牢骚，也曾多次抒发悲痛、哀伤等心情，但他始终是乐观的，能比较快地转移话题，调节负面情绪。一般介绍肖邦的文章中均强调他"忧郁而多愁善感"，这些书信多少颠覆了这一印象。我个人以为，一个能写出传世之作的伟大音乐家，他的内心必须是多彩的，强大的。如果只有忧郁而多愁善感的特质，是写不出流芳千古的作品的。肖邦的多面性，也正是反映在他多层次的内在精神世界上。

　　说他爱情跌宕，肖邦在他的书信里记录了他的三段爱情经历，每一段都走得颇为艰难：初恋时，肖邦充满了对爱的憧憬。他对恋人康丝坦雅百转千回、牵肠挂肚的思念，他那患得患失的甜蜜与痛苦，令人唏嘘感叹。这段感情，随着肖邦1830年离开波兰无疾而终。肖邦后来遇到了童年的玩伴玛利亚，两颗心逐渐靠近。肖邦的求婚被玛利亚欣然接受，但因玛利亚母亲的反对，婚约被迫取消。无奈与感伤中，肖邦将他与玛利亚家族的通信捆成一扎留存，并在上面写下了"我的痛苦"。肖邦最跌宕起伏的爱情当属他与法国作家乔治·桑长达九年的深邃纠缠。从最初的两情相悦，到生活上相互扶持、创作上相互影响，再到最后产生矛盾、爆发冲突，最终两人渐行渐远。肖邦至此爱情幻灭。后来因为经济、身体等原因，他对学生和爱慕者简·斯特林流露的缱绻深情敬而远之。作为一位女性译者，我特别关注肖邦的情感世界，刻意地想在众多的书信中找出蛛丝马迹，理清他感情上屡屡失败的原因。然而，太多的真相已经被掩埋在时光中了。

说他交往广泛，肖邦的社交圈几乎囊括当时欧洲各国各界的精英人物：音乐家、作家、诗人、画家、皇室贵族等，有些是我们耳熟能详的大家：李斯特、舒曼、凯鲁比尼、车尔尼、门德尔松、柏辽兹、德拉克洛瓦、密茨凯维奇、海涅、雨果……与各种思想的碰撞和交流为肖邦提供了创作的源泉。翻译时，面对芜杂繁琐的人名，查核了解他们的生平和贡献，我常兀自慨叹：生活在这样一个社交圈里，一个再平庸的人也会成为见识不凡者，而像肖邦这样的音乐天才则会越发变得卓而不群、光芒四射了。

肖邦是有趣的。他的信里常有奇思异想，奇闻逸事，妙语连珠。但他的拼写常出现错误，一个人名，在短短一封信里，竟会出现两种或三种不同的拼法。

肖邦是矛盾的。诚如 E.L.Voynich 在英译版前言所指出的："各种矛盾影响着他，巴赫和意大利歌剧之间的矛盾；波兰民间音乐与钢琴家的精湛技艺之间的矛盾；他为乔治·桑的悲惨付出和他无法理解她的矛盾；他那如水晶般透明的艺术直觉和有缺陷的思想（这种思想使他生活在法国知识分子中多年之后依然保持年轻时形成的狭隘偏见）之间的矛盾。"无疑，肖邦是深爱祖国的，他在信中多次谈到祖国波兰的语言、音乐、民俗等；波兰革命失败，肖邦也在日记里表示了对祖国和家人深深的惦念和对俄军极大的愤慨。但 E.L.Voynich 指出："令人费解的是，一个波兰爱国者不仅保留着沙皇赠予的钻石戒指，而且还骄傲地珍藏着。即便是 1831 年之后，他还接受了康斯坦丁大公赐予的恩惠。"这足以反映出肖邦矛盾的一面。

肖邦是真诚的。他对自己的老师真诚地感激，对有才华的同行真诚地赞美，对家人、恋人和朋友真诚地爱与依赖。

肖邦是温柔而勇敢的。

……

肖邦是多面的。

一千个人眼里有一千个肖邦。这正是"钢琴诗人"的魅力所在！

由于本人水平有限，虽在整个翻译过程里全情投入，但因原文涉及英语、法语、波兰语等，译文难免有各种错误和疏漏，恳请读者们原谅并指正。

特别感谢波兰驻华使馆为本书提供的大量珍贵图片，正是由于他们的无私帮助使这本肖邦书信选有了更加丰富的内涵，让读者有了更多阅读的乐趣。

王云松

2011 年 5 月 30 日

Contents

● 多面肖邦——
　　钢琴诗人的四百封来信

珍妮 林德 1

● 致沃伊杰赫·格奇马拉，1848 年 5 月 11 日，星期四，伦敦，38 岁

我刚从意大利剧院回来，珍妮 林德①今年第一次一展歌喉，女王也是宪章运动②后的第一次公开露面。这两人都令人印象深刻，对我来说。老惠灵顿（Wellington）也让我难忘。他就坐在女王下一层的包厢，像一只狗笼里的宫廷老狗一样，坐在戴王冠的

① 珍妮·林德 [Johanna Maria (Jenny) Lind，1820~1887]，瑞典女高音歌唱家，珍妮·林德被誉为"瑞典的夜莺"。

② 宪章运动 (Chartism)，是 19 世纪三四十年代英国发生的争取实现人民宪章的工人运动。目的是，工人们要求取得普选权，以便有机会参与国家的管理。"普选权问题是饭碗问题"，工人阶级希望通过政治变革来提高自己的经济地位。宪章运动标志着英国无产阶级开始作为一支独立的政治力量登上了历史舞台，揭开了同资产阶级争夺政治权力的斗争的序幕。宪章运动是世界三大工人运动之一，在无产阶级运动历史上有着重要作用。

《珍妮·林德肖像》
(Portrait of Jenny Lind)
1862 年，马格努斯·爱德华 (Magnus Eduard)，油画

由于本书中出现的人名、地名、音乐手稿等纷繁复杂，编者为方便读者了解19世纪肖邦所身处的那个波澜壮阔的文艺时代，特别为书信集中所涉及的各类文学、音乐、历史等知识概念及艺术流派和艺术家等编拟了200余条注释；为便于读者查找原始材料，凡本书中所涉及的人名、地名及各类专有名词后均附有英语或波兰语原文。除了选配肖邦的相关音乐手稿图片外，还精心挑选了书信中所涉及的各类艺术作品图片，以便读者对照参看。

183

《珍妮·林德肖像》
(Portrait of Jenny Lind)
1845 年，理查德·詹姆斯·兰 (Richard James Lane，
1800~1872)，英国石版画

图注：完整标注作品的详细资料和解释。

这是瑞典女高音歌唱家珍妮·林德的一幅石版肖像画，珍妮·林德被誉为"瑞典的夜莺"。她是瑞典第一个并且可能是最伟大的享有国际声誉的歌唱家。琳德在九岁时就成为了瑞典皇家剧院的学生，她是一个有着宽广声域的熟练的花腔女高音。

花絮：是对于正文或者图片历史性或者关联性的解释，方便读者理解，拓展阅读范围。

《弗里德里克·肖邦画像》（*Portrait of Fryderyk Chopin*）
1999 年，奥斯瓦尔德·克拉伯，墨水画，附加水彩

献给父亲 1

● 致父亲，1816 年 12 月 6 日（父亲的命名日[①]），6 岁

当全世界在您的生日欢庆之时，
我的爸爸，我也因此感到快乐，
祝福您，永远快乐，没有烦恼，
神与您同在。谨将此祝福献于您！

献给母亲

● 致母亲，1816 年 12 月 6 日（母亲的命名日），6 岁

我祝福您，亲爱的妈妈，祝您生日快乐！
天空也和我的内心一样，真诚地祝福您：
祝您永远健康快乐，长命百岁，美满幸福！

弗里德里克·肖邦

献给父亲 2

● 致父亲，1817 年 12 月 6 日（父亲的命名日），7 岁

我的内心洋溢着无尽的快乐，

① 命名日是和本人同名的圣徒纪念日。主要在一些天主教、东正教国家庆祝。对命名日的庆祝是基督教国家从中世纪就有的一项传统，源于基督教会对圣徒和受难者举行纪念的节日。

《米科拉伊·肖邦画像》
(portrait of Mikotaj Chopin) （原作遗失）
1829 年，安布罗齐·密罗兹维斯基，布面油画
弗里德里克·肖邦的父亲

《给父亲米科拉伊·肖邦的生日祝福》
(*Birthday greetings for Mikołaj Chopin*)
1826 年 4 月 17 日，手迹，华沙
来自四个孩子：艾米莉亚、伊莎贝拉、
露德维卡和弗里德里克。

在这欢欣愉悦，珍贵而又辉煌的日子里，
我祝愿您未来幸福绵延不断，
我祝愿您身体安康，万事如意，
愿上苍将一切美好的事物都赐予您！

祝福您——亲爱的父亲

● 致父亲，1818 年 12 月 6 日（父亲的命名日），8 岁

亲爱的父亲：

也许用优美的音乐更容易表达我内心的情感，但即便是这世上最精彩的音乐会也无法完全包含我对您的祝福之意。亲爱的父亲，我只能用最简朴的语言将我内心最真诚的感激和敬意献给您！

千万倍的爱你们

● 致在华沙的父母，1825 年，星期五，于科瓦洛沃 (Kowałowo)，15 岁

最亲爱的父母亲、亲爱的姐妹们：

……我们就要动身去普沃茨克①了，如果我还不给你们写信，那可真是太不正常了。

今天我们去普沃茨克，明天去罗希奇舍夫 (Rościszew)，后天去基科尔 (Kikol)，在图兹纳 (Turznia) 和科兹沃夫 (Kozłow) 各待两三天，在格但斯克 (Gdańsk) 稍作停留，最后到家。可能有人会说："他可真急着回家啊，总是念叨着这事儿。"不，完全不是那样的。尊贵的先生们，你们完全错了。我写信只是为了寻找快乐的感觉，这种感觉在互致问候时常会出现。谁会得思乡病啊，我可不会。得这种病的可能另有其人，但绝对不是我。不过，我仍然没有收到华沙 (Warsaw) 那边的来信。我今天到了普沃茨克，得把邮袋翻个底朝天，看看有没有我的信。新房间一切都还好吧？他们是不是在忍受煎熬，准备考试？提图斯②是不是还在忧国长叹？普鲁斯扎克 (Pruszak) 还是老样子吗？……我是不是像个老妇人一样喜欢问东问西呢？但是我有什么办法？如果你不给狗吃肉的话，它只能到处找食物，不然的话它就要饿死了。所以我要到普沃茨克去找肉了……

我曾想给你们寄去一首我自己写的短圆舞曲，我的姐妹们。但是我没时间写，因为我们马上就要出发了。现在是早上八点，我们从来不会在七点之前起床的。空

① 普沃茨克 (Płock)，波兰中部城市，普沃茨克省首府。临维斯瓦河中游右岸，东南距华沙 100 公里。10 世纪时见于记载。

② 提图斯·沃伊杰乔夫斯基 (Tytus Wojciechowski)，肖邦的中学同学兼好友。大学毕业后回乡经营农庄。

气清新，阳光明媚，鸟儿欢唱，这里没有小溪，不然肯定会溪水潺潺。不过附近倒是有个池塘，青蛙总是在那里呱呱地欢叫。有趣的是，窗外有只画眉在欢快地歌唱。除了画眉，就是兹伯因斯基（Zboiński）的小女儿卡蜜尔卡了，她还不到两岁。她很喜欢我，用那口齿不清的话语跟我说"加蜜加（卡蜜尔卡）耐（爱）你"。如同她爱我一样，我也"耐"你们，我亲爱的爸爸妈妈，千万倍的爱你们。亲吻你们的手。

最爱你们的
弗里德里克·肖邦

姐妹们：亲吻，亲吻，亲吻。

夭折的妹妹

● 致让·比亚洛布洛克 (Jan Białobłocki)，1827 年 3 月 14 日，星期一，华沙，17 岁

现在，不说别的了，让我直截了当告诉你吧：我家里有人生病了，艾米莉亚①已卧床四周了，她咳嗽，甚至开始咳血，妈妈吓坏了。马尔奇（Malcz）医生吩咐放血，他们已给她放血了，一次不够，两次，水蛭②用起来没完没了。发泡剂、芥子泥、狼毒乌头都用了。可怕！可怕！这段时间她一直没有进食，消瘦得你都认不出她来了。现在才开始有点起色。你能想象得出我家里现在是个什么样子？你得自己去想，因为我无法向你描述。

① 艾米莉亚（Emilja），肖邦的妹妹，在这封信后不久，艾米莉亚就因肺结核病过世，年仅 14 岁。

② 水蛭吸血疗法，水蛭疗法有很长的历史，古埃及医生曾把它们视为一种治百病的灵丹妙药。现今，有时候在整形和修复手术中会用它们来帮助肢体重伤部位的恢复。

《艾米莉亚·肖邦画像》（*Portrait of Emilia Chopin*）
约 1826 年至 1827 年，佚名，水彩、粉笔水彩、象牙微型画像
弗里德里克·肖邦最小的妹妹

收到家书的欢欣

● **致在华沙的家人，1830 年 12 月 1 日，维也纳，20 岁**

看到你们的来信，我的小心脏欢快地乱颤。这可是我与你们分别四周以来收到的第一封家信！心情好，胃口也因此大增，晚上我在我们常去的那家餐馆——"野人"餐馆饱餐了一顿，点了大盘薄煎饼，一整瓶莱茵白葡萄酒，才花费了几个十字硬币（Kreutzer）①。高兴的事还不止这些。提图斯也收到了家里的来信，谢谢赛林斯基（Celiński）信里附加的纸条，好像把我带回到了你们的怀抱。我想象自己坐在钢琴旁，赛林斯基坐在对面看着芮尼②和李诺夫斯基（Linowski）吸鼻烟……

新婚祝福

● **致姐夫克拉桑提·杰瑞兹维克斯③，1832 年 9 月 10 日，巴黎，22 岁**

请原谅我以这么潦草的字迹来回复你那封工整隽秀的来信。可是你给了我权利，要我比从前更坦诚地对待你，因此我想你是不会介意这封信字体潦草的。你告诉我的正是我渴望已久的消息！我一直都很喜欢你，也一直觉得跟你就像是无话不谈的朋友，相信我，你会觉得我就是你的知己！我多想在你们的婚礼上拥抱你们，看着你们步入圣坛。可是我做不到啊，我只能按你们的要求给你寄去《波兰圆舞曲》和《马

① 旧时德国和奥地利的硬币。

② 奥德伯特·芮尼（Adalbert Zywny，1756~1842），一位多才多艺的波希米亚籍音乐家，对艺术价值有敏锐的感觉。肖邦在 7 岁时曾随 61 岁的芮尼学琴，他是肖邦的音乐启蒙老师。在芮尼的指导下，7 岁过 8 个月的肖邦创作了 g 小调波兰舞曲（Polonaise）并首次公开演奏，乐评家亚历山大·坦斯卡（Alexandra Tanska）形容肖邦是"莫扎特的继承者"。

③ 克拉桑提·杰瑞兹维克斯（Kalasanty Jędrzejewicz），肖邦的姐夫。

祖尔曲》，让你们得到那种真正的身心欢愉。我不能细说你的心曲，也不能去细说姐姐的心曲，那不是一个弟弟分内的事。你可能都无法相信，你们的事拖来拖去让我有多担心，最后当知道你们有情人终于喜结连理的时候我有多开心！希望你们一切顺利！看到你们那么幸福我们全家人都很开心，这是一连串的不幸之后，好日子的开始。

▏相聚的幸福

● 一封致父亲信里的附言，1835 年 8 月 16 日，卡罗维发利④，25 岁

　　我亲爱的孩子们：

　　这是你们收到的由我代笔的第一封父亲的家书。我们的幸福感溢于言表。我们不停地彼此拥抱，除此之外还能做什么呢？真遗憾我们一家人不能团聚。但是，欣慰的是，我现在可以给你写信，感谢上帝！今天最好什么都不想；只是去找点乐子，现在幸福来了，这就是今天我所能做的。父母还和从前一样，只是稍微年长了一些。我挽着母亲的手出去散步，我们谈起你，我们模仿顽皮的小外甥们，我们彼此叙谈着经常互相牵挂的情景。我们一起吃饭，一起喝茶，相亲相爱，彼此关心照料对方，也相互指责对方的不是。我处于幸福的巅峰。成长的路上，我们走过相同的路，有过一样的手势，我好久没有亲过你了。哦，我的孩子们，我想拥抱你们；请原谅我不能集中思路把所有发生的事情写给你们，但是此刻我们是幸福的，这在以前

④卡罗维发利（Karlovy Vary）是捷克著名的疗养胜地，有"矿泉城"之称。它位于西捷克州特普拉河（意译为暖河）谷中，距离首都布拉格约 120 公里。

《乔治·桑画像》(*Portrait of George Sand*)
纳西斯·埃德蒙·约瑟夫·德马德里尔,铜板雕刻画
根据奥古斯特·沙尔庞捷 1838 及 1839 年的绘画制成

姐姐留下的痕迹

● **致姐姐露德维卡·杰瑞兹维克斯[1]，1844年9月18日，诺昂，34岁**

每一次我走进你们住过的房间，都会寻觅你们落下的东西。我看到长沙发的那个角落，就会想起我们常坐在那儿一起喝巧克力，房间里还有些克拉桑提临摹的画。在我的房间里你留下的痕迹就更多了。桌子上，有你刺绣的一只便鞋，用英国吸墨纸包了起来；钢琴上还有你的一支小铅笔，那本来是夹在你的小笔记簿里的。我发现这支铅笔最好用。

我必须就此搁笔了，因为我们马上就得出去。全心全意地拥抱你。拥抱克拉桑提。吻亲爱的小家伙儿们。记得给我写信。

你的老弟
肖邦

奇异的空间

● **致家人，1845年7月20日，诺昂，35岁**

我至爱的亲人们：

我们已经在这里一个多月了。维雅多[2]夫人来这里和我们共度了三周。我们身体都很好，但是冬天的时候村庄里有很多人染上了热病。弗朗索瓦丝的丈夫（可能露德维卡还有印象）整个冬天都病着，但是现在已经好转。天气很好，但我们刚到的时候遇到了暴风雨。安德尔河河水暴涨，查特温[3]的花

① 露德维卡·杰瑞兹维克斯（Ludwika Jędrzejewicz），肖邦的姐姐。

② 宝琳·维雅多（Viardot Pauline，1821~1910），西班牙裔意大利女中音歌唱家。维雅多对歌剧的最大贡献是，由于她的杰出表现，使女中音第一次成为首席女演员，并担当起歌剧中的主角。1861年，40岁的维雅多因嗓音过度疲劳，不得不退出舞台。此后，她作为一名优秀的声乐教师而名闻退迹。

③ 查特温（Montgioray Chativon），乔治·桑的兄弟。

①沙托鲁（Châteauroux），法国中央大区的一个市镇，安德尔省省会，坐落于巴黎以南250公里的安德尔河畔，位于政府拥有的沙托鲁森林和布雷讷国家公园的边缘。

②阿道夫·古特曼（Adolf Gutman，1819~1882），德国钢琴家、作曲家。肖邦最喜爱的学生之一。

③肖邦妹妹的昵称。

④凯鲁比尼（Luigi Cherubini，1760~1842），意大利作曲家。1760年9月8日生于佛罗伦萨，1842年3月15日卒于巴黎。父亲是哈普西科德演奏家。

园全都被水淹了，连屋里也进水了。维雅多的丈夫来接她的时候，水灾肆虐，没有接成。因为通往沙托鲁①的路被冲毁了，我们常骑马游玩的那片风景优美的地方根本无法通行。幸好这样的情况没持续太久。我们的草坪破坏得比较严重，不过大家都没放在心上。我觉得我生来就不适合在乡村居住，尽管这里空气清新，对我的健康有益。我在这里不怎么弹琴，因为钢琴有些走调了；我也不怎么写信，所以你们才会这么久没有收到我写的东西。你们肯定都在乡下吧？安特洛克（Bartolosko Antolosko）的病肯定已经好了吧？露德维卡听了医生马乔连（Marjolaine）的建议，不会再感到身体疲惫了吧？告诉她，她上次来时听过手稿的那部小说已经出版了，作者已经为我在给她的书上签了名。在古特曼②离开之前，我见了他，让他代我拥抱你们，在分别的时刻我觉得自己更舍不得他了，他真是个好人。告诉亲爱的伊丽莎③，别太为她丈夫的病着急上火，多休息休息。替我揍一顿克拉桑提，因为数他最壮实，能受得起我给他的这番"厚礼"。今年我觉得这里变得有点古怪，我总是在早晨的时候到隔壁的房间里，那里一个人也没有，而有时我觉得里面似乎住着来暂住几日的熟人。早上我不喝巧克力了，也把我的钢琴移走了，挪到靠墙的地方。那里原本是放沙发和桌子的，露德维卡常坐在那里给我绣便鞋，而房子的女主人则在别的地方忙着做这做那。我写东西的书桌摆在中间，桌子左边放着我的一些乐谱、梯也尔（Thiers）的乐谱和一些有趣的诗集，右边是凯鲁比尼④的乐谱。我面前摆着你们送给

《伊莎贝拉·肖邦画像》
(*Portrait of Izabella Chopin*) （原作遗失）
1829 年，安布罗齐·密罗兹维斯基，布面油画
弗里德里克·肖邦的大妹妹

我的报时钟，它还躺在盒子里（现在显示四点钟）。还有玫瑰、石竹、几支笔和克拉桑提留下的一点封蜡。我永远是一只脚在你们身边，一只脚在隔壁房间，女主人在那里工作。此时此刻我感觉身不由己，像往常一样飘到一个奇异的空间，当然，那是我的想象空间。而我并不会觉得羞愧，不是有这么一句谚语吗——他做梦加冕当国王了……

金头发

● 致家人，1845 年 7 月 20 日，诺昂，35 岁

让最勇敢的伊莎贝拉[5]照看好露德维卡，别让她太累。我和伊莎贝拉都是金发，我们都非常珍惜这个棕色头发的女人。

⑤伊莎贝拉(Izabela)，肖邦的妹妹。

1832 Salon Chopinów w pałacu krasińskich oficyna od kozpien lewa. 2 piętro od Ulicy po wyjeździe Fryderyka - Oryginał portatem ma do Paryża.

《华沙克拉辛斯基宫弗里德里克·肖邦家住所的客厅》
(Salon at Chopin's family quarters at Krasiński Palace)（原作遗失）
1832 年，安东尼·科尔伯格，钢笔画、水墨水彩画

最后的陪伴

● **致露德维卡，1849 年 6 月 25 日，星期一，巴黎，39 岁**

　　如果可能，请你们来吧。我病了，没有一个医生能像你们那样对我有用。若是缺钱，就借一点吧，只要我身体好一些，就能很容易挣到钱还清你们的借款，可现在我穷得要命，没法寄钱给你们。我住在夏乐路①。这里住房很宽敞，足以让你们和两个孩子住下来。小露德维卡在这里各方面都会受益，姐夫也能天天出去转一转，农产品展览会就在附近。总之他会比以前有更多的自由时间。我身子弱，和露德维卡在家里坐着就行。

　　我的朋友和希望我能好起来的人们都把露德维卡的到来看作是我的一副良药，露德维卡想必已从奥布莱斯科夫（Obreskoff）夫人的信里看到了这一点。所以请你们一定设法弄到护照，就像今天有两个人说的那样，他们一个来自北方，一个来自南方，这两个人并不认识露德维卡，但是他们都认为不仅我需要姐姐的照顾，姐姐来这里也能放下牵挂的心。请你们母女把顶针和毛线针都带过来吧，我会让你们在手帕上绣东西，或者编织袜子。在这里的新鲜空气中，你们可以和已经衰老的弟弟（或舅舅）度过几个月时间。现在交通比以前方便了许多，你们也不用带太多的行李。我们在这里的生活可以尽可能简朴一些，住房和吃饭你们不用操心……我也不知道为什么自己这么想见露德维卡，好像见露德维卡之后就有了希望。我保证这对她也是有好处的。我希望你们一家商量后能

① 夏乐路（Chaillot），法国著名旅游景点，对面就是巴黎铁塔。

让她过来，谁知道呢，也许我身体康复后能亲自送她回去……妻子应该顺从她的丈夫，所以这件事情还是一定要得到露德维卡丈夫的同意才行。我请求他答应我的这个请求，他若同意，这会给我，给露德维卡，给孩子们带来多大的欣喜和益处啊。她们来肯定要花钱，但是这笔钱肯定花得有价值，这样的旅行再便宜不过了，你们一到这里就能有住的地方的。请赶紧给我回复。奥布雷斯科夫夫人很善良，自告奋勇要给你们写信（我把露德维卡的地址给她了），可能她能更好地劝说你们来吧。罗兹埃尔小姐（Mlle de Rozières）也会给你们写信的，科切特（Cochet）可能也给你们写信了，因为他看我确实没有好转……这里的霍乱已经被制止住了，几乎无影无踪了。今天天气很好，我坐在客厅里，从五个窗户向外望去，整个巴黎的景致尽收眼底：铁塔、杜伊勒里宫、议会、圣热曼洛塞华教堂、圣埃蒂安迪蒙教堂、圣母院、先贤祠、圣苏尔皮斯教堂、瓦尔德格拉斯修道院、残废军人教堂[①]和位于其间的一片片花园。假如你们来到这里，也能看到这一切。办理护照和筹划路费的进展如何？请马上给我回个信。要知道柏树也有它变化无常的脾气，而现在我的这种变化无常的脾气就是想要马上见到你们。也许上帝会赐予我这样的机会，那就太好了，如果没有的话，那请你们至少也像上帝赐予了那样来看我吧。我真的很希望你们能来，我很少要求什么事情，要不是希望我早日康复的朋友们都督促我这么做，我可能也不会这么做

① 以上都是位于巴黎市中心的著名观光景点。

的。姐夫，要快啊，如果你答应我的话我会奖励你一只大大的上好雪茄。这些东西我都不想再多想了，否则我会发烧的。不过我最近没有发烧，感谢上帝，医生们可是最讨厌发烧的病人的。

依恋你的、虚弱的弟弟

《致露德维卡·杰瑞兹维克斯的信》
(*Letter to Ludwika Jędrzejewicz*)
1849 年 6 月 25 日至 26 日，弗里德里克·肖邦手稿，写于沙约
露德维卡——肖邦的姐姐，始终与肖邦很亲近，曾两次到巴黎与肖邦相聚，并在肖邦临终之际守在他的床边。

/ 友 情 /

① 威尔赫姆·科尔伯格（Wilhelm Kolberg），肖邦的中学同学。
② 萨伐尼亚（Szafarnia），波兰城市。
③ 威尔赫姆·科尔伯格的昵称。

└ 乡下生活

● 致威尔赫姆·科尔伯格①，1824 年 8 月 19 日，萨伐尼亚②，14 岁

　　亲爱的威勒斯（Wilus'③）：

　　谢谢你还记得我！但是，我对你很生气呢，就给我写了那么一张小纸片，你这讨厌的小气鬼！你是缺纸少笔，还是舍不得墨水啊？或许是你没时间，只能草草写上寥寥数语？呃，对了，一定是这样：你骑马去了，玩得很开心，就把我给忘了——好吧，好吧，给我一个吻，我就原谅你。

　　我很高兴你一切安好，而且也过得很快乐——那才是去乡下的目的。能给你写信，我真的很高兴。有时候，我也会自娱自乐一下。要知道，你可不是唯一一会骑马的人，我也会骑马。别问我骑术怎么样，反正当我小心翼翼地坐在马背上，像只猴子骑在熊背上时，我能让马将我慢慢地带到任何想去的地方。告诉你，到目前为止，我还未曾跌下来过，因为马儿还从未将我抛下马背。不过，如果哪天马儿要我滚下去，我肯定会照办的。

　　我不想拿我的事来烦你，因为我知道你对这些根本没兴趣。苍蝇总是落在我高高的鼻子上，不过那没什么大不了的，因为这些讨厌的小虫子天生爱干这事。蚊子也来叮我，但是那也没关系，因为没叮在我鼻子上。我

在花园里跑来跑去，有时散散步。我到树林里去散步，有时坐马车，或是轻便马车，再或是四轮马车，反正不是骑在马背上——坐在后面也许是一种荣誉，但我却从来没坐在前面。也许我已经让你心烦了，可是我有什么办法呢？如果你不觉得烦的话，那就给我马上回封信吧，我也会立刻给你回信的。

　　我就此结束这封信吧，没有恭维的问候，只有朋友的友善。亲爱的威勒斯，多保重！一定要记得写信给我。我们四星期后就能见面了。我衷心地拥抱你。

你诚挚的朋友
弗里德里克·肖邦

向你爸爸妈妈问好。拥抱你，好兄弟。

《降 A 大调马祖卡，7 号作品，第 4 首》
(Mazurka in A flat major Op.7, No4)
1824 年，弗里德里克·肖邦手迹，原稿誊正版

① 索科沃夫(Sokołowo),波兰城市。
② 让·比亚洛布洛克(Jan Białoblocki),是肖邦的初中同学和好友。
③ 让·比亚洛布洛克的昵称。

《致家人的信——沙伐尼亚快报》
(*Letter to his family, Kuryer Szafarski-the Szafarski Courier*)
1824 年 8 月 21 日,弗里德里克·肖邦手稿,写于沙伐尼亚
肖邦用华沙报纸的文体风格给家人写了一系列独特的信,报道了他去华沙附近各地旅游的经历,语言诙谐机智。

我将你铭记于心

● **致在索科沃夫①的让·比亚洛布洛克②,1824 年或 1825 年夏末,14 岁**

亲爱的雅希(Jalek③):

我们明天要起早。我曾答应你昨天到索科沃夫的,但直到今天我还没到。我很遗憾这个假期又见不到你了。我只能用这只字片语来跟你道别……希望你身体健康,也希望你的腿能早点恢复。代我亲吻你的爸爸,感激他为我煎的药。告诉他我永远不会忘记他为我所做的一切。哦,亲爱的雅希,虽然没有一句正式的"再见",但我们不得不就此分别。我衷心地亲吻你。记住我,就像我将你铭记于心一样。

你不在，我真烦恼

● **致在索科沃夫的让·比亚洛布洛克，1825 年 7 月 8 日，华沙，15 岁**

亲爱的雅希：

有这么好的机会能给你写信实在是太好了。首先，我想告诉你我们大家都很好。其次，考试已经在鼻子前了（在古波兰语里面，人们常说"在我腰带前"，但我不系腰带，只有个大鼻子，所以你就知道我为什么说考试在鼻子前面了吧）。别指望我给你写很多东西，我很忙……

你不在这里，我真烦恼。我记得曾经和你在一起聊天、开玩笑、唱歌、哭泣、欢笑、打闹，那时候可真开心！

下次给你写信，我就会告诉你具体我们能什么时候见面了。因为我最近听说，26号左右会考试。我现在给你写信已经是深夜了，明天我又得起早。今天晚上我得熬夜，一直熬夜，也可能得通宵。

其他的我也没什么能告诉你了。唯一想说的就是我没收到你在索哈捷夫④给我寄的信。如果是你没给我写信的话，那下次就等着我一顿臭骂吧。

我不得不补充一句，你得告诉我到底你的腿好了没，你们一路是否平安？

这封信简直就像大杂烩一样，乱成一团，毫无逻辑可言。我也知道逻辑不清楚，但是我也没办法，我很忙，没时间写得像样点。你就原谅我吧，给你邮寄的信我会写得长一点，认真点。我衷心地拥抱你。

④ 索哈捷夫（Sochaczew），波兰地名。

《献给老师芮尼的降 A 大调波兰舞曲》
(*Polonaise A flat major dedicated to Wojciech Żywny*)
1821 年 4 月 23 日，弗里德里克·肖邦，书中有亲笔签名。

① 戈斯基（Gorski），指波兰人小提琴手作曲家 Wladyslaw Gorski 所作的乐曲。

与久违的朋友叙旧

● 致让·比亚洛布洛克，1825 年 10 月 30 日，星期日，华沙，15 岁

亲爱的雅希！

亲爱的雅希！再叫一声亲爱的雅希！

我知道你肯定会觉得奇怪，我怎么这么长时间没给你写信。但是，你别觉得奇怪，你先把我上一封信看完了，再看下面的吧。

前天，我坐在桌前，手里拿着笔，刚开始写下"亲爱的雅希"和第一段，因为写的是跟音乐有关，我就拿着读起来。正好奥德伯特·芮尼在教那令人乏味的戈斯基①，于是他还给我打着拍子，接着又把他的手帕扭成卷，连着信就一起藏进了他那笨重的绿大衣口袋里了。

他一边理着他那一头假发，一边就问我："你这小子给谁写信呢？"

我只好说："给比亚洛布洛克写信呢。"

"嗯，嗯，给比亚洛布洛克先生写信啊？"

"是啊，是给比亚洛布洛克先生写信啊。"

"那你寄到哪里啊？"

"还能寄到哪儿啊？还不是跟以前一样，寄到索科沃夫。"

"那你知道他最近怎么样吗？"

"还好，他的腿已经好多了。"

"什么？好多了？哼，哼，那就好。他给你、潘·弗里德里奇②先生写过信吗？"

"写过，不过那是很久以前的事了。"

"多久啊？"

"你问那么多干嘛啊？"

"哈哈哈哈哈哈！"他笑了起来。

我惊奇地问道："你有他消息？"

"哈！哈！哈！哈！"他笑得更厉害了，点了点头说道，"是的。"他告诉我们你的腿还没好，而且还去了旧普鲁士去治疗了。这颇让我们不安。

"哪儿？上哪儿去了？"

"到比斯查夫斯维特③去了。"

我从未听说过这么一个地方，若是在别的时候听到这个名字，我早就扑哧一声笑了。现在我真的觉得有些担心了，特别是给我写信的时候你没告诉我这些。于是我就把这封信搁下了。因为我不知道写些什么，怎么写，寄到哪儿，所以这封信就一直放着，也没寄出去。

这回你该知道我是怎么费劲地得到这消息了吧。希望你能原谅我没能赶上上一班寄信的邮车。为了让你高兴，我给你透露

②潘·弗里德里奇（Pan Fridrich），肖邦的好友。

③比斯查夫斯维特（Bischoffswerter），旧普鲁士地名。

① 肖邦将让·比亚洛布洛克称之为生命中的挚友，常用"我的生命"来称呼他。

② 切分音是相同音高的音符同时出现并结合在强拍、次强拍和弱拍上，并导致乐曲进行中强拍和弱拍易位，强拍变成弱拍，或弱拍变成强拍。

点最近的新闻吧……再见了，我的生命①，我不得不暂时停笔了。我还有事情要忙。记得给我回信，我的生命，我真希望我们的信函能像切分音②一样快速地跳跃。

给我一个吻，深情地拥抱你。

《低音和声学原理速成》（*A short stduy of the principles of harmonics i.e.general bass*）（原件遗失）
1823 年，卡罗尔·安东尼·西蒙撰，印刷物，波兹南
肖邦通过此书学习和声学，封皮上有他的签名。

别怕邮差辛苦

● 致让·比亚洛布洛克，1826 年 2 月 12 日，
星期日，华沙，16 岁

亲爱的雅希！

这么长时间没有你的音讯，我一直惦记
着你。记得上一次给你写信是在 1825 年，
现在已经是 1826 年了，我还是没收到你的
来信。只有阿丽亚斯·科斯图西亚③给露德
维卡写信时，有时候会提及你的健康——当
然，她们之间的联系比我们密切多了。你应
该知道，我们全家人都很关心你的健康。每
当有邮差走进那蓝色的院子，我们就兴奋不
已，但是如果没听见楼梯上传来他皮鞋的声
音，或者邮戳上不是多勃日恩④，而是拉多
姆⑤、卢布林⑥或者其他什么的，我们就很
失望。当然，这也不是邮差的错，而是写信
人不想让那肥胖的邮差那么辛苦地爬楼梯。
但是你也不用太善解人意了，这么冷的天，
只见有人嫌冷的，没人嫌热。你要是让他在
复活节前走个两回，那也没什么坏处……

③ 阿丽亚斯·科斯图西亚（Alias
Kostusia），肖邦的姐姐露德维卡的闺蜜。

④ 多勃日恩（Dobrzyń），波兰地名。
⑤ 拉多姆（Radom），波兰中东部
城市，在华沙南约 90 公里，拉多姆省
首府。12 世纪起长期为贸易通道，现
仍为重要的交通枢纽，华沙—克拉科夫
铁路上的大站。
⑥ 卢布林（Lublin），卢布林省是
波兰东部的一个省，首府卢布林。

无需客套的朋友

● 致在索科沃夫的让·比亚洛布洛克，
1826 年 6 月，华沙，16 岁

亲爱的雅希！

在这封信中，你不要指望找到那种平常
的命名日祝福，那种感情的流露、感叹、呼语、
感人的言辞或诸如此类的废话和无聊之词。
这些客套话对那些感情不深、缺乏真正友情

的人来说，也许是再好不过的了。但对于那些有着 11 年友情的人——他们一起度过了 132 个月；468 周；3,960 天；95,040 小时；5,702,400 分钟；342,144,000 秒，不需要这种提示，也就不需要彼此赘述这些客套话了。因为这些客套话永远写不出他们想要表达的思想。

因此我一开始就切入正题。首先，有件事情我一直搞不明白，那就是为什么"尊贵的阁下"你好几个月不给我写信呢？为什么？有什么事？……这让我一直很懊恼。你要不改正，我可饶不了你……

真假消息

● 致让·比亚洛布洛克，1827 年 3 月 14 日，星期一，华沙，17 岁

亲爱的雅希！

你还活着吗？还在人世间吗？我的天啊，你已经三个月没给我写信了。我那美好的命名日都已经过了，但我连一封信都没收到。这一切似乎都证实了华沙有关你的传闻。人们满腹哀愁，饱含泪水，诉说你不幸的故事。你知道他们说什么吗？他们说你死了！我们听到这消息后都失声痛哭。克拉桑提·杰瑞兹维克斯①还为信使报写了颂辞，突然晴空霹雳，传来消息说你还活着！是的，你确实活着！因为好消息更容易深入那些渴望得到安慰的心里，所以我们就觉得人们最后说的有可能是真的。于是，我擦干哭肿的眼睛，拿起笔来给你写信，不知你是生还是

① 克拉桑提·杰瑞兹维克斯，肖邦的好友，后来成了肖邦的姐夫。

死？如果你真的死了，一定要告诉我们，我也好告诉厨娘。自从她听说这个消息以来，就一直在祈祷。这便好像是中了丘比特的箭，因为尽管她是个老夫人，我们的约瑟夫娃②也是一样。你在华沙时就给她留下深刻印象。因此一听说你的死讯，她就不停地念叨："那是个多好的少爷啊！比来过这儿的年轻小伙儿都俊俏！不管是沃伊杰乔夫斯基，还是潘·热德泽耶维奇都没他漂亮，没人比得上他！没人！上帝啊！他有一次把从市场买回来的一棵洋白菜全吃了，真淘气啊！"啊哈！啊哈！多么动人的挽歌！可惜密茨凯维奇③不在这里，不然他可以写一首民谣，就叫《厨娘》。

……最让我受不了的那则来自地狱的消息，至少我甚至都不知道是从哪儿传来的——你的死讯。这不仅让我赔上泪水，还赔了钱。这很正常，你想想要是你听说我去世了，你会有什么反应？（虽然我没死）我哭得头都疼了。那是早上八点，意大利语老师十一点来了，我上不了课了。浪费了好几个兹罗提④（沃伊杰乔夫斯基和维尔兹都很难受）。第二天，他们为了让我能高兴起来，就带我去了剧院，又花了好几兹罗提。所以请你告诉我你是不是真的离开这世上了。我在等你的来信，所以就不再多写了。

让我吻你，我亲爱的雅希。

肖邦

②约瑟夫娃（Józefowa），肖邦家的女仆。

③亚当·密茨凯维奇（Adam Mickiewicz，1798~1855），波兰19世纪最伟大的爱国诗人。肖邦的忘年交。在大学期间，他积极参加爱国学生活动，并开始发表文学作品。1820年创作的《青春颂》，标志着波兰浪漫主义文学的兴起。19世纪40年代任瑞士洛桑大学和法国法兰西大学的文学教授。1848年组织波兰志愿兵团参加意大利抗击奥国的斗争。1855年他到土耳其的君士坦丁堡，想组织一支波兰军队参与土耳其的反俄战争，因染上瘟疫逝世。鲁迅称他为"在异族压迫之下的时代的诗人，所鼓吹的是复仇，所希求的是解放"。

④兹罗提是起源于中世纪波兰的一种传统货币单位。在14至15世纪中，兹罗提原指为一种流通于波兰境内的外国金币，尤指德意志及鲁登尼亚地区的硬币。

《19 岁的弗里德里克·肖邦画像》
(*Portrait of Fryderyk Chopin aged 19*)（原作遗失）
1829 年，安布罗齐·密罗兹维斯基，布面油画

友情战胜了惰性

● **致在波图日恩的提图斯·沃伊杰乔夫斯基，1828 年 12 月 27 日，华沙，18 岁**

最亲爱的提图斯！

我一直懒得动笔，直到友情战胜了惰性。

为了能让你在 1 月 1 日到 4 日之间收到这封信，尽管已经困倦不堪，我还是提笔给你写信。我不想让这张纸充满各种客套的恭维、虚伪的祝愿或者荒唐的话语，因为你我都很了解彼此；这也正是我没有给你写信的原因。

……不要觉得你没写信给我，我就会生气了。我懂得你心里在想什么，所以信的事情没关系的。我给你絮絮叨叨写这些只是想提醒你，我始终像过去一样把你放在心上……

我知道你不愿被人亲吻，但是我希望今天我能吻你。我们全家人都祝愿你母亲身体健康。代我拥抱你的哥哥。奥德伯特·芮尼向你问好。

我的画像只给你

● **致提图斯·沃伊杰乔夫斯基，1830 年 3 月 27 日，华沙，20 岁**

我会尽快把我的画像寄给你；只要你想要，它就是你的。也只有你能够拥有我的画像。此外只有另一个人我想赠送画像，但即使这样也会先给你，因为你是我的唯一。你的来信旁人都没有看到，只有我一个人读了。像往常一样，你的信我随身携带。五月的一天，我漫步走出小镇的围墙，想着我即将开始的旅行，拿出你的来信再次坚信你是关心我的，又或者是看着我深爱着的你的字迹和签名，那是多么快乐的感觉啊。

期盼相聚

● **致提图斯·沃伊杰乔夫斯基，1830 年 4 月 17 日，华沙，20 岁**

亲爱的！

接到你来信的那一刻，我如释重负，心安不少。今天我比以往更加觉得无聊，更加需要你的来信。我希望能够摆脱这些让我不开心的想法，但是我现在竟然有些沉溺于此，我也搞不清我这到底是怎么了，也许写完这封信，我会心境平和下来。你知道，我喜欢给你写信。你说你快成了我的监护人，你可真可爱，总是能让我大笑。你还提到了一些法国交谊舞曲，我猜一定是瓦雷里①的作品吧。看到信里写到你有可能会过来，我心里雀跃不已，因为我不用再忍受煎熬。我们的

① 保尔·瓦雷里（Paul Valery，1871~1945），旧译梵乐希，法国后期象征派大师，法兰西学院院士。他的诗耽于哲理，倾向于内心真实，追求形式的完美。作品有《旧诗稿》（1890~1900）、《年轻的命运女神》（1917）、《幻美集》（1922）等。

期待还要持续一个月之久。

　　……亲爱的，你知道吗，我上周已经打算要去你那儿，但未能如愿，主要是因为临时有急事需处理。如果你来华沙时国会还在召开，你一定可以赶得上我的音乐会，可我有种不祥的预感。我不应该相信它，无论结果怎样，你总是出现在我的梦中。多少次我把黑夜当成白天，又把白天看作黑夜；多少次我沉浸在有你的梦乡，即使白天也在梦中；比白天睡觉更糟糕的是，我并没有感到睡与不睡的差别；不像人们在睡眠中获得休息，恢复体力，我反倒较之前更加虚弱疲倦。只求你这样爱我，亲爱的朋友。

└ 友谊之树常青

● 致提图斯·沃伊杰乔夫斯基，1830 年 9 月 18 日，华沙，20 岁

　　人如果总是试图刻意表露自己，那么结果只会适得其反。跟你在一起，我觉得无需在意自己表现得是好还是差。我对你的同情，促使着你的心以某种超自然的方式感受着同样的同情。最了解你的思想的人，不是你而是我。就像树不会放弃给自己带来生命、喜悦和赋予自己性格的树叶一样，你也不会抛弃我的。在我的心里，我们的友谊之树即使在冬天也是绿意盎然，我心里也被这棵绿树占据。我说了这么多关于树的话题，只希望不要让你感到奇怪，因为老天也知道我的心里是温暖的。就写到这里吧！吻我！

《约瑟夫•埃尔斯纳画像》 (*Portrait of Józef Elsner*)
约 1805 年，佚名，布面油画
约瑟夫•埃尔斯纳是华沙音乐学院院长，弗里德里克•肖邦的作曲老师

① 多米尼克·兹瓦诺夫斯基
（Dominik Dziewanowski），肖邦的中
学同学兼好友，求学期间在肖邦家寄宿。
② 多米尼克·兹瓦诺夫斯基的昵称。

愧疚之情

● 致好友多米尼克·兹瓦诺夫斯基[①]，
1832 年（具体日期不详），巴黎，22 岁

亲爱的多姆西[②]：

假如我有个（一个长着鹰钩鼻子的朋友，我不会告诉其他任何人的）在很早之前就和我一起捉马蝇的朋友，一个一如既往爱我支持我的朋友；假如一天那个朋友去了国外，之后就杳无音信，我一定会用天下最恶毒的语言挖苦他，即使过后他哭着喊着求我原谅他，我也不会同意。可是，我，弗·肖邦就是这样的人中的一个，会厚颜无耻地为自己的疏忽辩护，在销声匿迹了这么久之后突然现身，就像从水里爬出去了很久的昆虫，没有人要求它回来时又自返归处。

与其解释太多，倒不如坦然承认我内心的愧疚，这种来自远方的愧疚之情远比事实上的更大得多，我真想立刻把自己撕得粉碎。

感谢老友

● 致沃伊杰赫·格奇马拉（Wojciech
Grzymała），1839 年 3 月 27 日，马赛，29 岁

我身体好多了，可以更精力充沛地感谢你给我寄钱来。你知道，我对你的善良用意感到惊奇。但你在我心里一直是位心存感激、充满善意的人，尽管你很少表达出来。你能接受我的家具，实在太好心了。我冒昧地请求你再好心一次，请你把搬运费付掉。因为我知道那笔钱不会是个大数目。

《肖邦和乔治·桑》
(Statue of Fryderyk Chopin & George Sand)
新加坡植物园中的肖邦和乔治·桑雕塑

　　我们会在夏天见面，那将是多么令人高兴的事啊……你现在正在做什么呢？愿上帝赐你愉悦的心情、健康的体魄和充沛的精力；这些都是必不可缺的……下个月我们可能会去亚维农③，从那儿再去诺昂。在那儿我们就能拥抱你了。不是在信里，而是用胡子和身体拥抱你，如果你的胡子仍然是我喜欢的形状的话。

　　③亚维农，地名，位于法国南部，隆河左岸。

来自故土的故人

● **致在巴黎的约瑟夫·诺瓦科夫斯基[①]，1847年（具体日期不详），星期三晚上，37 岁**

你怎么了？从星期五起我就一直没有见到你。十二点到一点间来 9 号找我吧，因为你也知道我现在无法抽身离开房子。你没兴致见我，我倒有兴致见你。没有别的什么原因，只是因为你还是来自故土的故人，一点没变。太阳底下找不出第二个如你这般的人了。你一离开这里，哪怕你花钱，我们可能再也见不了面了。将来你肯定会后悔没有登门让我好好看看你的大胡子。

根据查尔斯·亨利·莱曼 1847 年的画所作的弗里德里克·肖邦画像
(*Portrait of Fryderyk Chopin based on a drawing of Charles Henri Lehmann in 1847*)
1937 年，佚名，铅笔画

我们是两架拨弦古钢琴②

● 致尤利安·冯坦那③，苏格兰考尔德山
庄，1848年8月18日，38岁

亲爱的挚友：

如果我身体很好，我明天一定会去伦敦
拥抱你。我们可能还有一段时间才能见面。
你就是我的拨弦古钢琴，时间和环境在上面
奏出了凄凉的颤音。是的，我们是两架拨弦
古钢琴，即使你反对与我为伍。这并不是对
美或者美德存在偏见，共鸣板无可挑剔，但
是弦断了，琴拴也不见了。最不幸的是，我
们是一位能工巧匠的上乘之作，像斯特拉迪
瓦里④制琴家族做的自成一格的杰作，而他
却再也无法来这儿修理我们了。在笨拙的手
底下我们弹不出新的曲调。缺了回春妙手，
我们只能屈辱地接受：没有人能将我们修整
一新了。就我个人而言，我现在几乎不能呼
吸了，即将向死亡之神投降。毫无疑问，你
的脑袋也渐渐秃了。将来你会站在我的墓
碑旁，就像我们的柳树。你还记得那些柳树
吗？——我也不知道我怎么会突然想到可怜
的杰西欧（Jasio）和安特克（Antek），
还有维特维基（Witwicki）和索班斯基
（Sobański）！那些我曾经最好的伙伴都
已经离开人世了，甚至连我们最好的调音师
恩尼克（Ennike）也投河自尽。我很久没
有给钢琴调音了，因为我已经习惯了恩尼克
调的音。穆斯（Moos）也死了，以后再也
没有人能为我做这么舒服的鞋了。如果再有
四五位密友升了天堂，我生活中所有的快乐
将消失不见。感谢上帝的恩赐，我的母亲、

②拨弦古钢琴，也叫羽管键琴。是
一种装有拨弦装置的乐器，它的应用范
围广泛，主要用在当时的贵族家庭中演
奏。17世纪到18世纪间，拨弦古钢琴
在当时的音乐生活中有着相当显赫的位
置，可以说是它的全盛时代。至18世
纪初，欧洲大陆音乐迅速发展，音量弱
小的拨弦古钢琴已不能满足当时音乐家
们的需要，因而逐渐被音量洪大的钢琴
所取代。

③尤利安·冯坦那（Juljan Fontana），
波兰作曲家、钢琴家。肖邦的同学兼挚友。

④斯特拉迪瓦里（Stradivari
Antonio，1644~1737），著名的意大利
提琴制作师。

① 索温斯基（Sowiński），波兰著名的活动家。

② 神剧（Oratorio），是一种大型的音乐作品，通常同时使用管弦乐团、独唱演员以及合唱团。

③ 诺尔布林（Norblin），18世纪末至19世纪的波兰新古典主义画家兼艺术教育家。

④ 拉尔夫·沃尔多·爱默生（R. W. Emerson，1803~1882），美国19世纪著名哲学家、文学家。

姐妹和亲戚们都还活着，但是霍乱却不断！还有仁慈的提图斯！你看，你在我的记忆中很重要，而你的记忆里也有我……你逃过了黄热病这一劫，我逃过了黄疸病，这真难以理解，我们都曾遭遇过与黄这个字有关的病。我现在脑子很乱，所以写的东西跟垃圾似的。我现在只吃素菜，耐心地等待冬季的来临，而心思有时想着家乡，有时想着罗马，一会儿喜悦，一会儿哀愁。如今，没有人能像我喜欢的那样演奏，我也变得很宽容了，我可以心怀喜悦地听着索温斯基①的神剧②，并且还活得好好的。我记得那个画家诺尔布林③说过，以前有个罗马画家看到了另一个画家的作品，觉得实在难看，竟活活气死了！我现在留下来的只是一个大大的鼻子和一根没有用的无名指。如果你不回信给我，你这朋友就不值得交了。你旅行得真不是时候，但是还是愿上帝保佑你。高兴点吧，我觉得你很明智，选择住在纽约而不是哈瓦那。如果你看到那个著名的哲学家爱默生④，记得代我向他问好。祝福赫伯特，亲吻你。还有，不要发脾气。

你的老朋友
肖邦

弗里德里克·肖邦的名片，印有伦敦的地址：圣詹姆斯广场4号（Fryderyk Chopin, Visiting card with London address at 4, St.James's Place）
印刷品，无日期
肖邦1848年11月住在圣詹姆斯广场。

初恋——一场无望的单相思

默默爱着她

● 致提图斯·沃伊杰乔夫斯基，1829 年 10 月 3 日，华沙，19 岁

你想知道我今年冬天打算干什么，我想我是不会待在华沙的。不过到底要去哪里，我现在还不知道。雷兹威尔⑤王子和雷兹威尔公主，盛情邀请我去柏林，甚至还让我住到他们的宫殿。但不管怎样，我现在要去的地方一定是准备好迎接我的地方，特别是我曾答应重回维也纳。另外，有份报纸说在维也纳长驻有利于我走进公众视野。你大概也能感觉到我要回维也纳去，但这并不是为了勃拉海特卡小姐⑥，我好像在信中对你提到过她，一位既年轻漂亮，又擅长演奏的姑娘。噢，或许，真的很不幸，我已经发现我的意中人（指康丝坦雅·哥拉德科斯卡⑦）。虽然我只是默默地爱着她，但我已诚心对待她有半年之久，我想着她，而这些思绪全然表现在我的第二钢琴协奏曲的慢板乐章之中。我寄给你的小圆舞曲（降 D 大调，作品 Op.70，No.3）就是今早因她而来的灵感之作。有一点要注意：除了你之外，没人知道这事。

……你一定不会相信，我现在觉得华沙

⑤雷兹威尔（Radziwiłł）家族，波兰贵族。

⑥列奥波迪蒂·勃拉海特卡（Panna Blahetka），维也纳的新闻记者勃拉海特卡的女儿，是一位有名的职业钢琴家。

⑦康丝坦雅·哥拉德科斯卡（Konstancja Gladkowska），波兰籍女高音，肖邦的初恋。比肖邦小几个月，也是华沙音乐学院的学生，后成为华沙歌剧院的女高音。肖邦在 1826 年（当时肖邦 16 岁）与她初次相遇，不可自拔地暗恋上了她。1830 年肖邦 20 岁时离开波兰，前往法国。这段感情无疾而终。

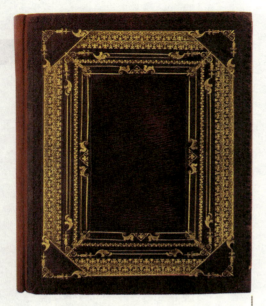

伊丽莎·雷兹威尔夫纳的画册
（Album of Eliza Radziwiłłówna）
约 1826 年至 1829 年
其中包含伊丽莎·雷兹威尔夫纳及与她亲近
的人所作的画，有两张是弗里德里克·肖邦
的画像。

是个特别没劲的地方。如果不是因为家人带给我的一些欢乐，我是不会待在这里的。但是，每天早上找不到人与你分享喜悦与悲伤，这是多么郁闷；而加在你身上的压力却无处可卸下，是多么可恶。你知道我指的是什么，我常常将我想告诉你的话向钢琴倾诉。

我还没准备好

● 致提图斯·沃伊杰乔夫斯基，1830 年 5 月 15 日，星期六，华沙，20 岁

你知道，这是我的爱神，我很乐意承认。但是人们必须听从天意，尊重别人对隐秘情感的掩饰。你知道吗？我真不敢相信自己会像现在这样保守秘密。我还没有准备好向你倾诉那些困扰我的事情。

我想隐瞒我的爱情

● 致提图斯·沃伊杰乔夫斯基，1830 年 9 月 18 日，华沙，20 岁

另外，明天的四重奏排练结束后，我想离开这里一段时间。但是我实际上哪里都不想去，我该去哪里呢？当然我也不是指我就会留在华沙。如果你也跟很多华沙人一样，怀疑我在恋爱，那就快快打消这种念头吧。相信我，就自我而言，我目前还可以超越这种感情的束缚。爱情总是让人变得软弱又痛苦。如果我真的恋爱了，我会设法再隐瞒个几年。随你怎么想吧。

弗雷德里克·肖邦纪念册
（Album containing fragments of articles about Fryderyk Chopin）
1849 年 10 月 19 日至 12 月 4 日，简·威廉米娜·斯特林，手稿、照片、印刷品
收集有肖邦辞世后，英法报界立即发表的文章片段。
"一代著名音乐大师刚在巴黎过世。肖邦，从此不再。"——伦敦新闻画报，1849 年 27 页第 10 版

画像（*Chopin à la dante*）
简·斯特林（？），红粉蜡笔画，欧仁·德拉克洛瓦 1849 年（？）画作的复制品

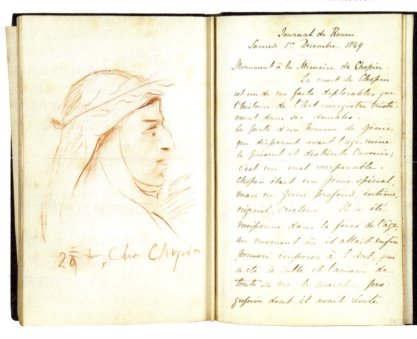

……我不想跟你一起去旅行，我现在没这样的打算。设想我们在某个国度相遇，给彼此第一个拥抱，这样的时刻能抵得上一千个单调无聊的日子吧？因为我爱你，所以我不想轻易破坏掉那个美好的时刻。现在我还无法等你、接待你、跟你交谈，但等到我们见面之后这一切就都可以实现了，到了那时欢乐就无须借助苍白的语言，因为我们彼此已经心灵相通。是因为有"神圣之舌"在帮助我们交流吗？神圣之舌——这个词真糟糕，跟神圣的肚脐或神圣的肝一样，那真是俗不可耐。我们还是继续谈论我们日后的异国相遇时刻吧。到那时，或许我可以放松自己，也可以跟你谈论我一直以来的梦想，告诉你我所看到的一切、所听到的一切，跟你分享所有给我快乐的事情和所有让我悲伤的事情。但是你要相信我并没有在恋爱，没有，恋爱的事我想还是以后再说吧。

……告诉你，昨夜我竟然通宵未眠，你应该会感到惊讶吧？我在那遇到了一个漂亮的女孩，从她身上我看到了自己梦中情人的影子。你能想到吗？我俩竟一起呆到了凌晨三点。

我可能要恋爱了

● 致华沙的让·马图斯辛斯基[①]，1830 年11 月 22 日，维也纳，20 岁

你知道我现在的情况，我非常高兴呆在维也纳。在这里我结识了许多友好的人们，而且我可能要恋爱了。

① 让·马图斯辛斯基（Jan Matuszyński），肖邦的中学同学兼好友。

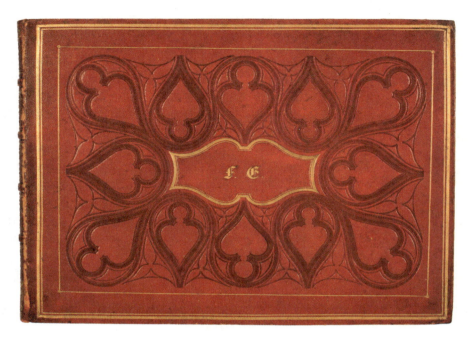

此情至死不渝

● **致华沙的让·马图斯辛斯基，1830年12月26日，维也纳，20岁**

　　你的信里有一部分，让我觉得很悲伤，华沙真的没有一丁点改变吗？她（指康丝坦雅）没有生病吗？我相信这样的事很可能发生在她这样敏感的女人身上。你和我的想法相同吧？有没有可能是因为那可怕的29日②呢？那是我的错，愿上帝别让这样的事发生！安慰她，并告诉她，只要我有一口气在，一直到死为止，甚至死后，此情也不渝。但是这一切都无所谓了，不管怎样我还是要写。我早些时候就想给你写信，我不愿意长期这样

弗朗西斯·萨拉伯爵夫人的曲册
（Album of countess Frances Sarah d'Est born Kibble）
19世纪30年代，阿尔方吉鲁和西埃公司出品
这位伯爵夫人是出身英国的法国贵族，是肖邦的学生，她与巴黎意大利剧院有往来。
曲册内刻有丝带装饰的艺术风格山羊皮封皮。曲册里含有肖邦升C小调即兴曲的手迹，以及路易吉·凯鲁比尼、焦阿基诺·罗西尼和文森佐·贝里尼等人的手写曲目。

②11月29日为波兰反俄抗暴的日子。

焦虑不安；可是，人言可畏呀！万一此信落入他人之手，会有损她的名誉，最好由你来替我传信，替我代言，这样比较合适。我知道，你说法语比我熟练。我一边走路一边读你的来信，旁边是个德国人，他几乎都无法扶稳我，也不知道我为什么会这样。我想拉住街上的所有人，拥抱亲吻他们；我从未有过这样的感觉，就因为这是你的第一封来信！雅希，我对你怀有一种傻傻的激情，但我不能醒来把琐事写给你看。昨天我和一位叫拜尔的波兰女士共进晚餐，她的教名是康斯坦斯。我很喜欢去那儿，在那里能唤起我很多美好的回忆：音乐、手帕和桌布都印有她的名字。

　　……我不说了，雅希，因为我得就此打住。亲吻你。我想只有我不再热爱生命、不再热爱我的父母和她的时候，才能停止对你的爱。

她会嘲笑我吗？

● 致华沙的让·马图斯辛斯基，1831 年春，维也纳，21 岁

　　你想要的都有了。你收到我的信了吗？你交给她了吗？今天我对我做过的事情很后悔。我抛出一线希望，投放到的地方却只能看见黑暗和绝望。也许她（康斯坦雅）会嘲笑我，也许会拿我当笑话讲！也许吧！——你以前的同事罗斯特科夫斯基、舒赫、弗雷尔、克耶夫斯基，还有胡贝等人在我的房间里玩得兴高采烈，我也陪他们大笑。可那一

刻，我脑海里充斥的就是上述的想法。我表面开怀大笑，可内心呢，一些可怕的预感折磨着我，甚至此刻也是这样难受。我总认为这是个梦或者幻觉，我一直和你们在一起，而现在的一切都是梦；我听到人们说话的声音，我的灵魂尚不习惯这些声音，如同大街上马车驶过时留下的辚辚车轮声或别的很平常的嘈杂声音一样，没有给我留下印象。而你和提图斯的声音则会把我从这死寂一般的冷漠世界里唤醒。今天是生还是死对我来说毫无区别。我今天没收到你的信。转告我父母，我生活得很快乐，什么也不缺，我过得很好，一点儿都不孤独。要是她（康斯坦雅）嘲笑我，你也这样告诉她；要是她不嘲笑我，你告诉她让她放心，尽管我处处感到寂寞无聊。我现在身体不太好，不要告诉我父母这些。大家都问我怎么了，我心情不好。胡贝照顾我呢，我感冒了。不管怎么说，你知道我是怎么回事。

《降 E 大调夜曲，9 号作品，第 2 首》
(Opening of Nocturne in E flat major Op.9, No.2)（原稿遗失）
送给玛利亚·沃辛斯卡
1831 年，弗里德里克·肖邦手稿，写于德累斯顿
玛利亚·沃辛斯卡曾是肖邦童年时期的玩伴，后来成为他的未婚妻。肖邦离开祖国后，他们在德累斯顿和玛丽亚温泉市重逢。

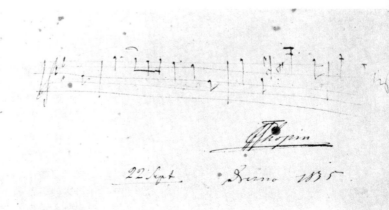

无法忘记的身影

● 选自肖邦日记，1831 年春，维也纳，21 岁

今天普拉特公园[①]格外美丽，人头攒动，可似乎都与我毫不相干。我钟爱树木，喜欢春天的气息，热爱纯净无瑕的大自然，所有的这一切似乎又都把我拉到了那纯真无邪的童年时代。暴风雨快要来了吧，我匆忙入内。可等我进了室内才发现，哪有什么暴风雨啊！是我内心的忧伤冷不防跳出来在作怪。我这是怎么了？今天一整天我甚至连我最爱的音乐也全然不顾了；天色渐晚，可我却毫无困意。好奇怪，我今天到底是怎么回事儿啊？报纸和海报都大幅报道着我两天后即将举行的音乐会，可于我本人而言就像根本就没那回事儿一样，提不起半点兴趣。我不喜欢听那些恭维的话，那只能让我显得愈发愚蠢。我真希望我已经死掉了，可是此刻我又是如此强烈地渴望见到我的父母。她（康斯坦雅）的身影在我的眼前浮现，我想，我已经不再爱她了，只是还无法忘记。

她爱我吗？

● 选自肖邦日记，1831 年 9 月 8 日，斯图加特，21 岁

康丝坦雅会爱我吗？或者，她只是伪装的？这真是件令人纠结的事。我手扳着指头数了又数，爱，不爱，爱，不爱，不爱，爱——她爱我吗？她当然爱我，上帝保佑，让她去做她喜欢做的事情吧！

① 普拉特（Prater）公园，维也纳名胜。

昙花一现的爱恋——玛利亚小姐[2]

童年玩伴长大了

● 致菲利克斯·沃辛斯基[3]，1834 年 7 月 18 日，巴黎，24 岁

亲爱的菲利克斯：

你肯定会这么认为："福瑞克[4]准是还在抑郁悲伤，否则他不可能不给我回信的。"你不是不知道我做事情一贯都有拖沓的坏毛病。那天我也是很晚才找福施（Mlle Fauche）小姐的，我也是没办法，一直等到那个好事的沃尔夫（Wolf）离开了才有空出来。假如我不是刚刚从莱茵河畔返回，假如我手头没有这么多急于处理的事情，我一定会心怀感激，赶往维也纳去接受您那令人尊敬的母亲大人的盛情邀请。可是命运的安排是如此残酷无情，这一切都只能是美好的假设，我现在什么也做不了。您的妹妹如此热情地把她的作品寄给我看，我真是喜不自胜。当晚在其中的一个客厅里，我也立刻即兴创作了一首曲子，主题很美，是关于玛丽亚的，许久之前我曾和她在她那波兹南[5]的房子里四处玩耍。而现在，我将我刚刚出版的小华尔兹献给我真诚的同行玛丽亚小姐，希望这首曲子能带给她无限的快乐，如同她的协奏曲带给我的快乐一样。在结束这封信之前，请再一次接受我对您母亲的诚挚谢意，谢谢她还记得我这个忠诚的奴仆。

弗·肖邦

②玛利亚（Marja Wodzińska），是肖邦一位朋友的妹妹，与肖邦青梅竹马，是一位很出色的钢琴家。肖邦曾热切地追求过她，并曾向她求婚。这一时期肖邦作了有名的《降 A 大调练习曲》，同时谱了另一首曲子《戒指》。《戒指》取材于威特斯基的一首诗，很能反映出肖邦此时的感情。但因肖邦难以度过玛利亚母亲规定的考验期，仍旧无节制地厮混于社交场合并因此而病倒，这段感情最终由于玛利亚的家人因肖邦的健康问题强烈反对而告终。

③菲利克斯（Feliks Wodziński），玛利亚的二哥。

④福瑞克，肖邦的昵称。

⑤波兹南（Poznań），波兰中西部城市，波兹南省首府，居大波兰平原的中心，是波兰最大的工业、交通、文教和科研中心之一，1921 年起国际博览会定期在此举行。

①安特克，玛利亚的大哥。

② 蕾莎·沃辛斯卡（Teresa Wodzińska），是一度与肖邦订婚的玛利亚的母亲。

③ 安东·沃辛斯基（Anton Wodziński），玛利亚的大哥，肖邦的同学兼朋友。

④潘普洛纳（Pampeluna），西班牙城市。

拥抱我亲爱的安特克①，并将万千柔情献给卡焦（Kazio）。至于潘娜·玛丽亚，代我向她彬彬有礼地鞠躬，你会不得不惊奇地对自己说："天哪，他们都长大啦。"

便鞋和暮光之时

● 致特蕾莎·沃辛斯卡②，1836 年 11 月 1 日，巴黎，26 岁

最亲切、最值得尊敬的夫人：

这是我转给您的、您的儿子安东③发自潘普洛纳④的信，当然信中有令郎安东的亲笔签名。我采用了帕尼·迪勒（Pani Diller）的方法，看来很有用。我写此信的目的是为了获取您的签名，从温岑蒂（Wincenty）信中的附言看来，您也能了解到安东仍和往常一样，人们依旧十分喜爱和怀念他，他也和以前一样优秀，并没有觉得孤单。

这封信让我等得焦急万分；当然您收到信的同时我也把祝福送到了您身边，因为菲利克斯一定已经完婚了，毫无疑问，婚礼充满着喜庆和奢华，人们跳啊唱啊，相互祝酒，各种拜访接连不断，持续好几天。可是为什么人们没有那种可以照见一切的镜子呢？为什么不能拥有那种可以按照自己的想法想去哪里就到哪里的魔镜呢？我父母正向我打探潘·比奇科夫斯基（Pan Byczkowski）的消息，他至今还未到我这里。如果他到了，我会尽全力招待好他。

我很高兴今天我所写的这封信只是为安

东做引子，否则，我只写这些就显得有点怠慢您了。今天，也不知道怎么回事儿，我居然不能文思泉涌，把所有的消息流畅地从我笔下写出来。尽管万圣节之际，安东和帕尼·阿纳托尔（Pani Anatole）的签名使我恢复了正常。我不想再寄别的东西给我的秘书⑤了。因为我怕信超重。冬天来临之前我会创作一些乐曲寄去。帕尼·索菲亚仍然爱你们所有的人，而且很喜欢谈起您。我现在的邻居也经常向我问起您。

为什么已经是十二点了呢？十二点我必须去上课了，而且将一直要上到下午六点，之后去晚餐，随即得参加社交晚宴，要到晚上十一点。我发自内心地敬重您，因此如实相告。此刻我满心想的都是便鞋⑥和暮光之时⑦。

⑤此处是指特蕾莎·沃辛斯卡的女儿玛利亚，当时已与肖邦订婚，她在给肖邦的若干信件中，均以"你忠心不渝的秘书"收尾。

⑥之前的信里，特蕾莎·沃辛斯卡夫人嘱咐肖邦穿上玛利亚给他做的便鞋，内穿毛袜子，并嘱他晚上尽可能地减少社交活动，早些睡觉。并指明这段时间是对肖邦的爱情考验期。

⑦此处指肖邦和玛利亚订婚的时刻。

《我的痛苦》（*Moja biéda*）
——一包肖邦自 1835 年至 1837 年与沃辛斯基一家来往的信件（原手迹遗失）
肖邦同玛利亚·沃辛斯基结婚的计划惨遭失败，于伤心中，肖邦写下了"我的痛苦"。

《弗里德里克·肖邦画像》 (*Portrait of Fryderyk Chopin*)
1836年，玛利亚·沃辛斯基，根据玛利亚·沃辛斯基所绘水彩画制成的彩色石版画
玛利亚在玛丽亚温泉市画的这幅水彩肖邦画像，作于肖邦向她求婚之前。

热恋——与乔治·桑的爱恨纠葛

└ 她的文章

● 致沃伊杰赫·格奇马拉，1839 年 3 月 27 号，马赛，29 岁

我的女士①刚刚完成了一篇关于歌德、拜伦和密茨凯维奇的精彩文章。每个人都应该读一读，它使人心情愉悦。我能想象出你看了会有多开心。文章充满真知灼见，体系恢弘博大，结论水到渠成。没有故作玄虚，也没有歌功颂德。一定让我知道谁翻译了它②。如果是密茨凯维奇愿意自己翻译，那她会欣然修改的；她所写的文章，可以作为序言和译文一起出版。人们肯定会争相购买和传阅的。她会给你或密茨凯维奇写信谈论这件事的。

① 指乔治·桑。

② 指密茨凯维奇的诗剧《先人祭》。

└ 我的天使

● 致格奇马拉，1839 年 4 月 12 号，马赛，29 岁

我的天使快要完成一部新小说了——《加百列》。她今天一整天都在床上写作。若是你像我现在这样一般了解她，你可能会更爱她。

└ 她已经属于我了

● 致尤利安·冯坦那，1839 年 10 月 1 日，星期日，诺昂，29 岁

① 沃伊杰赫·格奇马拉（Wojciech Grzymala, 1793~1871），波兰爱国志士，曾多次参加爱国斗争。1831后出使英国、法国，是巴黎历史文学社创始人之一。肖邦和乔治·桑的挚友。

② 可能是指宝琳·维雅多－加西亚夫人，西班牙裔女中音歌唱家。

等你结婚的时候，我也一定会竭尽所能为你效劳。关于这个我想我很快就会收到雅希的来信的。至于桑，你就别奢望和她结婚了，因为她已经属于我了。

为爱人辩护

● 致沃伊杰赫·格奇马拉①，1843 年（具体日期不详），诺昂，33 岁

你无法想象那个西班牙人②的闲言碎语给我带来了多么大的影响。他们总喜欢根据自己的主观想象武断地做出判断。我记得，一天晚上在桑家里，她非常反感当天的阿加瑟（Agatha），可是那个晚上之后，她又决定去看看这个幸运儿。你站出来表示反对，不赞成她对一个现居伦敦（据说在准备大歌剧演唱）的人这么狂热。那天晚上桑说你肯定是爱上阿加瑟了，我不知道你当时有没有注意到她的话，我当时可是有些不开心。同样是那个晚上在她的房间里，我告诉她以后不要再开这样的玩笑了，因为你的确是认识阿加瑟小姐。没有什么比把事情搞得一团糟、扰乱你和别人的生活更容易的事情。现在信不信由你啦，打个比方比如我自己，因为我爱我的母亲，那我就不会跟她乱嚼舌头说一些子虚乌有的事儿。昨天，我收到你的信之后，我对桑说，她肯定是有时候把那些你和阿加瑟小姐的玩笑话告诉了那个西班牙人或是别的什么人。因为那个西班牙人最喜欢跟你胡说八道一些蠢事，而同时他们会把始作俑者推到我和桑的头上。听完我的话，桑发誓说真的没有，她说从来没有想过你和阿加

瑟小姐会有任何绯闻，同时她还补充说她知道你另有所爱。桑还说那个西班牙人若是对某事好奇了，就会耍出点手腕，把她自己杜撰的胡言乱语说成是既定事实，把指责的鞭子强加到她的猎奇对象周围最亲密的人身上。在这件事上，她从未对这个西班牙人透露过只言片语。由此你也可以看出她对有些事情是何其尊重！

这里的天气不好不坏。第一天她的身体状况很差。现在，白天她骑骑马，精神很好。她很开心，写写画画，自得其乐。

带有名字首字母 GF（乔治·弗里德里克）的信封
（Envelope bearing GF initials）
内有乔治桑的一撮卷发，信封用的是淡赫色纸，有乔治·桑的手迹："乔治·桑的头发。"这是乔治·桑送给肖邦的礼物。

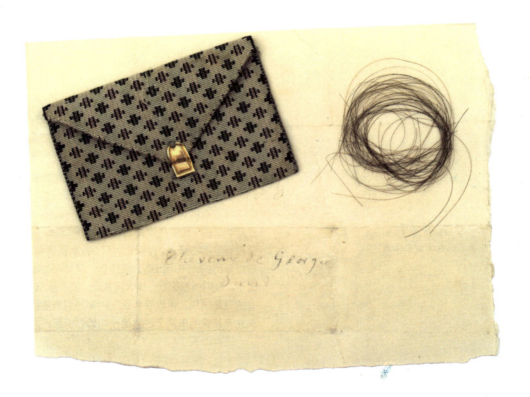

① 莫里斯是乔治·桑的儿子，与肖邦关系很不好。

② 罗斯切尔德（Rotschild）家族，世界著名的犹太富豪家族。

开心着你的开心

● （法语）致乔治·桑，1843 年 9 月，星期五，33 岁

这是莫里斯①写给你的话。我们都得知了你的好消息。因为你开心，我们也非常开心。你做的每件事情肯定都是伟大而美好的，我们没在信里提到你做的事情，并不代表我们对此不感兴趣。莫里斯昨天晚上把他的箱子寄给你了。给我们写信！给我们写信！明天还会给你写的。别忘了你的老伙计们。

肖邦

给索兰热：莫里斯和我都很好，请勿惦记。

爱人啊，你快点来!

● （法语）致乔治·桑，1843 年 11 月 26 日，巴黎，33 岁

这么说你已经把马厩清理完毕了，累坏了吧。旅行之前放松些，把诺昂的好天气带给我们。我们这边可是一直在下雨。昨天我一直等到下午三点钟天气转晴，才叫了辆马车去拜访罗斯切尔德②和斯托克豪森（Stockhausen）。我没有觉得不舒服。今天是周日，我准备休息，不打算出门，不是因病必须休息，只是不想出去了。我们俩都很好，请大可放心，没有疾病，有的只是快乐。再也没有比下周你的到来更让人充满希冀的事情了，希望一切如你所愿。

还有四天了!

《乔治•桑在诺昂的府邸》
(*La maison de George Sand à Nohant*)
1870 年，亨利•皮埃尔•莱昂•法拉蒙•布兰查德，木刻版画
1796 年，乔治•桑的祖母奥罗尔•杜邦男爵夫人买下了这座 18 世纪
的城堡，后来由乔治•桑继承，她常在此度夏，并最终定居下来。

La maison de George Sand, à Nohant.

《提及弗里德里克·肖邦离开祖国》
(*Mention of Fryderyk Chopin leaving his homeland*)
1830 年 11 月 3 日，第 295 期
附有约瑟夫·埃尔斯纳作曲的告别颂歌的内容和路德维克·亚当·德莫谢夫斯基的文章："你虽在此处与我们分离，你的心永远和我们在一起。"——《华沙快报》

① 奥古斯特·弗朗肖姆（Auguste Franchomme，1808~1884），法国大提琴演奏家、作曲家。是肖邦和门德尔松的密友，曾同肖邦举行多次大提琴、钢琴二重奏音乐会。肖邦为他创作了一首大提琴奏鸣曲。

② 欧仁·德拉克罗瓦（Eugène Delacroix，1798 年 4 月 26 日~1863 年 8 月 13 日），法国浪漫主义画派大师，肖邦的挚友。德拉克罗瓦绘作的著名油画《肖邦像》中，肖邦面色异常憔悴。原画中，乔治·桑是站在肖邦的身边的。但在画家德拉克罗瓦死后，此画被一分为二，肖邦像留在巴黎卢浮宫，而带有乔治·桑像的一部分保存在丹麦哥本哈根的 Ordrupgaard 艺术博物馆。

对你的爱亘古不变

● （法语）致乔治·桑，1844 年 9 月 23 日，星期一四点半，巴黎，34 岁

你好吗？我现在在巴黎，我把你的包裹交给乔利了，他很有魅力。我见到罗兹埃尔(Marie de Rosières) 小姐了，她挽留我在她家共进午餐；我也见了弗朗肖姆①和我的出版商了；我拜访了德拉克洛瓦②，他依然住在他原来的房间里，我们聊音乐，聊绘画，还特别聊起你，大概聊了有两个半钟头呢。周四的时候我会忙起来，周五的时候将和你在一起。我要去邮局，之后去找格奇马拉，再去见利奥（Leo）。明天我将和弗朗肖姆一起试演一些奏鸣曲。这儿有一片从你小花园里摘来的树叶。格奇马拉刚刚来过，他问候你日安并写了三言两语给你。

我再说最后一句：我一切安好，对你的爱亘古不变。

我永远属于你

● （法语）致乔治·桑，1844 年 12 月 2 日，星期一三点，34 岁

你最近一切都好吗？我刚收到你温暖的来信。这里雪下得很大，真高兴你没赶在这雪天出行。我一直自责，也许是我让你萌发了急着在这样的天气还赶过来的想法。从昨天早上起就一直在下雪，所以索洛涅③的路况肯定不太好。你决定等几天出发，我觉得再好不过了，这样我就有更多的时间把你的屋子烧得暖暖和和的了。最要紧的是，不能让你在这么糟糕的天气中出行受罪。杨（Jan）把你的花都挪到厨房了。你的小花园里全是雪球、糖果、天鹅、貂、奶酪等造型的雪雕，还有索兰热④的手印和莫里斯的牙印……

昨天我在弗朗肖姆家吃的饭，考虑到天气恶劣，直到四点才出发的。晚上的时候，去了马尔利亚尼夫人（Mme Marliani）那里，今天在她家吃的饭……她们都还好，就是有点伤风感冒。我还没有见到格奇马拉还有普莱耶尔⑤，如果雪小点的话，希望今天能见到他们。你自己多保重，不要太累了。

永远属于你的苍老的、难以置信的无比苍老的

肖邦

③ 索洛涅（Sologne），位于卢瓦尔河谷，曾经是古法兰西的一个小国。在法国的版图上，索洛涅处于心脏的位置，法国人喜欢称它为"法兰西的心脏"（Coeur de France）。

④ 索兰热·克莱辛格（Solange Clésinger），乔治·桑的女儿。

⑤ 卡米尔·普莱耶尔（Camille Pleyel），肖邦好友，肖邦曾用普莱耶尔的钢琴演奏他的两部钢琴协奏曲——Piano Concerto No.1 in e minor, Op.11 和 Piano Concerto No.2 in f minor, Op.21，在巴黎的 Salle Pleyel 音乐厅上演（肖邦后来还得到一架 1839 年制造的 Pleyel 三角钢琴）。身为钢琴家与制琴师之子的普莱耶尔和肖邦是十分亲近的朋友，因此主动提供肖邦免费的 Pleyel 钢琴，而肖邦也以在演奏会及教学时的宣传为回报，并且认为 Pleyel 钢琴才是最适合自己作品的乐器。李斯特也曾写道："肖邦的确是特别珍爱 Pleyel 钢琴，因为它们能发出如银铃般清脆却又稍稍蒙上面纱的朦胧音响，而且弹奏起来不费力气。"

《乔治·桑聆听弗里德里克·肖邦弹奏钢琴》
（*George Sand listening to Fryderyk Chopin playing the piano*）
1885 年至 1889 年，路德维克·沃伦克维杰，布面油画，是欧仁·德拉克洛瓦于 1838 年前后画作的复制品
原本画面上有乔治·桑和肖邦两个人。大约在 1874 年，不知为何原因，此画被一分为二。肖邦像现留在巴黎卢浮宫，
而乔治·桑画像保存在哥本哈根的奥德罗普格美术馆。

我多想能在你身边

● （法语）致乔治·桑，1844 年 12 月 5 日，星期四三点，巴黎，34 岁

　　我刚收到你的来信，真是太好了。我看得出，由于最近的耽搁，你有些焦躁不安。但是，为了怜惜你的朋友们，一定要耐心。因为说真的，如果知道你在天气恶劣、身体不佳的情况下出行，我们都会感到忧心忡忡。希望你尽可能晚点出发，预订座位，也许那时天气不像现在这么冷了。这里冷极了，所有人都说这冬天来得太突然了。我说的"所有人"包括杜兰德（Durand）和弗朗肖姆。我今早见到弗朗肖姆了，昨天还去他家吃了饭。我坐在火炉前，套着厚厚的大衣，旁边是他的胖儿子。那个孩子面色红润，身体健康，光着腿，全身仍是暖暖的；而我却是一脸蜡黄，形容憔悴，外裤里面穿着三条法兰绒衬裤，身上还是冷冰冰的。我答应那孩子向你要巧克力吃，在他看来你已经成了巧克力的同义词了。我相信你的头发——他以前总说你的

《f 小调钢琴协奏曲中的小广板，21 号作品》（Larghetto from Concerto in F minor Op.21 for piano and orchestra）
弗里德里克·肖邦
小广板的灵感来自肖邦对初恋情人康斯坦雅的爱慕之情。f 小调第二钢琴协奏曲出版时，肖邦将它献给了他的学生兼朋友戴尔菲娜·波托卡。

头发很黑——现在在他的脑海里想必也变成巧克力色了吧。那个孩子很逗，我特别喜欢他。我十点半上床睡觉，但是睡得不太好，不像下了火车后那个晚上睡得那么熟……我要出去了，像往常一样，要去交易所，把信寄走。然后去看马尔利亚尼夫人，我已经好几天没见过她了。之后再去罗兹埃尔小姐那里，她想跟我一起吃饭……我还没有开始授课。首先，我刚刚收到我的钢琴。其次，人们还不知道我已经到了巴黎，直到今天才有几个访客跟我谈生意。不过人会渐渐多起来的，我一点都不担心……已经破晓了，你现在肯定穿着你的晨衣，身边围绕着你的孩子。替我给他们一个吻。我多想能在你身边呀。原谅我的拼写错误，我懒得查字典了。

　　　　　　　　你的木乃伊一般古老的
　　　　　　　　　　　肖邦

平静的乡村生活

● 致家人，1846 年 10 月 11 日，星期日，36 岁

　　我们在这里①度过了一个美好的夏天，尽管我不久就会忘记。虽然今年的收成不太好，有些地方的人们还在担心怎么度过这个冬天，但是这儿的人们没有抱怨什么，因为今年的葡萄园产量特别高。勃艮第的葡萄质量甚至超过了 1811 年，但是产量没有那年的高。昨天房子的女主人在这儿做了一些果酱，用的是一种叫做亚历山德琳的葡萄作原料。这种香葡萄都

　　① 指法国的诺昂庄园。1846 年，肖邦与乔治·桑在这里度过了最后一个秋天。11 月，由于种种原因，他们分开，肖邦来到了巴黎。

《肖邦塑像》 (*Statue of Fryderyk Chopin*)
上海中山公园内的肖邦塑像，为 2007 年 3 月 3 日肖邦诞辰纪念日波兰上海肖邦纪念像筹备委员会捐赠。

① 索兰热的昵称。

②联合主义派指的是一个法国政治
联盟，1848 年法国大革命后才用这个
名字。

是结成密密匝匝的一大串，由于气候的原因，没法熟透，因此很适合做果酱。这里没什么其他水果，植物的叶子很厚，而且也很绿，数不清的花儿竞相开放……索尔①前一阵身体很不好，现在已经恢复健康了。或许过上几个月，我就会写信告诉你们她跟那个帅小伙结婚的事，上封信里我曾提到过他……房子的女主人当着洛卡（Lorka）的面不止一次跟我说："你姐姐比你好一百倍。"我回答说："我也这么认为。"

你的身体好吧

● （法语）致乔治·桑夫人，1846 年 11
月 25 日，星期三三点，巴黎，36 岁

想必你的头痛已经痊愈，你的身体比以往都好吧。我很高兴，你恢复了以往的交往。祝愿你们那边天气宜人。我这里黑暗潮湿，严寒难挡。格奇马拉现在好多了。17 天来，他昨天第一次睡着了一个小时。我见到了德拉克洛瓦，他向你们大家热情地问好。他身体不好，但是他依然坚持去卢森堡宫工作。昨天傍晚，我去拜访了马尔利亚尼夫人。她正要与施珀得夫人、欧珀廷先生（他曾无畏地在校园大声朗读你的《魔沼》，来说明你的笔调与众不同）以及奥普廷先生四个人一起出门。他们要去听新的先知的布道。那个先知不是使徒。他的新教义是联合主义派②的；他们的预言家在穆顿森林（Meudon wood）里显现，他看见了上帝。他断言，在永生的至高的快乐中，不应该有性爱。马尔利亚尼夫人不是很喜欢这种说法，

但是船长很认同，每次男爵夫人取笑他的联合主义时，他就会说她胡言乱语。明天我会把皮衣以及其他你想要的东西给你寄去。你的钢琴价格是 900 法郎。我最近没有见到阿拉果③，但是他一定也挺好的。因为皮埃尔④给他送去你的信时，他出门了。请替我感谢侯爵留在我门上的挽歌。祝你心情愉快，身体健康。如有所需，尽管来信。

《升 F 大调船歌，60 号作品》（*Barcarolle in F sharp major Op.60*）
1846 年，弗里德里克·肖邦
出版发行的手稿，标有巴黎布兰德斯和西埃出版公司第一版次号。
肖邦在三个地区出版作品：法国、英国和德国，同一部作品的不同出版发行手稿，为不同的出版商而备，细节上常有不同。

③多米尼克·弗朗索瓦·让·阿拉果（Dominique Francois Jean Arago，1786 年 2 月 26 日~1853 年 10 月 2 日），物理学家、天文学家，精于光学和电磁学实验。曾任巴黎工艺学院画法几何讲座教授、巴黎天文台台长。1848 年二月革命后任临时政府海军和陆军部长、执委会主席。他与菲涅耳共同研究了偏振光的干涉，于 1816 年发现偏振方向互相垂直的两束光线不干涉。他制造了一种偏振镜，用以观察天空散射光的偏振。1811 年他发现石英有使光偏振方向旋转的能力，即物质的旋光性。1825 年，阿拉果和杜隆合作，为避免蒸汽机爆炸，长期冒险测量高温蒸汽的压强，验证玻意耳定律到 24 个大气压。

④皮埃尔（Pierre），肖邦的法国男仆。

《欧仁·德拉克洛瓦画像》
(*Portrait of Eugène Delacroix*)
作于 1858 年之前，乔治·桑，铅笔画

新年快乐

● 致乔治·桑夫人，1846 年 12 月 30 日，星期三三点半，巴黎，36 岁

昨天你的来信让我非常高兴。我的这封信应该在新年那天送到你手上吧。新年那天我应该还会一如既往地吃着糖果、鲜软奶酪，再买上一罐"好东西"牌雪花膏。

昨天我和马尔利亚尼夫人共进晚餐，还和她一起去剧院看了《阿格尼丝》(Agnès)。德拉克洛瓦给我留了个很好的包厢，我听凭马尔利亚尼夫人使用。说实话，我不太喜欢看《阿格尼丝》，我更喜欢《露克丽斯》(Lucrèce)。但对这些歌剧，我无力评判。阿拉果来看我。阿拉果人很瘦，声音粗哑，但是很友善，很有魅力。天很冷，但是对还能出来散步的人来说还是很令人愉快的。希望你的头痛好些了，能像以前一样在花园前散散步。希望你们在新的一年幸福快乐！如果你身体恢复了，请务必给我写信，告诉我你一切都好。

你忠诚的
肖邦

给你可爱的孩子们：

我很好，格奇马拉身体已经渐渐恢复了，今天我要和他一起去兰伯特旅馆，我穿得很厚。

我会记得照料你的花

● 致乔治·桑夫人，1847 年 1 月 12 日，星期二三点半，巴黎，37 岁

收到你的信很开心……你现在肯定专注于你的戏剧艺术吧，我相信你新剧的序幕肯定会成为经典，新剧的彩排也给你不少乐子吧。别忘了穿上你的狼皮袄，也别忘了缪斯女神给你带来的灵感。这里很冷，我已经见到维莱特夫妇，他们还托我向你问好。我会记得照料你的花，也没忘记支付园丁的工资。照顾好自己，开开心心的，希望你们都好。

你忠诚的
肖邦

给孩子们问好。

《头戴桂冠的弗里德里克·肖邦》
(*Fryderyk Chopin crowned with laurels*)
1847 年，西普利安·卡米尔·诺维德，铅笔素描
肖邦被誉为"钢琴诗人"，多次被绘成头戴桂冠的形象。

⌐ 一切保持原样

● **（法文）致乔治·桑夫人，1847 年 4 月 10 日，星期六，37 岁**

感谢你带来的好消息。我把这个消息告诉给莫里斯了，他会给你写信。他身体很好，我也是。所有的一切都基本保持了你离开时的原样，除了小花园里没有了紫罗兰、紫阳花和水仙。他们把你的花搬到了别处，还卸下了你的窗帘。就这些了。希望你开开心心有个好心情，照顾好自己，有空的时候给我写写信。

⌐ 她最应该得到幸福

● **致家人，1847 年复活节（3 月 28 日）前一周开始，4 月 19 日写完，巴黎，37 岁**

桑①来这里两个月了，复活节后要直接去诺昂。索尔还不能结婚，他们来这里要签订婚约时她突然改了主意。对此我感到很遗憾，也很同情那个老实巴交的、陷入爱情中的男孩。不过在结婚前反悔总比结婚之后再反悔强得多。婚礼说是延期了，但是我明白这背后的隐情……

……给你写了这些无关紧要的东西，这是在一周前写的。今天我又是独自一人在巴黎。桑已经带索兰热和卢斯走了三天了。昨天我收到了封乡下她们来的信，说她们都很好也很开心，就是那里下了雨。

……今天早上这里又下霜了，还好下得不太大，对庄稼应该影响不大。今年这儿的粮食特别贵，尽管有几次规模不小的慈善捐

① 指乔治·桑。

助，但是还是有些人现在生活十分艰辛。桑
也为她自己的村庄还有附近一带作了不少贡
献。这也是她为什么今年冬天这么早回去的
原因之一，当然最主要的原因是她要回去暂
停她女儿的结婚计划。她最近刚出版了新书
《鲁克莱齐亚·弗洛利安妮》②，四个月前
报上刊登了她新创作的爱情小说，目前书名
暂定为《皮西尼诺》③，故事发生在西西里岛，
有许多美丽的场景。毋庸置疑，这本书肯定
比《鲁克莱齐亚》更让露德维卡感兴趣。

　　皮西尼诺是当地一个非常矮小的强盗的
绰号。书中有许多描绘得生动形象的各色人
物，大多数都是淳朴和善的。每当我听到有
人朗读这本书就会感到特别的愉快。现在桑
开始写其他的书了，但是她在巴黎可是一会
儿都静不下心来的。

　　……今天是 19 日。昨天，诺昂来了封
信打断了我的工作。桑写信给我说下个月底
她们要过来，让我等她们。我猜她们是为了
索兰热的婚礼来的吧（对了，索兰热的未婚
夫不是上次我给你提到的那个人了）。愿她
们好运吧。上次来信我看她们好像都不错，
我也就放心了。如果论谁最应该从上帝那里
得到幸福，我觉得肯定是桑了吧。

②乔治·桑在《鲁克莱齐亚》一书
中披露了她本人与肖邦的关系。

③意为小家伙。

愿你拥有世上所有的快乐

● 致桑，日期不详，巴黎，37 岁

　　莫里斯昨天早上离开了这里，身体很好，
天气也不错。你的信是在他离开之后到的。
期待你再写信给我，告诉我你哪天到，这样

我可以提前生火，把你的房间熏得暖暖和和
的。愿你那边有个好天气，文思泉涌，拥有
世上所有的快乐。

> 你忠诚的
> 肖邦

向小家伙们问好！

你创造了奇迹

● 致桑，1847 年 4 月 29 日，巴黎，37 岁

你在工作中创造了奇迹，对此我一点也
不吃惊。愿上帝保佑你。你身体好了，以后
会健康长久的。你的窗帘还在这儿。明天是
30 日了，我还没有你来这里的确切日期，
不知道你到底什么时候来。现在天气不错，
树叶开始发芽了。如果你现在来的话，这样
的好天气肯定会让你感到舒适，能让你在车
上好好地睡上一觉。出发前请给我来个信儿，
因为我要给你提前生火。多保重，开开心心，
好好休息吧。

你的信让我欣喜若狂

● （法语）致桑，1847 年 5 月 15 日，星期六，
巴黎，37 岁

你知道吗？收到你洋洋洒洒的来信，我
真是欣喜若狂。我对你近况的任何细节都

倍感兴趣。你知道在你所有的朋友中，没有人比我更希望你的孩子们得到快乐和幸福了。①请把我的话转达给你的女儿。我的身体又好些了。希望上帝保佑你一直这么精力充沛，开开心心的。祝一切安好。

聪明的怪物

● **致姐姐露德维卡，1847 年圣诞节，巴黎，37 岁**

索兰热现在在加斯科涅（Gascony）她父亲那儿，在临别时见到了她母亲桑。她和杜维内特（Duvernet）一家去了诺昂，但她母亲只是冷冷地见了她一面，还说如果她不和她丈夫分手就别再回诺昂来。索兰热还看到自己的会客厅改造成了演员的化妆室，新房变成了小剧院，她还说母亲跟她谈的只是钱。她的哥哥只是一味地逗狗玩，他唯一能想出来要给他妹妹说的无非是："想吃点什么吗？" 其他的亲戚朋友好像消失了一样不见踪影，总之她两次回娘家无疑都是不成功的。第二天走之前，索兰热又去看了看她母亲，这次她母亲的态度比上一次还要冷淡。但是桑还是嘱咐她写信回来，当然这也是一个母亲应该做的。与其说桑是在生女儿的气，还不如说是在生女婿的气。在她给我的那封有名的信中，桑曾说过：女婿倒是不坏，只是女儿让他变成现在这个样子。看上去桑好像要一下子甩开女儿和我，因为我们给她带来了麻烦。她和女儿仍会通信，好让那颗不能失去孩子消息的心得到安宁，也可

① 此处可能是指索兰热即将与克莱辛格缔结连理。

《巴黎拉谢兹神甫公墓中的肖邦之墓》
(Fryderyk Chopin's tomb in Père Lachaise cemetery, Paris)
1850 年，让·巴蒂斯特·克莱辛格，照片，夹在 1849 年简·威廉米娜·斯特林制作的剪报簿里
在 1850 年 10 月 17 日悼念弗雷德里克·肖邦逝世一周年时，在肖邦的墓前举行了由克莱辛格雕刻的大理石墓碑揭幕典礼。

以免受良心的谴责。她会认为自己这么做是公正的，而把我宣布为她的仇敌是因为我站到了她女婿的那一边（她之所以不能容忍女婿，只是因为他和她的女儿结了婚。而我曾竭力反对这门婚事）。真是个聪明的怪物！她好像陷入了一种狂乱的状态，让自己白白苦恼，让女儿跟着受罪。她如果不反省的话，将来和她儿子的关系也不会有好结果，我敢这么肯定。为了给自己开脱，她想在那些对她怀有善意、信任她，并从未对她失过礼的人身上寻找过错，但她不能在自己周围看到他们，因为他们是她良心的一面镜子。所以她没有给我多写过一句话，今年冬天她

《位于罗什舒瓦尔街的普莱耶尔家族音乐厅》
（Maison Pleyel: Salle de concert, rue Rochechouart）
19世纪上半叶，奥诺·塞尼雍，根据爱德华·勒纳尔的画作制成的木刻画

也不会到巴黎来了，她在女儿面前也从来没有提到过我的意见。我并不后悔自己曾帮助她度过人生中最艰辛的八年，八年里，女儿渐渐长大，儿子又一直和母亲住在一起。我对自己的付出并不后悔，只是为她的女儿惋惜。这枝花朵经过精心培育，躲过了多少狂风暴雨，如今却在母亲的手里由于她的轻率而折断了。这种轻率的错误要是一个 20 多岁的女子所犯的话还是情有可原的，但对于一个 40 多岁的女人却是不应该的。以往的一切不复存在，了无痕迹。总有一天，桑回想这件往事时，心灵深处对我只有美好的回忆。但现在，她患上了最奇怪的母爱突发症，想扮演一位更公正更仁慈的好母亲，而她其实并不是。这种"热病"真是无药可救了，因为她充满幻想的头脑已陷入了绝境……桑刚写的新小说在《争辩报》上发表了，像《魔沼》（La Mare au Diable）一样，是一个背景为贝里科小镇的故事。小说的名字是《乡村弃子弗朗索瓦》（Francois le Champi），弃子是乡下人对私生子的称呼，这些私生子们通常是由医院付钱交给乡下的贫苦妇女们抚养长大的。有谣言说这部小说有回忆录性质，映射的是桑的生活经历，但是桑在给马尔利亚尼夫人的信中否认了这种观点，说这部小说其实是更侧重于表达她对文学、艺术等问题的理解和看法。我觉得也是如此，对于桑来说，写回忆录还为时尚早，人生中的一些事情她还没有经历过，以后还有很多美好的亦或是丑陋的事情等着她去经历。

无法捉摸她反复无常的心性

● 致露德维卡·杰瑞兹维克斯，1848 年 2
月 10 日，星期四，巴黎，38 岁

桑还在乡下，和博里（Borie）、她的儿子、
兰伯特（Lambert）和奥古斯汀（Augustine）
一起。奥古斯汀显然已经和博里的朋友、来
自一个叫杜里的小镇的美术老师结婚了。她
再也没有给我写过半个字，我也没有给她写
过信。她还让房东把她在巴黎这里的公寓出
租掉。索兰热住在她父亲那儿。她给我写了
信。她丈夫在巴黎这边，刚完成那个要参展
的大理石雕刻，展览在三月份举办。索兰热
在她父亲家里生了病。他们夫妇没有钱，所
以索兰热能在父亲那边那么温暖的地方度过
冬天也算明智。可是可怜的小家伙烦透了。
她的蜜月旅行是多么让她开心啊。她的母亲
桑在迪巴特正在为一个很不错的报纸专栏写
作，还在她女儿索兰热的婚房改造的小剧场
里上演了一出喜剧。桑现在已经完全失去理
智，净做一些疯狂的事情，非得到伤心欲绝
的时候才能清醒过来。现在，她还是执迷不
悟。我一直在向上帝祈祷，但愿上帝可怜她，
原谅她一直无法分清什么是真情实意，什么
是假意逢迎。不过话又说回来，也许在我看
来别的什么人都是虚情假意，可能她就是乐
在其中，而我却看不出这有什么好快乐的。
她的朋友邻居一直无法理解最近发生在那儿
的一切，不过现在在他们已经习惯了。总而言
之，没有人能摸透她那反复无常的心性。八
年的安定生活对她来说已是很长了。上帝保
佑，让孩子们成长的这八年平安度过。要不

是我在的话，可能她那两个孩子早就随父亲生活去了。莫里斯也会一有好机会就跑去找他父亲了。也许这就是文学天才的生活吗？也许这就是他们所追求的快乐吗？算了，别说这些事情让你烦心了，事情早已过去了。时间是医治创伤最好的医生。我还没有完全解脱，所以这段时间也一直没有给你写信，有时候我写了个开头又把信烧了，写这些事有什么用啊！还不如不写。只是我和桑好久没有见过了，也没有争执吵闹。我也不会去她那里，对她女儿的事情保持沉默。索兰热在回她父亲那里的路上看望了桑，但是桑只是冷冷地接待了她，至于女婿她甚至连面都不愿见。她还和女儿通信，尽管语气冰冷。不过至少她和女儿之间还是有联系的，这让我感到欣慰。

看看她扮演的角色吧

● **致格奇马拉**，1848 年 7 月 8 日至 17 日，伦敦，38 岁

索兰热怎么样了？罗兹埃尔小姐给我写过封信，她真是个好人。但是我很想知道索兰热母亲的情况。克莱辛格打算去俄国吗？这个傻瓜，不知道那里现在正闹霍乱吗！请给我写几句他们的情况。……我要去找维雅多了。说实话我其实并不想让她为我演唱，但是当我举行音乐会的时候她的哥哥和我在一起，所以我立即过去找到她，她很乐意为我演唱。告诉罗兹埃尔小姐：维雅多夫人很友善，积极地到处参加活动[①]。我知道桑给

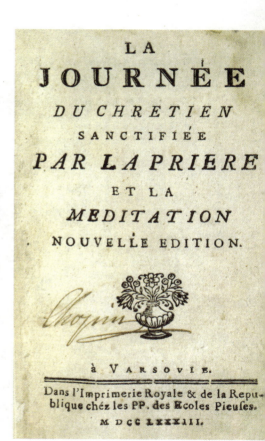

《在神圣的基督教祈祷日默想》
(La Journée du Chretien Sanctifiée par la prière la méditation, Varsovie, Dans l'Imprimerie Royale & de la Republique chéz les PP.Des Ecoles Pieues)
卡尔·威廉·乌尔里希
弗里德里克（米科拉伊？）·肖邦的祈祷书

① 此处原文字迹不清。

《弗里德里克·肖邦在旺多姆广场 12 号住所的客厅》
(Fryderyk Chopin's salon at Place Vendôme 12) （原作遗失）
19 世纪上半叶，泰奥菲尔·克维亚特科夫斯基，水彩画
这是肖邦在巴黎最后的住所。

维雅多写过信，焦虑地打听着我的情况。看看她必须扮演的角色吧，多像个公正的母亲呀。

她陷进了泥淖

● 致家人，1848 年 8 月 19 日，38 岁

索兰热给我写信了，她跟丈夫的父母住在贝桑松①，过得很好。在巴黎她见到了她母亲。有人建议她的母亲离开巴黎。当乔治·桑回到诺昂乡间别墅时，那里的农民对她冷眼相待（所有糟糕的事情在她身上同时发生了）。她甚至被迫离开诺昂，现在在图尔②。最近这段时间里，她陷进了泥淖，而且把很多人都拖进泥潭。人们认为，燃起内战之火的非法公告是她写的。她的第二份报纸也惨遭失败，因为内容过于偏激，只是煽动了那些目光短浅者，而被禁止发行。不过就像她的第一份报纸一样，这份报纸因为缺少读者，早就失去了力量。几年前谁会猜到这一结果呢？她的传记已出版发行，在街上出售。作者是奥古斯汀的父亲。他在书中抱怨乔治·桑撺掇他唯一的女儿成了莫里斯的情妇。在乔治·桑答应说要把奥古斯汀嫁给她的儿子后，奥古斯汀违背了父母的意愿，决定非莫里斯不嫁。奥古斯汀的父亲在书中引用了他女儿信里的内容。总之，现在整个巴黎都在议论这桩最肮脏的丑闻。做父亲的虽没有尽责，但发生的一切都是事实。这就是她所认为的善举带来的结果。

①贝桑松（Besancon），法国东部城市，杜省首府。

②图尔（Tours），位于巴黎西南的卢瓦河谷，距离巴黎 200 公里，是一座历史文化名城。

当初这女孩来到这个家的第一天起，我就表示反对。桑应该让她的父母来教导她，而不是给她灌输那些关于自己儿子的思想。如果没有钱，莫里斯将终身不娶（即使那样，只有桑能哄劝住儿子，因为他将来会很富有）。不过莫里斯很喜欢有个漂亮的堂妹陪他。他要求母亲像对待索兰热一样对待奥古斯汀。她穿的都和索兰热一样，甚至得到了更好的侍候，只因为莫里斯希望如此；每次她父亲想要把她带走时都遭到了拒绝，只因为莫里斯希望如此。她的母亲被看作是精神病患者，只是因为她把事情看得都很清楚，最后她的父亲也开始明白了。那时候是桑夫人把这个女孩变成了"一个受害者"，她被假定为是受自己父母迫害的人。索兰热看清了所有事，一直在阻止事情的发生。莫里斯需要兰伯特在索兰热和仆人面前做自己的挡箭牌。他也需要博里，好让全镇的人以为是博里在追求奥古斯汀。索兰热的母亲觉得女儿碍手碍脚，因为她很不幸地看到了整个事情的发展。因此，谎言、羞耻、困窘所有这些充斥着这个家庭。

对恋人女儿的温柔呵护

有礼貌的索兰热

● 致姐姐露德维卡，1844 年 10 月 31 日，诺昂，34 岁

索兰热今天不太舒服。她在我屋子里坐着，让我向你转达衷心的问候。而她的哥哥，

收到你丈夫送的做雪茄的小机器，什么客气话都没说。你也不用感到惊奇，因为他生来就不懂得礼貌是什么。

└ 幸福的索兰热

● （法语）致索兰热，1847 年 5 月，巴黎，37 岁

　几天前，我已经请你母亲向你表达我是多么真心地希望你能过得幸福。你那洋溢于字里行间的幸福快乐①让我无法抑制住自己的愉悦心情。你现在处在幸福的顶峰，希望你能永远这么幸福。真心地希望你永远快乐，永远开心。

①索兰热与雕刻家克莱辛格即将成婚。

└ 借马车的索兰热

● （法语）致索兰热，星期三（具体日期不详），37 岁

　得知你生病我感到十分难过。我会马上把马车借给你，为你效劳。
　我已经把这件事写给你母亲了。
　自己多保重。

你的老朋友
肖邦

　这封信无疑是 1847 年夏天写成的，后来这封信立刻引起了桑和肖邦的争吵。桑跟索兰热及其丈夫吵了一架，把他们赶出了家门，桑并不希望肖邦还与他们有瓜葛。

受诽谤的索兰热

● 致索兰热, 1847 年, 星期二, 巴黎, 37 岁

收到你的信很开心, 读起来却很难过。这些谣言诽谤真是太过分了。你的丈夫从来没有向我借过 "一大笔钱" 来支付你买家具的费用。你一到贝桑松就还给了我 500 法郎。我还在钱包里发现了 5 个路易。可我总是忘记谢你, 感谢你对欠了 "一大笔钱" 的债主还债的真诚方式。

你忠诚的

肖邦

替我向你丈夫问好。

与母亲不和的索兰热

● (法语) 致索兰热, 1847 年 11 月 24 日, 星期三, 巴黎, 37 岁

15 天以来我每天早晨就开始给你写信, 对你两次诺昂之行的不快结果我感到很伤心。然而你已经迈出了第一步, 你尽了心, 而且你和你母亲的关系比前一段应该说缓解了一些, 因为她已经让你给她写信了。剩下的事就交给时间来解决吧。而且, 你知道一个人不该轻易相信别人议论的事情。即使信了, 比如说你母亲, 她可以不再理睬像我这样的外人, 但是却不能对你丈夫这么做, 毕竟他已经是你们的家庭成员了。昨天我见到罗兹埃尔小姐了, 她告诉我巴斯堪斯 (Bascans) 夫人有你的消息了, 但是没有

诺昂你母亲那里的消息。巴斯堪斯现在发烧，卧病在床。整个巴黎都笼罩在疾病的阴影中。天气糟得令人可怕，你能在晴朗的天空下住上一段时间，可真幸运。好好待着，保重自己的身体，开开心心的。除了这里糟糕的气候（真希望这糟糕的一年赶快过去），我再给你说说其他什么新鲜事吧。格奇马拉在一次交易中不幸损失了全部的财产；德拉克洛瓦刚见过我，由于没能见到你向你表示遗憾；比格纳特（Bignat）还没有来；马尔利亚尼夫人已经开始办理和她丈夫合法分居的手续了。这就是来各种渠道的所有消息。另外，在《世纪报》上刊登了你母亲写的关于刘易斯·布兰克（Louis Blanc）历史的文章。就这些，我近来老是咳嗽，现在又开始头痛，原谅我信上这么多涂改，还有法语错误。

与你还有你丈夫握手。愿上帝保佑你。

你忠诚的
肖邦

给我写写信好让我看到生命的希望吧。下次我会写得多点，写得好点。

弗里德里克·肖邦受洗证书的片段
(A Fragment of Fryderyk Chopin's holy baptism certificate)
证书上标明出生日期为 1810 年 2 月 22 日，肖邦在布洛乔夫罗马天主教区的一个教堂接受洗礼。

怀孕的索兰热

● （法语）致索兰热，1847 年 12 月 31 日，巴黎，37 岁

　　非常感谢你还一直惦记着我。不需多言，你知道我希望你能在新的一年里快快乐乐的。我会立刻把信带给你的丈夫，他告诉我，他明天就要离开这里去和你团聚了。他正在为即将到来的展览做着紧张的雕刻工作，因此没能早点离开巴黎去找你……我相信事情总会一点点变好的，相信你不久就会收到母亲的九十行长信而不是现在的短短九行的信件。相信外祖母的喜悦与母亲的喜悦是相同的，你们将会一起赞叹小天使，他降临到这个世界上就是来使你们重归于好的。给你说说接下来的一年里大家的计划安排吧。你母亲写了一本新小说，名字是《乡村弃子弗朗索瓦》，再过几天就能在《争辩报》发表。赫泽尔①在报纸上说这部小说带有一些回忆录性质。马尔利亚尼夫人知道点消息，对我说这本书不过是纯粹的文学艺术性质的……我老是咳嗽，而且所有的时间都被授课②占去了。天很冷，所以我不经常出屋。照顾好自己，希望你和你丈夫回来时身体结结实实的……你丈夫送来了一些水彩颜料，很受我们的欢迎。德拉克洛瓦做了个小型基督像，大受好评。居丹③、雷曼他们也画了一些画。我现在有点看不清楚了，外边正在下雪，天越来越黑了。哦，还有，阿德莱德夫人去世了，将进行为期两个月的哀悼活动。希望你们开心快乐。

①赫泽尔（Hetzel），当时著名的出版商。

②此时肖邦仍然在教授钢琴课赚钱为生。

③泰奥多尔·居丹（Theodore Gudin，1802~1879），19世纪法国浪漫主义画家，擅长画海景。

生病的索兰热

● （法语）致索兰热，1848 年 2 月 17 日，星期四，巴黎，38 岁

　　收到你信后的这几天我一直卧病在床，我得了讨厌的重感冒。我已经结束了在普莱耶尔④那里举办的音乐会。在这期间，我潦草地给你写过一点东西，还写了一封信。你丈夫上周来看我了，告诉我你的一些消息，所以我又不得不重新写信给你，让你知道你丈夫现在身体很好，对他的雕刻作品很满意。听说你得了可怕的黄疸，我真难过。过一阵你丈夫就会回去和你团聚了，这会有助于你的病完全康复，他也会给你带去这边的消息，就不用我费力写给你了。勒鲁⑤现在在巴黎，我在马尔利亚尼夫人那里遇到了他，他说希望能再来拜访我。他是个言谈得体的人，谈话中一直闭口不谈诺昂那里的事。博纳舒瓦⑥也在这里，格奇马拉卧病在床，所有的巴黎人都病倒了。你待在格勒瑞斯⑦是明智之举。请有空的时候拿起铅笔给我写几行信，我现在肯定不会像前一阵那么慢地回信了，因为音乐会结束了，我的感冒也好了。莫里斯现在在巴黎，但他并不住在这儿。有一天他来这里拜访我楼下的拉瑞克（Larac），他都没上楼看看我，可怜的孩子还向房子里的其他人撒了谎，真是毫无必要。罗兹埃尔小姐肯定给你写信了。我必须赶紧写好这封信了，因为我要开始上课了。不用我说你肯定知道，这么久才给你写信却又这么急匆匆的，真是让我不开心。

④巴黎普莱耶尔音乐厅。

⑤皮埃尔·勒鲁（Pierre Leroux，1797~1871）是 19 世纪法国著名的哲学家、小资产阶级空想社会主义者。出版有《论平等》。

⑥埃米尔·德·博纳舒瓦（Emilede Bonnechose，1801~1875），法国画家。

⑦格勒瑞斯（Guillery），法国地名，格勒瑞斯庄园盛产葡萄酒。

《华沙圣十字教堂》
(*The Church of the Holy Cross, Warsaw*)
19 世纪初期，佚名，水彩画
1879 年，露德维卡将肖邦的心脏带回华沙，将它安放在这里。

喜做母亲的索兰热 1

● 致索兰热，1848 年 3 月 3 日，星期五，巴黎，38 岁

得知你做了母亲，而且身体很好，我非常高兴，忍不住立即给你写信。你小女儿的出生，真是比（法兰西）共和国的诞生还要让我高兴。感谢上帝，你的苦日子到头了，一个崭新的世界等待着你。你们一家都要开开心心的，照顾好你们自己。我迫切需要得到你们的好消息。

喜做母亲的索兰热 2

● （法语）致索兰热，1848 年 3 月 5 日，星期日，巴黎，38 岁

昨天我去马尔利亚尼夫人那儿，告辞时在前厅门口遇到了你母亲桑。她正和兰伯特一起进来。我跟她说了句"日安"，第二句话就问她最近有没有收到你的来信。

"一周之前收到过一封。"她说。

"你昨天或者前天没有收到信吗？"

"没有。"

"那么，我告诉您，您已经当上外婆了。索兰热生了个女儿，真高兴我是第一个告诉您这个好消息的人。"

我向她行了礼就下楼了。和我同行的是个阿比西尼亚人①，名叫孔贝（Combes）（他从摩洛哥来了之后就马上投身革命了）。当时我忘了告诉她你现在一切安好，而这对一位母亲来说，非常重要（现在你肯定很容易

①现称为埃塞俄比亚人。

理解这点了吧，"索兰热母亲"！）。由于我没有力气再爬一次楼梯，就请孔贝回楼上再去一次，让他转告她说你和孩子都很好。我在楼下等着孔贝，后来你母亲和他一块儿下楼来，她询问了你的健康状况，看起来很关切。我说你在生孩子后的第二天就写了短信来了，你亲手用铅笔写的，说你受了很大的罪才把女儿生出来，不过一看到小女儿，一切苦难都忘掉了。你母亲问我，你丈夫是不是在你身边，我回答说，据我看你信封上的地址就是你丈夫的笔迹。她还问我身体怎么样，我说身体还好，然后我就让看门人给我打开门，行了礼之后就走了。步行到了奥尔良广场①，孔贝一直陪着我。

据伯科吉（Boccage）对格日马拉说，你母亲已在巴黎住了多日了。和莫里斯住在康德街 8 号，离卢森堡宫很近。昨天她去了品森饭店（就是我们有次跟德拉特彻一起吃饭的那家饭店），她在那里接见客人。她让孔贝去那里拜访她，还说她马上要回诺昂了。我想你的信已经在那里等着她了。你母亲看上去很好，我想她一定为共和国理念的胜利而欢欣鼓舞，昨天告诉她你生下女儿的消息应该更让她倍感欣喜。

保重自己，照顾好你们三个。

你忠诚的
肖邦

①奥尔良广场，法国巴黎著名旅游景点。

痛失女儿的索兰热

- （法语）致索兰热，1848 年 3 月 11 日，星期三，巴黎，38 岁

　　要勇敢，要冷静啊，为了逝者②，保重好自己。我刚见过你丈夫，他很好，对生活还是充满了勇气，对未来也充满了希望。昨天还有前天，我都看到他在雕刻他的自由女神半身像，今天刚刚完工。这件作品被认为是现在巴黎最好的雕刻作品。明天将移到维莱旅店。马拉斯特现在是市长（巴斯坎斯将受重用）。你丈夫认识警察局局长，他会派卫兵护送雕像。你丈夫还让我告诉你他今天太忙，没时间给你写信了，等明天送走了半身像就给你写信。所以不要担心他的健康。你看你丈夫尽心工作，非常勇敢。你也要照顾好自己，恢复健康，分隔两地对你们二人来说，才不会那么难捱。一定要冷静，求求你一定要冷静下来呀。你很快就会得到你父亲还有露西（我一直觉得露西永远是你善良可依赖的女仆）的照料了，你的身体会马上好起来的，你也会开始一段崭新的美好生活的。

　　听说你母亲已经离开了巴黎，自从那次离开马尔利亚尼夫人家时见过一面后就再也没见过了。她在诺昂收到了你的来信，她真可怜，我敢肯定这件事对她也是一个莫大的打击。她一定会竭尽全力帮助你。勇敢一些，冷静一些！我把一切安慰的话放在一边，在巨大的哀痛面前，安慰的话显得苍白无力。

你忠诚的
肖邦

我会经常给你写信的，别为你丈夫担心。

②索兰热的女儿出生几天后就夭折了。

与母亲关系转好的索兰热

● （法语）致索兰热，1848 年 3 月 22 日，星期三 ，巴黎，38 岁

我刚收到你的来信，派人去你丈夫的工作室看他有没有动身。如果他前天离开巴黎的话现在就能和你在一起了，就能把这里发生的事情告诉你了。所有人都在静静地等待，情况都在不知不觉中混作一团。非常高兴你母亲已经给你写了几封信，照顾好自己的身体，相信一切都会变好的。好好享受南方的阳光吧，这里的天气真是太糟糕了。

你忠诚的
肖邦

向你丈夫问好。

可怜的索兰热

● 致沃伊杰赫·格奇马拉 ，1848 年 5 月 13 日，星期六 ，伦敦 ，38 岁

一提到索兰热我就伤心难过。他们夫妻俩真可怜，事情再也不会转好了。让我觉得奇怪的是博里哭了，而索兰热母亲和孩子①竟都没有哭。

这边英国的报纸刊登了关于桑的不好的消息，比如说在某个花园（可能是卢森堡宫）有人看见莱德鲁·洛林躺在那里，而桑夫人则站在他旁边，跟他聊天。

① 指莫里斯。

未来美好的索兰热

● **致索兰热，1849 年 5 月，巴黎，39 岁**

　　一个最近很郁闷的朋友②祝福你和你的孩子。我们必须要相信未来是美好的，你会收获别的恩惠与安慰。青春是种责任，也就是说你有义务让自己快乐，为那些爱你的人留下关于你的美好的回忆。

　　②1849 年 5 月，肖邦遭遇了一次灾变，烧掉了一些作品手稿。

《降 D 大调摇篮曲，57 号作品》
(*Berceuse in D flat major Op.57*)
1844 年，弗里德里克·肖邦
没有最开始固定音型的整首创作手稿

重做母亲的索兰热

● **致索兰热，1849 年 7 月 4 日，星期三，39 岁**

感谢你来信安慰我。我收到了你让布思纳特（Bouscinat）给我捎的话，要我借给你们马车。不过我近来由于吐血不得不改变我的旅行计划。可能目前在华沙的俄国皇帝会颁发许可，允许我姐姐来看我。到那时，经过全面体检后，才能知道我是必须要离开巴黎呢，还是不能经受长途跋涉必须留在巴黎。好了，别再谈我的事情了。很高兴你到了波尔多，旅行没有令你太疲倦，但你还是应该好好照顾自己。我能想象你的小女儿长着大脑袋，一会儿哭一会儿笑，吵闹个不停，流着口水，咬着手指头……你们两个在一起肯定很快乐，什么时候让她骑在马背上呢？我想你现在一天到晚忙个不停，恨不得白天比黑夜多出一倍的时间，而你的小女儿时不时地把你吵醒。我现在开始涂涂改改了，没有什么要写的了，只是你早就知道了，我一直希望你无比幸福快乐。这里的霍乱已经止住了，据说巴黎现在越来越荒凉了。这里很热，灰尘遍布，贫穷、肮脏，看到的面孔像是另一个世界的……德拉克洛瓦在乡下呆了几周了，他现在身体不是太好……很高兴知道你那里风景很美，现在城市里可找不出这样的地方了。你女儿安静会儿的时候请给我写几句话，告诉我你们是不是都还好。现在你们家庭增加了新成员，祝你们所有家庭成员都能有个好身体。

弗里德里克·肖邦演奏会海报
(*Poster of Fryderyk Chopin's performance*)
1830 年，印刷品，1830 年 3 月 22 日在华沙国家剧院演出

黄昏恋——心如止水

善良的苏格兰女士

● 致姐姐露德维卡，1847 年圣诞节，37 岁

我托侍卫官威赖斯基给露德维卡带去了一个小针线包，是我那善良的苏格兰女士①送的……

① 指简·斯特林（Jane Stirling，1804~1859）小姐，苏格兰女钢琴家，肖邦的学生和爱慕者。

如果……

● 致沃伊杰赫·格奇马拉，1848 年 6 月 2 日，星期五，伦敦德芙大街

如果我不是吐了几天血，如果我能再年轻一些，如果我不是像现在这样在爱情上受了致命创伤，也许我可以重新开始自己的生活……在这里我好心的苏格兰女士们②给了我许多好心的照顾，只要没有社交应酬，我总是在她们那儿吃饭。她们已经习惯了四处奔走，整天带着名片陪着我绕着伦敦转来转去，而我已经是个半死不活的人了。

② 指简·斯特林和她姐姐。

婚床与棺材

● 致格奇马拉，1848 年 10 月 30 日，爱丁堡

我最亲爱的朋友！

难道你忘了我说的了吗？我在信中曾经告诉过你，我感到越来越虚弱、阴郁，没有任何希望，没有安身之所，你怎么可以从中得出结论，说我要结婚了呢？就在我收到你

《沃伊切赫·芮尼画像》 (Portrait of Wojciech Żywny)
雅德维加·库尼茨卡·博古茨卡，布面油画，根据安布罗齐·密罗兹维斯基 1829 年所作画像复制
沃伊切赫·芮尼是肖邦的第一位也是唯一一位钢琴家庭教师

那封真诚的来信当天，我写下了万一我在这个地方死去，如何处理我那堆东西的嘱托。

　　我游历了苏格兰，可是现在天气太冷了，明天我就要返回伦敦了，因为斯图亚特勋爵来信要我 16 日在舞会开始之前，在专为波兰人举办的音乐会上演奏。我在汉密尔顿公馆逗留了几天，离开时受了风寒。我五天没有出门了，住在韦什琴斯基大夫家里，他在用顺势疗法①给我治疗，我不想到任何地方拜访了，因为到处都在闹霍乱，如果我染病倒下了，肯定整个冬天都好不了……

　　……伦敦的浓雾使我待不下去，所以我即将返回巴黎——如果此时动身还不算太迟的话。我的苏格兰女学生们真是太好了，才两三个星期没见，她们今天就来看我了。她们希望我留下，让我接受邀请，带我前往一个个苏格兰名门府邸，这里的，那里的，没完没了。她们为人善良，但却惹人厌烦，愿上帝保佑她们！

　　……每天我都收到许多来信，但一封也没回过。我所到之处，她们都尽可能地跟随照料我。也许这种情况使人产生想法，以为我要结婚了，可这种事真的需要一种外貌上的吸引，而未婚的斯特林小姐却和我太相像了，你总不能亲吻你自己吧。

　　我已明确说过：彼此做朋友很好，但不可能进一步发展……

　　即使我爱上了一位女子（我十分乐意如此），我也不会结婚，因为我们无以果腹，无处安身。有钱的女子要找个有钱的男子，即使是找个穷丈夫，至少也不会找个病秧子，而是年轻英俊的。一个人受苦受难已

　　①顺势疗法是使用由植物、矿物、金属和昆虫等原料经过稀释制成的制剂，来治疗疾病的一种辅助疗法。

经够糟了，若是两个人，那简直是最大的不幸。我可以死在医院里，但决不能在身后留下一个受穷挨饿的妻子。

　　其实，我没有必要给你写这些，因为你知道我就是这么想的……因此，我根本不想有个妻子，我只是想家，想念母亲和姐妹。愿上帝眷顾她们。而我的音乐变成什么样了？我把我的心血耗费在哪里了？（涂抹字迹）我已不怎么记得他们怎么唱波兰民歌了。对我来说那个世界仿佛正在溜走，我神志恍惚，没有力气，（涂抹字迹）身体略有康复，又会再次病倒，而且每况愈下。

　　我不想对你诉苦，但因为你问起了此事，所以我向你解释，比起婚床来，我更接近棺材。我的心境相当平静……

弗雷德里克·肖邦临终床上的干花
(Dried flowers from Fryderyk Chopin's deathbed)
最初由索兰热·克莱辛格（乔治·桑的女儿，让·巴蒂斯特·克莱辛格的妻子）放置，框以 1837 年让·弗朗索瓦·安托万·博维的圆形装饰。

失而复得的慷慨馈赠

● 致格奇马拉，1849 年 7 月 28 日，星期六，夏洛特大街，39 岁

　　她①来向我坦白了，告诉了我她做的所有蠢事②。还说她姐姐显然什么都不知道。我最终也不得不告诉她真相，告诉她我不知道她为什么送给我这么慷慨的礼物，若是英格兰女王或库特小姐③的话，我还能够理解。但事情就是这样了。男主人被馈赠了一大笔钱，却毫不知情，也没收到门房女仆艾蒂安夫人送来的信（或包裹），最后向占卜师亚历克西斯（Alexis Somnambul）求助。下面开始讲述这个一波三折的故事：

　　占卜师亚历克西斯说他看到信差在三月一个星期四（8 日），把一些重要的信件送到某个地址（他竟写下了我的地址）。他说包裹一直没有送到男主人手里，到底在哪里他也无从知道，只得放弃。他提到在某个黑暗的小屋子里，要往下走两个台阶才能进去，信差把信交给了一个女人（那儿有两个女人，那个高个女人收了信）。女人手里拿着这封信，对信差说她会马上交给男主人的，但是，占卜师亚历克西斯接着说，女人把信拿下楼了，根本没给我，我也从来没看过这封信。问他能不能看到那封信到底怎么样了，他回答说他看不到，除非能把收到信的人的头发呀、手绢啊或者手套之类的带给他看，他就能知道了。亚历克西斯施法的时候，厄尔斯金夫人④在场，昨天她来把这件事一一告诉我，问我怎么样才能拿到女仆艾蒂安夫人的私人物品，好带给亚历克西斯。于是我就找来了艾蒂安夫人，借口说让她把盒子和一些

① 简·斯特林小姐。

②得知肖邦生活拮据，无钱支付诊金，简·斯特林小姐匿名给肖邦寄去了 25,000 法郎，在当时是一笔很大的数目。

③库特（Coutts）小姐，一位英国银行家巨额遗产的继承人。

④简·斯特林的姐姐。

① 这是苏格兰姐妹住的旅店。

手帕拿来。她一来我就说——装作要摆脱厄尔斯金夫人似的，我说厄尔斯金夫人想要我的一撮头发，拿给一个占卜师，她住在圣格迈①，能治愈疾病。我装作要尽量摆脱这件事一样，说我想把她的头发交给占卜师，若是她能分辨这是谁的头发，我才会相信她，再把我自己的头发给她送去。可我肯定她会把健康人的头发当成病人的头发。因此，在我的请求下，艾蒂安夫人剪掉了一缕头发，包好，让厄尔斯金夫人带走了。

今天早晨，信差和厄尔斯金夫人从亚历克西斯那里回来后找到了我。亚历克西斯辨认出这头发的主人就是拿了包裹的人，还说她把这个未开封的包裹藏在她床边的小柜子里。包裹在里面，没有丢，也没有寄出去，也没有打开过。如果信差表现机智些，问她要，她会把包裹给他的，但是一定要小心。所以这个信差今天中午直接从我那里去了奥尔良广场，独自找到了艾蒂安夫人，提醒她说三月份的时候，他去送过信，把寄给我的一个包裹给了她，还跟她说过这个包裹很重要。她认出了信差，把包裹还给了他。正是几个月前的那个包裹。的确它没有打开过，里面有 25,000 法郎，没有动过。在我的住处，厄尔斯金夫人当着信差和我的面打开的。你能相信吗？这个神奇的占卜师！包裹这么长时间竟没人动过！！这一离奇的事件让我头晕目眩。你是知道的，我不会收受馈赠。②

② 肖邦起初确实拒绝接受这笔钱，最后在简·斯特林的姐姐厄尔斯金夫人的劝说下，接受了一部分。但究竟多少，人们不得而知。弗朗肖姆说是 12,000 法郎，而一位自称了解事情真相的夫人说是 1,000 法郎。

对崇敬的老师

蠢驴也能学会弹琴

● 致在华沙的家人，1829年8月19日，维也纳，19岁

在这里，没人把我当小学生。布拉海特卡③说我在华沙所学的简直让他大吃一惊。他们很惊讶我在华沙居然学得这么快，造诣如此之深。我说在奥德伯特·芮尼和埃尔斯纳④的教导下，就算是蠢驴也能学会的。

③布拉海特卡（Leopoldine Blahetka，1811~1887）是一位奥地利钢琴家和作曲家，出生于一个非常有知识的家庭。在她5岁的时候贝多芬听了她的演奏并且说服她的父母亲，说她应该跟随车尔尼学习钢琴。她最后跟随卡尔克布雷纳等名师学习钢琴。在1825年至1827年间，布拉海特卡在德国巡回演出，并且作为钢琴家和作曲家受到了评论家的称赞。她的作品保留贝多芬和门德尔松的风格，开拓了钢琴的歌唱性音色和辉煌的键盘上行音域。在1830年末从活跃的音乐会和作曲事业中退休，定居在比利时，并且转向教学。

④约瑟夫·埃尔斯纳（Jozef Elsner），肖邦的老师。波兰作曲家、音乐教育家和理论家。在华沙音乐学院为肖邦授课期间，曾在日记中写道："弗里德里克·肖邦，三年级学生，才智惊人，音乐天才。"

《战斗之前（74号作品，第10首）》和斯特芬·维特维茨基1830年的诗句（*Before the Battle[Op.74 No.10] to the words of Stefan Witwicki*）1831年6月21日，弗里德里克·肖邦，整部作品的谱曲手稿，于维也纳

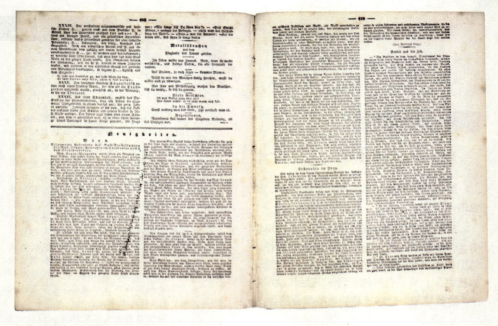

对弗里德里克·肖邦演奏的评论
（Review of Fryderyk Chopin's
performance at Kärtnertortheater,
Vienna)
1829 年 8 月 20 日，约瑟夫·布拉赫特卡，
维也纳

为老师辩护

● 致提图斯·沃伊杰乔夫斯基，1830 年 4
月 10 日，星期六，华沙，20 岁

　　现在是有关一些我音乐方面的消息，让
我告诉你一些最新的消息吧，不过对于我来
说，中肯的批评远比这些好评重要得多。我
会把这些也寄给你的。在《华沙公报》约一
页半篇幅的文章里写了许多讥讽埃尔斯纳老
师的话，因为索丽娃在莫里奥尔老师家的晚
会上告诉我，如果不是因为现在在教女学生，
他就自己反驳那些言论了。他还告诉我你给
他写了信，我希望他不要错过这个难得的机
会给你回信。很难用三言两语就把整个事情
向你说清楚。如果可以的话，我会把那份报

纸一并寄给你，这样你就会清楚地知道整个事件。但是简明扼要的几句也就够了，事情的大概可以略知一二。音乐会之后媒体的关注如潮，特别是在波兰信使团里的演出。虽然他们的赞美之词有些过于夸大，但不乏有中肯之处。官方也专门写了好评的文章，但是有些没署名的评论让我觉得很受挫，在《波兰公报》上的一段话完全否定了别人对我的夸奖。你一定知道那篇文章认为就像所有德国人以莫扎特自豪一样，所有波兰人都会以我为荣，太言过其辞了。但在文章里作者也说到如果我师从老学究或是罗斯尼斯特 (Rossinist)——多么滑稽的名词，我就会是另一番光景了。我只是一个小人物，但他有一点说对了，如果没有埃尔斯纳老师的谆谆教诲，毫无疑问我不会取得今天的成就。文章以弗瑞多欧 (Fredro) 的喜剧《朋友》开头，以罗西尼①的歌剧《奥赖伯爵》作为结尾，中间说到：为什么我们要感激埃尔斯纳老师，他没有让我们的音乐天才被束缚住。这明显讽刺了罗西尼，含蓄地夸奖了埃尔斯纳老师，你知道的，这在一定程度上也就激怒了《华沙公报》。文章还提到了在我音乐会上演奏的诺瓦科夫斯基演奏的交响乐，它说那就好比：35 年前，埃尔斯纳老师写过一首四重奏，扉页上写着"在波兰最好的舞曲"，出版商无疑是想到波兰小步舞曲才加上了这段话。文章嘲讽了这首四重奏，但没提及作曲家。

……这篇文章还提到了我，多次提醒我，建议我向罗西尼学习，但不要模仿他。另一篇文章同样这样建议我，像是以我的口气说的一样，《华沙公报》不会认同的。

① 焦阿基诺·罗西尼（Gioachino Rossini，1792~1868），意大利歌剧作曲家，他生前创作了 39 部歌剧以及宗教音乐和室内乐。

①弗罗茨瓦夫（Wrocław），位于波兰西南部的下西里西亚省（Lower Silesia）的省会。弗罗茨瓦夫坐落在奥德拉河（Odra River）岸边，是连接波兰西、南部和东欧、北欧的交通要道的交汇点。

②马尔法提（Johann Malfatti, 1775~1859），宫廷医生，贝多芬的好友，他对肖邦非常热心和崇拜，他以自己的影响力为肖邦进入维也纳音乐界提供了多种方便。

了不起的作曲家

● 致在华沙的家人，1830 年 11 月 9 日，星期二，弗洛茨瓦夫①，20 岁

昨天听到人们讨论埃尔斯纳了，他们对他的一些管弦乐变奏曲表示了赞扬，有人表示赞同。我告诉他们，等他们听过了他的《加冕弥撒》，他们才能真正地了解埃尔斯纳是一位多么了不起的作曲家！

深情言于师

● 致华沙的约瑟夫·埃尔斯纳，1831 年 1 月 26 日，维也纳，21 岁

分别之际我感受到您对我深深的关心，可我辜负了您对我的期望。我本应该一到维也纳就给您写信，却一直推迟至今，因为我想我父母会跟您联系，说一些我的事情，而且我一直希望等有了好消息再给您写信。但自从获悉 11 月 29 日事件直到现在，我一直烦恼、忧虑、悲伤，即使马尔法提②劝我说任何一位艺术家都是属于全世界的，这也没用（我仍然忧虑我的祖国，我的亲人，我的老师和朋友们）。即使马尔法提说得对，作为艺术家我还是刚刚起步，而作为一个波兰人，我已经步入我第三个十年期了。所以我希望您不要因为我一直被以前的情感所困扰，因为我还没有举行音乐会的计划而责备我，您是了解我的；而且目前我在各方面都面临着前所未有的困难，不仅因为一系列糟糕的钢琴音乐会使人们对音乐的兴趣有所减

弱，也因为华沙发生的一切③改变了我的现状，它给我带来的不利影响和在巴黎我获得的成功一样强大。

尽管如此，我仍心存希望，一切都会过去的。狂欢节期间会首次演奏我的协奏曲，乌尔费尔④喜爱我的协奏曲。这个大好人身体一直不好，我每次去看望他，他总是说起您。幸好我在这里遇到一些有才华的音乐家，如斯拉维克、梅尔克、博克雷特（Boklet）等。当然歌剧很好：瓦尔德（Wild）和海涅非特很受维也纳人的欢迎，但遗憾的是杜波只关心钱包，不关心剧本的好坏，几乎没有新作。阿贝施塔德勒对此也有同感，他说维也纳不再是过去的那个维也纳了。他和默凯蒂⑤一起出版了《圣咏》，我看过手稿，很喜欢。关于您的四重奏，约瑟夫·车尔尼答应我在圣约瑟夫日准备上演，他说这之前不行，因为他一直忙着发行舒伯特的作品，其中很多还没出版，所以这很可能会影响您的第二个手稿的出版。就我观察，车尔尼在这儿不算是富有的出版商，他不敢轻易出版还没有在斯佩尔之家和祖姆·罗米斯彻·凯泽旅馆⑥上演过的音乐作品。在这里只有华尔兹才算是音乐！演奏圆舞曲的斯特劳斯（Strauss）和兰纳（Lanner）被称为真正的音乐家，并不是每个人都这么认为，但事实是几乎所有人都喜欢圆舞曲，所以只出版华尔兹。我认为默凯蒂胆大些，而且他想出版一些教堂音乐的乐谱，跟他谈出版您的弥撒曲能更容易些。我跟他说过您的弥撒曲，他没拒绝，他处理各种事情都要考虑他的商业利益。今天我要和默凯蒂共进晚餐，我会再认真

③指波兰革命，1830 年至 1831 年沙皇俄国统治下的波兰人民争取民族独立的起义。1830 年 11 月 29 日夜，一批贵族出身的青年军官和青年学生发动起义，袭击了俄国派驻波兰王国的总司令康斯坦丁·巴甫洛维奇的官邸。康斯坦丁·巴甫洛维奇仓惶逃命，起义军在华沙爱国市民的配合下，攻占军火库，武装自己，次日，华沙解放。以 A.查尔托雷斯基为首的大贵族保守派接管了政权。1831 年 1 月 25 日，在革命的群众运动的压力下，波兰议会决定，废黜兼任波兰国王的沙皇尼古拉一世，宣布独立，成立民族政府，查尔托雷斯基任政府首脑。1831 年 2 月，尼古拉一世派陆军元帅 И.И.季比奇－扎巴尔坎斯基率 12 万大军镇压起义。2 月 25 日，在华沙近郊格劳霍夫战役中，起义军以寡敌众，打败了沙俄军队。3 月，起义军转入反攻，把俄军赶到布格河一线。由于民族政府没有采取改善农民状况的措施，致使农民离开军队。5 月 26 日，在奥斯特罗文卡战役中，起义军战败。俄军向维斯瓦河推进。6 月底，尼古拉一世派 И.Ф.帕斯克维奇接任俄军总司令。9 月初，俄军进攻华沙。爱国将领索文斯基坚守沃拉，以身殉职。9 月 8 日，华沙被攻陷，起义失败。

④乌尔费尔（Würfel），华沙音乐学院教授，肖邦的老师。

⑤默凯蒂（Mechetti），音乐出版商。

⑥斯佩尔之家（Sperl's）和祖姆·罗米斯彻·凯泽旅馆（Zum Romischen Kaiser），都是维也纳上层社会的著名公共社交场所。

①海斯林格（Haslinger），奥地利音乐出版商。

②托马兹·尼德克（Tomasz Nidecki），肖邦在华沙音乐学院时的同学。

地跟他谈一谈，有消息立刻给您写信。海斯林格①正投入巨资出版赫梅尔的最后一首弥撒曲，海斯林格一直靠赫梅尔赚钱，但这一次销量不好，于是推迟所有乐稿，只出版斯特劳斯的圆舞曲。现在演奏的都是斯特劳斯的舞曲，也许几个月后是尼德克②的乐曲，但意义不一样。昨天我和尼德克一起去找斯特恩科勒（Steinkeller），斯特恩科勒让尼德克创作一部歌剧，他指望这部歌剧赚钱呢。到时候，著名喜剧演员舒斯特会出演，尼德克也会因而出名。希望这对您是个好消息，委员会已确认此事，只是尼德克还没收到定金。您问起我的第二协奏曲的事情，尼德克也看过的。他认为在离开维也纳之前，他应该举办一次音乐会，而他自己除了几首优美的变奏曲之外，没有别的作品，于是跟我要了我的手稿，一概选用，以作曲家的身份而不是演奏家的身份举办音乐会，他自己会告诉您的，我想在我的音乐会上演奏他的序曲，您对我们还满意吧？我们不会辜负您的培养的。有一位来自法兰克福的40多岁的钢琴家——阿洛伊斯恩施密特，他在这儿碰了一鼻子灰，他创作的时候就像是80岁的老人。

向您全家人致以衷心的问候，我永远爱您，敬重您。

充满深情和感激的学生
肖邦

在此问候朋友们和同事们。

《热拉佐瓦－沃拉》 *(Żelazowa wola)*
1882 年至 1883 年，阿洛伊修斯·米斯拉维奇（Alojzy Misurowicz），
双色平版印刷品，根据对拿破仑的手绘图完成的作品
波兰中部小镇热拉佐瓦－沃拉是肖邦的出生地

百尺竿头，更进一步

● 致在华沙的约瑟夫·埃尔斯纳，1831 年 12 月 14 日，巴黎，21 岁

仁慈的埃尔斯纳先生：

您好！您的来信再一次证明了您给予了您最忠诚无比的学生以慈父般的温暖和关怀。1803 年的时候，尽管我知道我在演奏上还有很多的欠缺和不足，也知道要赶上您的水平我还有很大的差距，但我内心里还是暗自忖度：至少我还能更进一步。那时候我脑子里涌现的是要成为洛凯泰克①或拉斯诺吉②这样的人，可是现在，所有的美好希望都像美丽的肥皂泡一样破灭了。由于考虑到要给自己在这个世界上开辟一条钢琴家的道路，而不得不把您在信中提到的崇高的艺术理想先向后推迟一步。

一个人若想要成为伟大的作曲家需要有丰富广博的知识，正如您教导我的：不仅要广泛多听别人的作品，更要尽可能多听自己的作品。巴黎音乐学院十几名有才华的青年人双手交叉、无所事事地等待着自己的歌剧、交响乐和大合唱上演，这些作品的乐谱只有凯鲁比尼和勒苏尔③才见过。我不想谈论那些小剧院，但即便是这些小剧院想要进去成为其中的一员也并不容易，就算像汤姆斯在列奥波德城一样，你挤进了这些小剧院，也不会取得什么重要的艺术效果，即便是那些素质高一点的小剧院也一样。要知道梅耶贝尔④，这位歌剧作曲家早在十年前就享有盛誉，他在有机会上演为自己博得热烈喝彩的歌剧《恶魔罗伯特》之前在巴黎干活儿、花钱，苦苦地等了三年之久。依我看，若想在音乐

①瓦迪斯瓦夫·洛凯泰克(Wladyslaw Lokietek)，即瓦迪斯瓦夫一世 (1314~1333 年在位)，他在封建割据的基础上统一了波兰，并建立了波兰王国，并于 1320 年加冕为波兰国王。

②拉斯诺吉，即瓦迪斯瓦夫三世 (Wladyslaw III Laskonogi，1161 或 1165 年~1231 年 11 月 3 日)，波兰分裂时期的大波兰公爵 (1194~1229 年在位) 和克拉科夫大公 (名义上的波兰最高王公；1202 年，1227~1228 年和 1230 年)。

③勒苏尔 (Lesueur，1811~1877)，法国天文学家。1854~1870 年和 1873~1877 年两度出任巴黎天文台台长。他最重要的贡献是 1846 年 8 月 31 日以数学方法推算出海王星的轨道并预告它的位置。由于海王星的发现，英国皇家学会授予他柯普莱奖章。

④贾科莫·梅耶贝尔 (Giacomo Meyerbeer，1791~1864)，犹太血统的德国作曲家，长期在法国生活。自幼从克雷门蒂及福格莱尔学钢琴。10 岁在柏林首次公开登台表演，成为知名的小钢琴家。后立志要创作歌剧，14 岁起学作曲。21 岁写的第一部歌剧上演未获成功。1826 年后定居巴黎。5 年后歌剧《恶魔罗勃》在巴黎歌剧院初演获得成功。以后成为法国大歌剧体裁的代表作曲家。代表作尚有歌剧《埃及的十字军》《北方的明星》《非洲女》《先知》等。《非洲女》中的咏叹调《啊！美丽的人间天堂》、《先知》中的管弦乐选曲《加冕进行曲》流传很广。所作歌剧场面豪华，讲究演出效果。

领域崭露头角，只有作曲家兼表演家才是幸运的；在德国，我作为一个钢琴家已家喻户晓，一些音乐报刊提到我的音乐会时，表示希望我能尽快在一流钢琴演奏大师中占有一席之地。今天，我如此幸运地拥有这样实现我一生夙愿的机会，我怎么可能不好好把握呢？

在德国，我没有向任何人学钢琴，因为尽管有人感觉到我在钢琴演奏方面的确仍有不足，但让其解释到底是哪里不足，他又说不出个所以然来；而于我本人而言，我也并没看到有任何阻碍我看得更高更远的障碍横挡在我面前。三年的时间实在是太久了！就连卡尔克布雷纳⑤本人在对我进行进一步的观察后也承认三年的时间是太久了。由此可以看出真正名不虚传的天才般的演奏家是没有嫉妒可言的。可是，如果通过三年的学习，的确能够让我在我所从事的艺术领域百尺竿头更进一步的话，我愿意坚持下来。我大脑很清楚我并不想成为卡尔克布雷纳的复制品，没有人能够阻止我那也许有些过于大胆但绝对崇高的思想：我要为自己开辟一个新天地。如果我想学的话，那只是想让自己的根基更牢固些。在钢琴演奏上已经出名的雷斯（Ries）以自己的作品《未婚妻》轻而易举地在柏林和法兰克福摘得了桂冠；斯波尔⑥在完成他的《叶松达》《浮士德》等作品之前有多久的时间都只被看成了一个提琴手？我知道当您明白我所从事的事业和我所坚持的原则的时候一定不会吝啬给我祝福的。

我的父母大概已经告诉您我的音乐会推迟到 25 号了吧！这一安排使我大伤脑筋，

⑤卡尔克布雷纳（Kalkbrenner，1785~1849），德国钢琴家、作曲家。早年在巴黎音乐学院学习，后来成为欧洲一流的钢琴家，晚年以教学为生。他的演奏在当时颇受欢迎，肖邦曾有意向他学习，并把自己的第一钢琴协奏曲题献给他。

⑥路易斯·斯波尔（Louis Spohr，1784~1859），德国作曲家。他兼具小提琴家、指挥家头衔，一共作有 15 部小提琴协奏曲。

这事说起来多亏了巴耶尔、卡尔克布雷纳，尤其是诺伯林（就是那个带给您最亲切问候的人），否则我是不太可能在这么短的时间内举行音乐会的。在巴黎两个月内举行音乐会算是够短的时间了，到时候彬彬有礼、令人愉快的白佑①将演奏贝多芬的五重奏曲，卡尔克布雷纳和我将在四架钢琴的伴奏下进行二重奏。那个我只见过一面的雷克，你知道我是多么希望和他再次相逢啊。最近我认识了一些他的学生，他的学生们给我谈到的他和他初次给我的印象迥然不同。他们说他不怎么喜欢音乐，甚至都不去参加音乐会，更不愿意和任何人谈论有关音乐的种种。他给学生们上课的时候总是不停地看表，等等；凯鲁比尼一谈起霍乱病和革命之类的事情那真叫一个喋喋不休……我认识费第斯，你从他身上可以学到很多东西，他一般住在郊区，只有上课的时候才来巴黎，还有个原因就是他为了躲避债务常年住在圣贝拉吉（Sainte-Pélagie），他欠下的债务远远超出他在他的歌舞音乐剧中的收入。你该知道按照法律规定，在巴黎要想逮捕债务人，只能在其家中，因此，费第斯为了逃避被捕不得不离开巴黎的家而出城到法律触及不到他的地方躲避风头。

这里是各种乐队及音乐人的汇集地，听起来令人称奇：三个管弦乐队、皇家乐队、意大利歌剧团；罗西尼自己创办的歌剧团在欧洲剧团中名列榜首；受拉布拉什（Lablache）、鲁比尼②、帕斯塔（Pasta）（现在已经离开）、马利布郎③、施罗德·德弗里恩特④等人的吸引，我们一周三次去看他们规模盛大的演出；诺里⑤、辛提－达莫罗

①白佑（Pierre Baillot, 1771~1842），当时的音乐家、小提琴家。

②鲁比尼（Rubini, 1795~1854），意大利男高音歌唱家。

③马利布郎·加西亚（Malibran Garcia），著名男高音。

④施罗德·德弗里恩特（Schröder-Devrient），歌剧女高音。

⑤诺里（Nourrit, 1802~1839），法国男高音。

夫人等人举办了大歌剧院；绍莱（Cholet）、卡斯米尔（Casimir）、普莱沃斯特（Prevost）是在法国戏剧院颇受欢迎和敬慕的人物。一句话，在法国你才真正感受到歌剧到底是什么！当然了到目前为止，是马利布郎而非帕斯塔登上了欧洲顶级歌唱家的宝座。不可思议吧！勒苏尔非常感激你尚且没有忘记他，他让我向你转达他对你的崇高敬意，他一直都记得你对他的好，每次写信都问我："'好好先生'埃尔斯纳最近在做些什么啊，多给我讲一点他的消息吧！"……我们这里所有的人，从我开始，到你的教子安东尼，都爱你、崇拜你。安东尼或许还需要一段时间才能上演他的小歌剧，因为：一是他的主题还没选好，二是他要表演的剧院在元旦的时候即将关闭。国王不舍得花钱，这是个让所有的艺术家都倍感艰难的时代，只能靠英镑维持生活。我想这封信我能一直给你写到明天，不过想到废话说得也够多了，就此搁笔吧！

请接受我对您至死不渝的感激和敬仰之情！

亲吻帕尼和帕娜的手，祝福她们新年万事如意！

您忠贞不渝的学生
弗·肖邦

《在长方形客厅钢琴上弹奏的弗里德里克·肖邦画像》
(Portrait of Fryderyk Chopin at the rectangular, drawing room piano)
约 1829 年 11 月 13 日，伊丽莎·雷兹威尔夫纳，书画册中的铅笔画
肖邦 1829 年曾在安东尼·雷兹威尔王子的府邸住过，此画作于那段时间。

师恩难忘

● 致华沙的约瑟夫·埃尔斯纳，1842 年 11 月 8 日，巴黎，32 岁亲爱的、我一直挚爱的埃尔斯纳先生，您简直无法想象您写下的每一个音符给我带来了多么大的喜悦之情，我非常感谢您通过图尔奇诺维奇（Turczynowiczes）夫妇寄来的乐谱。他们夫妇在这里很成功，很受欢迎，因此他们肯定特别欣慰。潘·达姆斯（Pan Damse）也一样。我没来得及给他回信，但是请您一定记得告诉他，他的孩子们（他自己这么称呼他们的）给这里留下了多么难以磨灭的印象。

我衷心拥抱您，我永远像儿子、像您多年的儿子、像老朋友一样爱您。

对自己的学生

年轻的公主

● 致提图斯·沃伊杰乔夫斯基，1829 年 11 月 4 日，华沙，19 岁

这儿有两名夏娃——年轻的公主，她们非常的友善，具有音乐素养，也很敏感。你知道年龄根本不能决定一个人，她的言行真的让我不得不爱她……

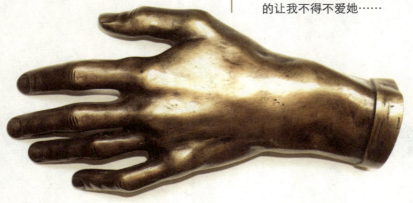

《弗里德里克·肖邦铜铸左手》
(Cast of Fryderyk Chopin's left hand)
1849 年，让·巴普蒂斯特·克莱辛格，青铜制品。第二次铜铸由塔德乌什·利平斯基于1966 年制成。

我想让汪达公主学会曲子，我这段时间一直在教她。她很年轻，才 17 岁，而且非常漂亮，教她用那双小手弹琴可真是一件乐事。我真的没有开玩笑，她的确很有音乐天赋，你不用跟她说这里渐强，那里渐弱，现在加快，现在减慢等等之类的话。

⌐ 授课繁忙

● 致家人，1847 年复活节（3 月 28 日）前一周开始，4 月 19 日写完，37 岁

　　昨天我上了七节课，因为他们马上要离开这里去别的地方了……就先写到这儿了，我要去给年轻的姑娘洛特 – 加龙省希尔特上课了，接下来等我上课的还有一位马赛女子，然后是一位英国女郎，再往下是一位瑞典妇人。

⌐ 生活在谎言中

● 致格奇马拉，1848 年 7 月 8 日至 17 日，伦敦，38 岁

　　这里的人们生活在谎言之中，他们一旦不想去做某件事的时候就说去乡下了。我有一个女学生就这么说了句"要去乡下了"，有九节课的学费没有付掉就跑了。还有一个学生，说是每周上两次课，可是一次都不来。再比方说皮尔女士，想让我给她女儿上课，本来这个女孩很有潜力，以前请的老师每周两次课，收费半个金币，皮尔女士想让我每周上一次课，这样就和以前的支出一样多，却可以向别人炫耀说自己的女儿是我的弟子。

/ 家国情 /

①指俄国入侵波兰一事。

②指波兰革命失败。1831 年 9 月，俄军进攻华沙，9 月 8 日华沙被攻陷，俄军控制了波兰。

⌐ 亡国恨 1

● 致华沙的让·马图斯辛斯基，1830 年 12 月 26 日，维也纳，20 岁

今天，在意大利餐馆吃饭时，我听到有人说："上帝在创造波兰人的时候就犯了一个错误。"不要讶异，我已气愤得无言以对了！我还听到一个年轻人说："波兰已经没有什么能拿得出手的了。"听到这样的话，任何一位波兰人都会气得无言以对！这些混蛋东西！他们不想表露出来，其实他们真的很高兴。①

⌐ 亡国恨 2

● 选自肖邦日记，1831 年 9 月 8 日，斯图加特，21 岁

市郊遭到了破坏和焚烧。雅希、威勒斯可能已在战争中英勇献身了，我看到马塞尔成了战俘！索温斯基这个善良正直的好人落到了那帮禽兽不如的坏蛋手里！从莫西洛夫来的恶棍霸占了王位，坐上了欧洲君主的第一把交椅。莫斯科控制了全世界！②

天哪！真的有上帝存在吗？如果你存在，为什么不伸张正义？你到底还要多少个俄国罪人参与其中，或者，或者连你自己也

是俄国佬？我可怜的父亲，那亲爱的老人家，此刻可能正饥肠辘辘，而我的母亲却买不到面包！或许我的姐妹已遭这群放荡无忌的恶棍——俄国佬的疯狂蹂躏！哦，父亲！难道这就是您忙碌一生，晚年时该得到的一切吗？哦，我可怜的母亲，您已经饱受了十月怀胎的小女儿夭折的打击，难道还要看着俄国佬践踏她的遗骨，闯进来欺负您？真是造孽啊！艾米莉亚的墓地是否安然无恙？成千上万的尸骨暴露在坟场，任人践踏。康丝坦雅，她还好吗？她在哪里呢？可怜的女孩，或许已落入俄军之手了——有个俄军正要扼杀她、屠杀她、谋杀她！唉，我的最爱，我却孑然一身在这里。来我这儿吧，我将拭去你脸上的泪水，我将治愈你现存的伤口，和你一起回忆那些没有俄国人的日子，回忆那些当时还仅有几个俄国人而他们又急于取悦你、讨你欢心而你回以轻蔑的放声大笑的日子，因为那时有我在你身边。俄国人，你有母亲吗？如此残忍无情的母亲。而我的母亲却是那么的和蔼可亲。但是，或许我已没有母亲了，俄国人或许已经杀了她，谋杀了她！我的姐妹或许也遭了毒手，而我的父亲却无力挽救她们——只得眼巴巴地望着她们，眼神里充满着无助和绝望；而我在这里赤手空拳，无能为力，只是徒增愤怒罢了。除了把这些吞噬我的痛苦、悲伤和所有的愤懑情绪宣泄在钢琴之外，我还能做什么呢！老天啊，请你发发慈悲来场地震吧，让它吞没今世的人类，让最严重的惩罚降临到法国人身上，让最严酷的痛苦去折磨他们，谁让他们在我们危难时不及时援助我们呢！

　　我要爬上的这张床，或许曾有不止一具尸体在上面停放过，而且停放过很久，但今天我竟不厌恶它。或许死尸都比我好些吧？一具不知道父亲、母亲、妹妹，还有好友提图斯情况的尸体；一具没有恋人的尸体；一具没有爱恨情仇、沉默寡言、了无生趣的尸体，而我现在这种对身边事情漠不关心、毫不在意的样子和死尸有什么两样呢？

　　斯图加特钟楼的夜钟指针已经指向了午夜零时。此时此刻这个世界又添了多少具尸体？母亲失去了亲爱的孩子，孩子失去了最爱的母亲。死尸唤起多少的悲恸与欢乐！恶人的尸体和善人的尸体——美德与罪恶混为一体，死了以后都一样，成了尸体，没有什么不同。显然，死亡似乎成了人们最佳的选择。那么，什么又是最差的呢？是出生。它与人们的最佳选择背道而驰。我恨我生在这个世上，我的存在有什么意义呢？我不适合做个人，因为我既没有口鼻，也没有小腿。死尸有吗？死尸也没有小腿。由此看来，从纯数学角度上，我离死亡不远了。她爱我吗？还是她假装爱我？这真是难解的谜——是的，不是，是的，不是，是的——我用手指占卜——她爱我吗？她肯定是爱我的。爱还是不爱，随她便吧。

　　父亲、母亲，你们都在哪里？莫非也成尸体了吗？还是，这只是那些俄军的恶作剧？哦，等一下，请等一下……可是我已潸然泪下——我的泪水并没有流很久。太久了，我哭不出来。高兴？郁闷？还是悲喜交加？如果我觉得郁闷，我怎么可能高兴起来；如果那感觉是甜蜜——这真是个奇怪的状况，但对死尸来说都是一样的，好与坏同时存在。

　　死尸回首幸福的生活，就觉得快乐；懊悔流逝的岁月，则会感到悲伤。我停止哭泣时，我的心情必定如死尸一样死寂。这就像是我的感情的短暂消亡。我的身体在我的心里死去了一瞬间；不，是我的心在我的身体里死去了一瞬间。噢！为什么不是永远的呢！或许这样还叫人比较能够忍受。孤单呀！孤单！没有任何语言能够形容我此刻的伤痛，我怎么能承受这样的感觉呢？

《斯加图日记》 (Stuttgart Diary)
弗里德里克·肖邦，原件影印版，约21至22页
在纪念册中1831年9月8日记录的一条：
"我在写前几行时，尚不知晓敌人已占领了家园。啊，上帝，你还在吗？你还在，却不去报仇……啊，为什么我连一个莫斯科佬都没有杀过呢？"

耐心等待复国时机

● 致尤利安·冯坦那，1848年4月4日，巴黎，
38岁

　　请像接待我父亲或者哥哥那样接待我亲爱的艾尔伯，他是我从家刚到巴黎时认识的第一个人。我以中学同学的身份要求你要好好地对他，这也是他所应得的。他为人善良、令人敬仰、思想开明，还有很多很多好品质。尽管你的头光秃秃的，我相信他肯定还是会喜欢你的。你真是个阴沉的家伙，从来不会在信中给我说好听话。这没什么要紧，我知道你内心深处非常爱我，就像我爱你那样的爱我。可能现在更爱了，沃辛斯基、威特维基①、普莱特（Platers）和索班斯基（Sobanski）都离我们而去后，我们成了相依为命的孤儿。

　　你是我的好朋友，老伙计，这就足够了。

　　衷心地拥抱你，我的亲爱的。

肖邦

　　如果你想做些什么好事，那就安安静静地坐下来，等到祖国确有事情发生再回去。现在我们的同胞都聚集在波兹南，恰尔托雷斯基王子②第一个去了那里。但是恐怕只有上帝知道结果究竟会怎么样，怎么才能让波兰重新复国。这里的报纸上写的都是谎言，根本没有什么克拉科夫共和国，奥地利国王也没有自封为波兰国王……普鲁士国王也没有想过要放弃波兹南城，他在国内成了人们的笑柄，但是尽管如此，波兹南的德国人还是向他进言说：这片土地是他们祖辈的鲜血

① 斯蒂芬·威特维基（Stefan Witwicki），肖邦的好友。在巴黎时，和波兰籍爱国诗人密茨凯维奇交情颇深，直到两人因政治理念不同而失和为止。

② 亚当·耶日·恰尔托雷斯基（Adam Jerzy Czartoryski，1770年1月14日~1861年7月15日），波兰贵族、政治家和作家。恰尔托雷斯基曾先后担任两个敌对国家政府的首脑。他是"实际上的"俄罗斯帝国大臣会议主席和反抗俄罗斯帝国的十一月起义的波兰国家政府总统。

换来的，而他们甚至连波兰语都不会，他们宣布他们不希望接受除普鲁士外别的政府的统治。你看看，所有的这些都有一股浓重的战争味道，只不过没人知道战争会在哪里爆发。但是可以肯定的是，一旦战争爆发，所有的德国人都会参与其中；意大利那边的战争已经开始了；米兰人赶走了奥地利军队，尽管还有部分军队在一些地区负隅顽抗；法兰西肯定会帮助盟国，为了巩固自己他们必须要解除暴乱；俄国人如果招惹普鲁士的话肯定会没有好日子过的……现在各国一片动荡，到处充斥着恐怖，但是相信最终结果是我们伟大的祖国——壮丽的波兰会赢得胜利的。一句话："独立的波兰！"所以不管我们现在有多么的急躁，还是让我们等到重新洗好牌之后，到了适当的时机再行动起来，不然的话只能是白费力气。相信这个时候已经快来临了，但绝对不是现在，可能是一个月后，可能是一年之后，有些人认为决定我们波兰命运的时候应该在今年秋天之前。

《弹奏钢琴的弗里德里克·肖邦》
(*Fryderyk Chopin at the piano*)
约 1847 年，泰奥菲尔·克维亚特科夫斯基，
铅笔素描加水彩

/ 创 作 /

①钢琴三重奏（Piano trio），乐曲体裁或演奏形式之一。由钢琴、小提琴、大提琴组成。以往主要演奏奏鸣曲，如今选用的题材广泛，曲式也较自由，属于室内乐范畴。

②桑尼基（Sanniki），波兰地名，离华沙较远。

③快板（Allegro），西方音乐术语，快板音乐节拍在每分钟120~168拍之间。音乐的快板、慢板、行板、柔板等表示乐曲根据不同表现需要而行进的速度。速度是指节拍的速率。它大致可以分为三大类：慢、快和适中。速度术语一般记在乐谱开头。

献给你——我的朋友

● 致在波图日恩的提图斯·沃伊杰乔夫斯基，1828 年 9 月 9 日，华沙，18 岁

至于我的新作品，除了那首你走后不久开始创作的、还未完成的《g 小调钢琴、小提琴、大提琴三重奏》①外，其他也没什么了。在去桑尼基②之前，在乐队伴奏下我试奏了第一个快板③。回来之后再试剩下的。我估计这首三重奏和《奏鸣曲》《变奏曲》一样幸运，都已经送到莱比锡了。正如你知道的，第一首献给埃尔斯纳；第二首，我写了你的名字——可能太大胆了。我心里想这样做，而且我们的友谊也允许我这么做，所以你就别生气了。

引子比礼服还美

● 致在波图日恩的提图斯·沃伊杰乔夫斯基，1828 年 12 月 27 日，华沙，18 岁

《克拉科维亚克曲风格回旋曲》总谱已经写完了，引子很独特，比穿在我身上的棕色礼服还美。但三重奏曲尚未写完。楼上有间房间专门给我住，从衣橱房间到我房间之间建了楼梯。我房里还需要一架旧钢琴、一张旧写字台，那儿就要成为我的小窝了。成了孤儿的《两架潘塔利翁琴回旋曲》找到尤

利安·冯坦那做继父。也许你会在我家那里遇到他,他去上大学了。他学了一个多月,总算学会了。不久前,我们在布霍尔兹那里试奏过,想看看效果如何。因为没有把潘塔利翁琴完全调好,有时候找不到那种感觉。你也知道各种小细节都能产生微妙的差别。

上个星期我没有给任何人写过信……早晨在你的潘塔利翁琴上,曾不止一次从我的手指间顺利产生的灵感几乎再也未出现过。

对新作品的诠释

● 致提图斯·沃伊杰乔夫斯基,1830 年 5 月 15 日,星期六,华沙,20 岁

新协奏曲里的慢板乐部分是 E 大调。并不是要弹得很大声,而是应该更有情调,宁静而忧郁;它应该给人一种温柔凝视某处而唤起千百种甜蜜回忆的感觉。那是一种在美丽的春天月光之下的冥想。这就是为什么我把伴奏弱化减音的缘故。弱音器④就是一些小梳子,小提琴手用梳子的齿压住弦以弱化声音,并发出一种让人们感觉类似鼻音的清脆的声音。也许效果不好,可是任何事都不能太吹毛求疵。现在你也一定发现了我正在不断地不遵从内心的意愿去做些错事。一旦有事情从我的眼睛钻进我的脑海,我就慢慢沉溺其中无法自拔,即使它是大错特错。我知道你一定可以理解我。

④弱音器(Aute),是辅助乐器的一种。降低音量的效果不明显,但可以使琴发出的声音更为柔和、动听,显得飘渺!在一些大型的音乐会上可以看到一些小提琴琴马上夹着,用于乐曲的弱音部分。

排练

● 致提图斯·沃伊杰乔夫斯基,1830 年 8

①回旋曲（Rondo），是由相同的主部和几个不同的插部交替出现而构成的乐曲。它有两种基本的类型，单主题的和对比主题的。前者的各个插部是主部的展开，而后者的各个插部则是和主部相对比的新主题，插部相互之间又形成鲜明的对比。也有些回旋曲是把两种类型结合起来，其中一些插部是单主题的，而另一些插部则是对比主题的。回旋曲起源于古代欧洲民间的轮舞歌曲，近代常用作奏鸣曲、交响曲等套曲的终乐章或独立器乐曲。

②谐振即共振，结构系统受激励的频率与该系统的固有频率相接近时，使系统振幅明显增大的现象。

月 31 日，星期二，华沙，20 岁

　　旅行的日期越来越近了。为了熟练四重奏，这周我要排演一整场四重奏协奏曲。因为埃尔斯纳说不熟悉四重奏交响乐与乐队的排练就不会顺利。里诺夫斯基正在抓紧时间誊写乐谱并开始写回旋曲①了。上个星期天我试着演奏三重奏，不知道为什么，也许是因为我很久没听了吧。不过我对自己的表现很满意（我是个幸运的人）。我脑袋里只出现一个想法，就是用中提琴代替小提琴。因为小提琴里第五根弦有最强的谐振②，而在这里用得不多。中提琴在音区上比大提琴更有力。乐谱誊写完了就去复印，这些对我来说足够了。

心无旁骛

● 致提图斯·沃伊杰乔夫斯基，1830 年 9 月 22 日，星期三上午，华沙，20 岁

　　我刚刚完成了第二首协奏曲，现在的我心情仍然跟开始第一次学习音符时一样兴奋。今天我似乎无法做到一心二用，在这种状态下写信真可惜。每当我开始思考自己的事情时，我就常常心不在焉，我为自己而感到遗憾。如果眼前的事情勾起了我的兴趣，那么就算有马群从我身上踩踏而过，我也会对它们视而不见。前天这样的事情还真的差点在我身上发生。星期天在教堂里的时候，我无意中一眼看到了一样让我觉得很震撼的东西，就立刻又开始喃喃自语了，在长达一刻钟的时间里我也没意识自己在做什么，只是陷入了自我世界里，那时的我在旁人看来

是反应迟钝，但我自己内心却是高兴的。后来我去看了佩埃尔医生，但是我不知道应该如何向他解释我的困扰，所以只好自己编了一套故事，说有一只狗从我身边跑过时被我踩了一脚。有时候我真是疯狂得可怕。本来想告诉你一些我干过的蠢事的，但是今天时间不够了，我就不说这些了。

小小的自夸

● 致提图斯·沃伊杰乔夫斯基，1830 年 9 月 22 日，星期三上午，华沙，20 岁

我必须去跟埃尔斯纳和比伊拉斯基（Bielaski）确认一些事情，还要解决乐谱架和弱音器的问题，昨天我把这些都忘得一干二净了。如果这些没解决好的话，柔板③演奏恐怕会变得支离破碎，肯定不能成功。顺便自夸一下，我觉得我的回旋曲能令人印象深刻，而快板则表现得强劲有力。啊，可恶的自大！如果我会向谁自吹自擂的话，那肯定是你这个自我主义者了，毕竟物以类聚嘛！

③柔板（Adagio），西方音乐术语，柔板音乐节拍为每分钟 56 拍。

在图书馆发现自己的手稿

● 致在华沙的家人，1831 年 5 月 14 日，维也纳，21 岁

昨天，我和肯恩得勒（Kandler）一起去了帝国图书馆④。你一定知道我一直希望能阅读大量古音乐手稿集，但就是一直抽不出时间去看。我都不知道博洛尼亚图书馆的藏书是不

④奥地利帝国图书馆。

①进行曲最初出现在古希腊的悲剧
中，原是舞曲的一种，多用于群众出场、
退场的时候。17世纪起，渐渐传入音乐
艺术的领域，主要是为了符合军队中统
一行进、步伐一致的要求，以偶数拍作
周期性反复，常用2/4、4/4的拍子。

②帕尔马（Parma），意大利北部城市，
位于波河平原南缘，临帕尔马河，东南
距博洛尼亚89公里。建于公元前183年。
19世纪初为奥地利控制下的公国。

③巴赫（J.S.Bach，1685~1750），最
伟大的德国作曲家之一，以创作《勃兰
登堡协奏曲》《b小调弥撒曲》《平均
率钢琴曲集》以及大量的教堂音乐和器
乐曲而著称，被称为"西方音乐之父"。

是更丰富、更系统。在这些手稿中，我惊奇
地发现在一个箱子里的一本手稿的作者名字
居然是：肖邦。手稿很厚，装订也很精致。
我想：我从未听过其他人也叫肖邦的，但是
倒有一个叫夏邦的人，我猜想大概是他的名
字拼错了吧。我把手稿打开，一看，竟是我
的手稿。海斯林格将我的《变奏曲》手稿送
给了图书馆。"哦，天啊，"我对自己说道，
"你也有东西给保存起来了！"

谈论新创作的曲子

● 致尤利安·冯坦那，1839年8月，星期四，
诺昂，29岁

　　我现在正在写《降b小调钢琴鸣奏曲》，
里面包含那首你知道的进行曲①。还有一快
板、降e小调谐谑曲、进行曲和终曲，大
概得占三页左右吧。进行曲之后左右手协调
演奏，就像是在闲聊的感觉。我还有一首《G
大调夜曲》，将与《g小调夜曲》配在一起。
你还记得那首《g小调夜曲》吧。

　　你知道我新创作了四首《玛祖卡曲》：
一首是在帕尔马②创作的《c小调玛祖卡曲》，
三首是在这儿创作的《B大调玛祖卡曲》《降
D大调玛祖卡曲》和《升c小调玛祖卡曲》。
我自己觉得这些曲子还不错，这种感觉如同
日渐苍老的父母对待年幼的孩子们一样。闲
来无事，我就校订巴赫③巴黎版的乐谱，不
仅是排版者的错误，也有的是那些自认为很
懂巴赫的人犯的错误（我不是假装自己更懂
巴赫，但有时候我的确能够猜得出来）。看
看，我又开始跟你自吹自擂啦。

勘误

● **致莫里斯·施莱辛格**④，1843 年 7 月 22 日，诺昂，33 岁

亲爱的朋友：

您在 6 月 9 日《音乐报》上发表的我的《即兴曲》的页码有误，这使得我的作品读起来有些费解。尽管我在出版作品方面远没有我的朋友莫谢莱斯⑤那么谨小慎微，但我还是觉得我有义务请求你为你的读者在下一期刊登如下的勘误说明：

原第三页：应为第五页。

原第五页：应为第三页。

如果你很忙或者懒得给我写信，那你也可以在报纸上通过直接注销勘误说明的方式算是给我回应。这同时也可以表明你和夫人以及孩子们身体都很健康。

你真诚的
肖邦

时间与耐心

● **致家人**，1846 年 10 月 11 日，星期日，36 岁

有时我很满意我的大提琴奏鸣曲，有时又不尽然。我把它扔到角落里，过会儿又捡了回来。我又写了三首玛祖卡舞曲……一个人创作曲子的时候，总会觉得它看上去不错，否则就不会动笔写了。要过一段时间才会去反复思量，有所取舍。时间是最好的检验，耐心是最好的老师。

④ 莫里斯·施莱辛格（Maurice Schlesinger），音乐出版商。

⑤ 伊格纳兹·莫谢莱斯（Ignaz Moscheles，1794~1870），19 世纪德国钢琴演奏家、作曲家、钢琴教育家（原籍波希米亚 Bohemian，现捷克）。

《钢琴弹奏法》
(*The Piano Playing Method*)
1842 年至 1844（？）年，弗里德里克·肖邦，手稿片段
计划出版的钢琴弹奏手册的草稿，包括肖邦关于钢琴家弹奏技巧与声音美学之间的关系的独到见解。

／ 演奏会 ／

⌐ 众望所归——准备首演

● 致在华沙的家人，1829 年 8 月 8 日，
维也纳，19 岁

　　海林斯格希望我能进行公开演出。人们
告诉我如果我就这么离开维也纳，不举行公
开演出，这对维也纳而言是巨大的损失。这
简直让人不可理解。我给舒彭齐格①写过信
介绍自己，他告诉我虽然他不准备举办冬季
四重奏了，但是在我逗留维也纳期间他还是
想尽力安排一场演出。

　　我到胡萨日夫斯基②家拜访，这位老
人对我的演奏很着迷，还请我去吃晚饭。晚
宴上有很多维也纳人，他们好像事先商量好
一样，都劝我进行公开演出。斯坦想马上派
人将他制造的乐器送到我的住处，如果我举
行音乐会的话，就送到音乐会现场。制造水
平更高的格拉夫也做了相同的承诺。维尔费
尔③断言说，如果要展示新事物以达到一鸣
惊人的效果的话，我一定得公开演出。我在
海林斯格那里认识的一位当地记者勃拉海特
卡也建议我进行公开演出。他们对我的《变
奏曲》十分满意。

　　在那里我还认识了伽伦伯格
（Gallenberg）伯爵，他领导一个剧院。
我在那剧院里听过几场音乐会，都很糟糕。
海斯林格坚持认为我创作的最佳机会是让维

① 舒 彭 齐 格（Schuppanzigh，
1776~1830），维也纳的音乐大师，以弦
乐四重奏闻名，贝多芬的好友。

② 胡萨日夫斯基（Hussarzewskis，
1790~1855），是一位德高望重的奥地利
皇室的高级侍从，与维也纳音乐界人士
保持着良好的关系。

③维尔费尔（Wurfel，1791~1852），
曾是华沙音乐学院手风琴和钢琴教授。

也纳的观众欣赏我的演奏，而且报业将马上进行宣传。所有人都向我保证。总之，听过我演奏的人都劝我进行公开演出。维尔费尔还说道，既然我到了维也纳了，我的作品也马上要出版了，我就应该进行演出，否则的话我迟早得特意找时间再回来的。他们都跟我保证现在是最佳时机，因为维也纳人正渴望新音乐的出现。一个年轻的艺术家不应该错过这样一个好机会。而且，如果我只是演奏者的话，那意义就比较小了，但我是演奏自己的作品，我可以放心大胆地尝试。他建议我先弹《变奏曲》，然后为了引人注目，可以演奏《科拉科维亚克舞曲风格回旋曲》，最后再即兴演奏。不知道结果会怎么样，我也不知道。

斯坦对我很友好，也很客气。但我不能用他的乐器演奏，我宁愿用格拉夫的钢琴演奏。海斯林格、勃拉海特卡和维尔费尔都支持他的意见。我今天将做出决定。

不论我到哪儿，人们都喋喋不休地劝我公开演奏。我现在认识了很多音乐家，只有车尔尼还没见到过。不过海斯林格答应我为我引见。

我已经看了三部歌剧:《白衣夫人》《灰姑娘》和梅耶贝尔的《十字军骑士》。乐队和合唱都很出色。今天上演《约瑟夫在埃及》。我听过约瑟夫的两次独奏。我很喜欢这座城市，风景很好，人们都劝我待到冬天再走。

维尔费尔正好进来，我准备和他一起去海斯林格那里。

附言: 我已经决定要进行演出了。勃

①现已经不存在了。

②J.C. 凯斯勒（J.C.Kessler，1800~
1870），德国钢琴家。

拉海特卡说我会引起巨大的轰动，因为我是一流的演奏家。他说我都能和莫谢莱斯、赫茨以及卡尔克布雷纳相媲美了。维尔费尔今天把我引见给伽伦伯格伯爵、乐队队长赛夫里德以及每个他遇到的人。他把我当做一个经过他们耐心劝导（不收取任何报酬地）后才决定举行音乐会的年轻人加以介绍。这让伽伦伯格伯爵格外高兴，因为这关系到他的钱包。新闻记者睁大双眼一直瞪着我看；管弦乐队的队员向我深深鞠躬，因为意大利歌剧院①的院长正和我手挽手地一起行走。维尔费尔的确为我把任何事情都办妥了。他亲自来观看排练，并且真诚地关心我的演出。他在华沙的时候就对我很好，一提起埃尔斯纳他就格外兴奋。

　　我在华沙时，凯斯勒②、埃尔尼曼以及查配克（Czapek）能在华沙立足，对于这一点，他们都很惊讶。但我向他们解释我只是因为喜欢音乐才演奏，我不去教课。我选了格尔夫的一架钢琴在音乐会上演奏，我担心斯坦会生气，但我还是感谢他的热情。

　　愿上帝保佑我——请你们放心！

初展才华——维也纳第一场公演

● 致在华沙的亲人，1829 年 8 月 12 日，星期三，维也纳，19 岁

　　我最亲爱的父母，从上一封信中你们应该已经知道大家都劝我进行公演的事情了。就在昨天，也就是星期二晚上七点在帝国大剧院里面，我进入了这个世界的演奏之门。

《f 小调马祖卡（68 号作品，第 4 首）》
(*Mazurka in F minor Op.68, No4*)
1852 年，弗里德里克·肖邦／奥古斯特·弗郎肖姆手稿，改作

　　昨天剧院里的演出被称之为："一场音乐盛典。"因为我不求任何报酬，也不求有多少收入。伽伦伯格伯爵促成了这场演出，他把整个流程安排如下：

　　贝多芬的《序曲》；

　　我的《变奏曲》；

　　韦尔特海姆小姐的演唱；

　　我的《回旋曲》；

　　再一次演唱，接着以芭蕾舞结束演出。

《弗里德里克·肖邦像》
(*Portrait of Fryderyk Chopin*)
1837 年，让·弗朗索瓦·安托万·博韦，
圆形青铜浮雕

在排练的时候，管弦乐队伴乐很糟糕。我就用《自由幻想曲》替换了《回旋曲》。我一上台，欢呼声四起。每弹完一首，就响起热烈的掌声，以至于我连乐队的伴奏都听不清。演出结束，观众们雷鸣般的掌声使我不得不再一次上台鞠躬致谢。我的演出能获得成功，是因为德国的观众善于评价作品。我也是上周六才接受建议准备演出的，维尔费尔周二就把整件事搞定了。因此，我很感激他。上周星期六，我会见了吉罗维茨、拉赫纳、克罗伊策和赛夫里德。我和迈斯德尔聊了很久。在剧院门口，我遇到了伽伦伯格伯爵，他走到我身旁建议我星期二演出。于是，我就答应了。等我回家之后，我会再向你们讲述更多我没来得及写下的。你们不需要对我和我本人的名声有任何挂念。

记者似乎喜欢上我了，也许他们会评论我，但也有必要强调对我的赞赏。剧院的舞台经理德马对我很和蔼也很亲切。在我上台之前他鼓励我一定能行的，让我放下了心理负担，特别是当我看到大厅没坐满时，我也没有紧张。

我的朋友和同事们分散到大厅里去听取人们的意见和评论。克莱辛格听到的都是吹毛求疵，只有胡贝偷听到的多一点。有一位女士说道："这可怜的男孩就是长得不太出众。"如果这算是他们听到的缺点的话，他们保证他们只听到赞扬。他们也从未带头喝彩——所以我就不需要担心了。

我以《白衣夫人》作为题材作了即兴演奏。在昨天排练的时候舞台经理就特别喜欢我的《变奏曲》，在他的再三请求下我选了这一题材。音乐会结束后，他握紧我的双手说："是的，《变奏曲》一定要在这里演奏。"在他的请求下，我还选了一首波兰题材的，我选择了波兰主题"蛇麻草"①作即兴演奏。这给观众带来巨大的震撼，因为他们在这儿还未习惯听这种音乐。那些坐在正厅前排座位的探子向我保证，那些听众甚至都跳到椅子上了！

沃特海姆先生和他妻子昨天正好刚从卡尔斯巴德回来，他们直接去了剧院，但不知道是我在演奏。他今天登门来恭喜我。他在卡尔斯巴德见到了胡梅尔②，他说胡梅尔还提到了我，他打算写信告知他演出的事。

海斯林格正忙着印刷，音乐会的海报要保存下来。

几乎每个人都说，我的演奏对习惯于音乐家以强有力的敲击方式演奏钢琴的维也纳人而言，太阴柔，甚至……太细腻了。我预期报刊会有这样的批评。那也无妨，反正总是会有些不一样的批评，而我，宁可这样也不要他们说我的弹奏过于大声。昨天，迪特里西斯伯爵——与皇帝交情甚好的要人来到舞台，他用法语和我聊了很多，他向我祝贺并希望我在维也纳多待一段时间。管弦乐队看着我的乐谱很头疼，而且满腹怨言，特别是我的即兴创作。之后他们和所有的观众一起鼓掌欢呼。我看，对于乐队我还是心中有数的。对于他们的艺术家是怎样的，我无从知晓。但当看到我不为物质追求而演奏，他们也没有必要对我心怀敌意。我的第一次登台与其说是出人意料的，不如说是幸运的。胡贝说，如果一个人通过普通的方式做事，根据事先安排的计划做事，这个人一

① 一种古代波兰舞曲。

② 约翰·尼波默克·胡梅尔（Johann Nepomuk Hummel，1778~1837），奥地利作曲家、钢琴演奏大师。师从莫扎特、克莱门蒂、阿尔布雷希茨贝格、海顿和萨列瑞。

定不会成功，有时候要让命运来决定。我就是因为相信命运，所以才让自己被说服举行音乐会……

我演奏时用的是格拉夫的乐器。

今天，我变得更明智、更有经验了，至少长大了四岁。

反响良好的演出效果

● 致在华沙的家人，1829 年 8 月 13 日，星期四，维也纳，19 岁

如果我曾想过要和你们在一起的话，那一定是现在。今天我见了利希诺夫斯基伯爵[①]，他对我大加赞赏。维尔费尔将我引见给他。贝多芬最好的朋友也是他帮我介绍的。据说当地的所有贵族都很喜欢我。我今天和伯爵夫人还有她女儿一起喝茶。我很高兴我下周二将要举行第二次音乐会。她告诉我说，如果我去巴黎的时候经过维也纳，一定不要忘记跟她们联系，她们会写推荐信带去给一个伯爵夫人。她们真的很善良。

车尔尼对我高度赞赏，舒彭齐格也赞扬了我。今天在外面一些德国人认出我来了，舒彭齐格问道："那是肖邦吗？" 能够遇到这样一位艺术家他很高兴，"昨天你的演出真的是太精彩、太让人振奋了。"

我不会进行第三场演出了。如果不是他们一再坚持的话我也不会举办第二场。我突然想到在华沙有些人可能会说："这是什么啊？他只举办了一场音乐会就走了。没准是失败了。"他们向我保证都是好评。今天我

① 利 希 诺 夫 斯 基 伯 爵（Count Lichnowski），贝多芬的好友。

拜访了一位记者，幸运的是他喜欢我。

我就不再详细赘述维尔费尔对我是多么好了，因为我简直无法形容。

这次我没有收取任何报酬，这也是为了让伯爵高兴。因为他的钱包都扁了，当然这是个秘密。我打算演奏回旋曲和即兴演奏。

此外，我很健康，也很高兴。吃得好，喝得也好。我很喜欢维也纳，也喜欢这里的雪杖[2]。

请将这一切告诉埃尔斯纳，代我向他道歉，我没给他写信。我一直都没搞明白到底时间去哪儿了。

代我谢谢斯卡尔贝克，是他最先建议我举办音乐会的：这是我人生的起点。

[2] 雪上运动器材，用木料、竹、合金铝或玻璃钢制成，整体分为杖杆、杆尖、雪轮、握革等部分。

《音乐学院音乐厅》
(Salle des Concerts du Conservatoire)
19世纪上半叶，佚名，根据帕特里克·圣·日耳曼的画作制成的木刻版画

(Salle des Concerts du Conservatoire.)

再展才华

● 致在华沙的家人，1829 年 8 月 19 日，维也纳，19 岁

　　如果说我的首演获得好评，那么，昨天的那场演奏应该效果更好。我站在舞台的那一刻，叫好声至少重复了三次，台下有着大批的听众。巴伦——我不知道他叫什么名字，剧院的投资者，感谢我为他们带来的收入，他说："这人山人海的不是来看芭蕾舞剧的，大家都明白。"所有的职业音乐家们都被我的回旋曲迷倒了。从指挥拉赫纳到调音师，他们无不惊叹作曲的优美。我知道女士们和艺术家们都很喜欢我。吉罗维茨站在赛林斯基身旁，一边鼓掌一边欢呼道："好极了！"我只是不知道我是否取悦了那心如硬石的德国人。昨天有人刚从剧院回来，我当时正坐在桌前吃饭，其他人问他："玩得怎么样？""芭蕾舞剧演得不错。""那高等艺术呢？"我猜他肯定是认出我来了，虽然我是背对着他的。他就开始讲别的事情了。我觉得我不应该阻止他表达自己的想法，于是我上床对自己说道：

　　"没有一个妈妈的孩子能让所有人都喜欢的。"

　　我总共演出了两次，第二次演出远比第一次成功，这正是我所喜欢的"渐强"①。

　　因为晚上九点就要离开，我一大早就出门辞行。舒潘齐格②昨天提醒我，我这么快就要离开维也纳了，希望以后还能回来的。我回答道："我会回来学习的。"这位男爵说："那样的话，你回来可是会一无所获的。"

① 音乐术语，逐渐变强。

② 舒潘齐格（Schuppanzigh），小提琴家，贝多芬的老师兼朋友。

都是恭维话，但听到很开心。

……我很遗憾我还没上报纸，在办公室里有份报纸，我已经订阅了，他们的编辑会把报纸寄到华沙的。我也不清楚什么时候印刷，也许他们等着我的第二次演出呢。这份报纸一周两期，周二和周六各一期。也许你们很快就会看到关于我的报道了，可能是赞扬，也可能是批评。

我已经迷倒了那些有学识的情绪化的人们，他们又多了一个聊天的话题。

分享演出成功的喜悦

● 致提图斯·沃伊杰乔夫斯基，1829 年 9 月 12 日，华沙，19 岁

我真的很想告诉你我的长途旅行，我真的应该和你聊聊我这令人愉快的旅行。我亲爱的朋友，你知道我去了克拉科夫、维也纳、布拉格、德累斯顿和布雷斯劳。第一周去了克拉科夫，也没干什么，就是去郊区逛了一圈。接着，我和一群非常有趣的陌生朋友一起去了维也纳。如果说克拉科夫是如此吸引我，使我只剩下仅有的一点时间来和你及家人联系，那么维也纳简直让我不知所措、目瞪口呆、浮想联翩，甚至两个星期没收到家里的消息我也不着急。这简直难以想象，在这么短的时间里，我居然在帝国大剧院进行了两次公开演出。但是，这的确发生了。我的出版商——海林斯格告诉我，由于我的作品比较深奥，不容易理解，而且也没人知道我的名字，在维也纳举行音乐会有助于宣传

我的作品。其实，我本没有打算出版自己的作品，也没有为演出特意准备好几个星期。所以，我拒绝了。我说自己没法说服自己在此为品位如此之高的维也纳观众演出。于是我们暂时停止了争论。与此同时，剧院的老板伽伦伯格伯爵（他的芭蕾舞剧写得特别好）正好过来。海斯林格把我说成是一个害怕上台演出的懦夫。虽然伯爵很乐意让我在他的剧院演出，但我还是坚持自己的观点，委婉地谢绝了。第二天早上有人敲我的门，维尔费尔来恳求我。他说如果我拒绝了在维也纳演出的机会的话，那是丢父母的脸，丢埃尔斯纳的脸，也丢自己的脸。他们不断地打击我，直到最后我终于同意了。维尔费尔马上为我安排一切事宜，海报第二天就张贴出去了。已经不能后悔了。但是我还是不知道到底要不要进行演出。钢琴制造厂商愿意将钢琴送到我房间里。但是我婉言谢绝了，因为房间太小了，而且我要进行两场演出，那几个小时的练习根本帮不了我什么。于是，直到有天我遇到了麦瑟得、吉罗维茨、拉赫讷、克罗伊策尔，还有默茨、利瓦伊等人。总之，我见到了所有维也纳的著名音乐家。管弦乐队对排演很恼火。我想，大概是因为我来自小地方，却已经演奏自己的作品了。于是，我把《变奏曲》放在《回旋曲》之前，作为开场献给他们。第一部分还挺顺利的。但是，我试了几遍《回旋曲》，管弦乐队就乱成一团，还抱怨曲谱不清楚。我跟他们解释了好几遍，但他们还是会看错。当然，这一部分是我自己的错，但我以为他们是能看得懂的。他们一直恼火于我的乐谱写得不精确，但是话说回来，他们自己也是一流的艺术家，也是作曲家啊。总之，他们有很多地方出错了，弄得一整个晚上我几乎要病倒了。舞台经理见效果不佳，他看出乐队缺乏诚意，加上维尔费尔要当指挥，而他们又不喜欢他（我不知道这其中有什么原因），建议我取消《回旋曲》改即兴演奏。这个建议着实让管弦乐队大开眼界。我是如此恼火，结果在绝望中我不得不同意了。而谁又会知道正是这风险和坏脾气强迫我自己在那晚发挥到了极致。莫名其妙的是维也纳观众的眼神居然没有把我吓倒；按照当地的风俗，乐队队员们坐在自己的位置上，而没有上台演出，所以，我一个人坐下了（特别的无助，只有一位助手在旁边为我翻曲谱。他跟我吹牛说自己曾经为莫谢莱斯、胡梅尔、赫尔兹等人翻过曲谱——当他们来维也纳的时候）。为格拉夫生产的最高档的乐器备曲谱——那恐怕也是维也纳最好的乐器生产商了吧。

　　《变奏曲》带来了巨大的轰动，雷鸣般的掌声一阵赛过一阵，我不得不在演出结束后再次上台致谢。中间的插曲由著名的宫廷歌手韦尔特海姆小姐演唱，接着是我的即兴演奏。我不知道这一切是怎么发生的，但最后连管弦乐队的队员们也开始鼓掌了。我下台之后还得又一次上台致谢。第一次演出就这样结束了。维也纳报纸大肆赞扬我——不过我没算上《信使报》。于是，在他们盛情邀请下，一周之后我又进行了第二次演出。我很高兴，因为这样就没人会说我演出了一次就逃跑了。此外，第二次演出，我坚持演奏《克拉科维克回旋曲》。令人意想不到的是，我的演出让

《嘉斯蒂娜·肖邦画像》
(*Portrait of Justyna Chopin*)（原作遗失）
1829 年，安布罗齐·密罗兹维斯基，布面油画
弗里德里克·肖邦的母亲

在场的很多人都着了迷，吉罗维茨、拉赫讷，甚至连管弦乐队的队员们也都陶醉其中——请原谅我这么说。我又被重新请上台演出，而且不止一次，是两次。那晚，我又不得不将《变奏曲》再演奏一遍，因为有不少女士非常喜欢，而且海斯林格也特别喜欢。贝多芬的拥戴者——利希诺夫斯基，想把他的钢琴借给我演出用，这可是莫大的荣幸啊。他觉得我钢琴音调太弱了，但这就是我的演奏

《城堡风光》
（*Landscape with a castle*）（原作遗失）
作于 1830 年之前，弗里德里克·肖邦，铅笔画

方式。

　　……关于我的第二次演出，有一份维也纳报纸是这样描述的——这个年轻人选择走自己的道路，在这道路上他知道如何获得快乐，而这也正是他的音乐会有别于他人之处——我觉得，这样的评论已经够了。结尾是这样的："今天，肖邦先生又让全世界的人民都获得了满足。"原谅我将这些关于自己的报道告诉你。但是，我现在正写信告诉你这消息，这比任何报纸的报道都让我觉得快乐……

　　我不得不就此搁笔了，我潦潦草草已经给你写得够多的了。我盼着你能来，先生。让我衷心地亲吻你，就在你的嘴唇上，好吗？

演出成功带来的自信

● 致提图斯·沃伊杰乔夫斯基，1829 年
10 月 3 日，华沙，19 岁

　　你说你在两份报纸上看到了有关我音乐会的新闻。如果你看的是波兰报纸的话，那你肯定很不满意吧。那肯定是翻译过来的，没准还扭曲了维也纳当地的新闻报道。还是我亲口跟你说比较好。胡贝上周刚从特利亚斯特和威尼斯回来，他为我带了一些维也纳期刊的剪报。期刊对我的演出和创作进行了长篇报道，并高度赞扬了我——原谅我又跟你说了这些。结尾的时候，他们把我概括成"具有独立能力的艺术家"，天赋极高。如果这份剪报能到你手上的话，我是一点也不会觉得害羞的。

① 卡尔洛·索利瓦（Carlo Soliva,
1791 年 11 月 27 日~1853 年 12 月 20 日），
歌剧、室内乐和圣乐的作曲家。

无法取悦所有的人

● 致提图斯·沃伊杰乔夫斯基，1830 年 3
月 27 日，华沙，20 岁

　　我从未像现在这样想念你；除了你，我
再无人一诉衷肠。每场音乐会上能够得到你
的关注，于我而言甚至胜过埃尔斯纳老师、
科平斯基以及索利瓦①等所有人的赞美。一
收到你的来信，我就想对你描述下我的第一
场音乐会的情况；但我当时心烦意乱，而且
忙于准备周一上演的第二场音乐会，坐下来
时也无法集中注意力。今天的我仍然有些不
在状态；可是，一提起笔给你写信，我就再
也等不及心神是否安宁，这一刻对于我来说
太难得了。第一场音乐会的情况是这样的：
大厅里坐满了人，包厢和小隔间里的票也提
前三天售完，但听众的反应并没有如我预料
的那样。只有很少一部分人听懂了第一首曲
子，虽然有喝彩声，但我认为他们只是因为
很迷惑：这是什么？但还是表现得像一个内
行。接下来演奏的慢板乐章和回旋曲反响明
显好得多，慢板乐章演奏时，我听到了不少
不约而同的惊叹声；但我认为那首以波兰为
主题创作的混合曲远没有达到预期效果。他
们拍手称赞，但心里却想着要表现得让我觉
得他们没有感到无聊。科平斯基在我的协奏
曲中发现了新的亮点；但是威曼承认他看不
出人们在我的小快板里能听到什么。艾内曼
非常满意。埃尔斯纳老师却觉得潘特里翁琴
弹得太过模糊，听不出低音部分……莫彻纳
凯把我誉为波兰信使的同时，尤其欣赏那首
小快板，也在最后建议我要更有活力。我揣

《弗里德里克·肖邦肖像》 (*Portrait of Fryderyk Chopin*)
1831 年, 佚名 (可能是费迪南德·格奥尔格·瓦尔德米勒美术学院的画家), 蜡笔、粉笔和水彩画
此画极有可能作于肖邦客居维也纳的那段时间

测活力应该从何而来，所以在第二场音乐
会时我没有弹自己的钢琴，而是选择了一
架维也纳钢琴演奏。迪阿卡——一位俄国
将军，十分慷慨地借出了自己的乐器，这
比我自己那架好很多，因此一大批听众也
为之受用很多。大家都不吝于赞美我演奏
得比第一次好很多，每一个音符都像一粒
珍珠那样可贵等等，并呼喊着央求我重返
乐池再演奏一场。《克拉克维亚克回旋曲》
引起了极大的反响，演奏期间鼓掌声响起
了四次。科平斯基觉得很遗憾我没有用那
架维也纳钢琴演奏幻想曲，第二天早上格
祖玛拉在波兰信使团里演出中却这么做了。
埃尔斯纳老师认为人们只有在听了我的第
二场音乐会后才有资格评论我。尽管我心
里是十分希望用自己的那架钢琴演奏的，
但不可否认的是，那架维也纳钢琴更适合
当时的场合。第一场音乐会的程序，你是
知道的；第二场首先是诺瓦科斯基的交响
乐（票价合理），接着是协奏曲的第一首
快板乐曲。彼拉斯基演奏了贝里奥特的变
奏曲，以及慢板乐曲和回旋曲。音乐会的
第二部分首先演奏的是《克拉科夫回旋曲》，
然后潘尼·马耶尔演唱了一曲，他较之前
发挥得更好了。最后是由我即兴发挥的表
演，前排包厢的听众很是满意。

　　亲爱的，坦白而言，我并没有按照我的
本意而即兴创作，如果是按我的本意创作
的表演，绝不是只为了那一部分听众。尽
管如此，慢板曲广受好评仍让我倍感惊讶，
到处都能听到人们在谈论着慢板乐章。你
身边肯定有各类报纸，最起码主流报纸应
该是有的，你肯定能够看出他们对这场音

乐会是满意的。莫里奥洛娜授予我桂冠，今天我也收到了其他人写的赞美我的诗。奥尔洛夫斯基根据我的协奏曲主题写了一些玛祖卡曲和华尔兹。布泽纳的伴奏森奈瓦德向我邀幅画像，但我没有答应，这种做法现在看来着实不妥，我可不想重蹈覆辙，像勒勒维拉（Lelewel）一样被人扔牛油在画像上。

　　……上周他们还想让我举办一场音乐会，但我不能。你绝对想不出音乐会的前三天对我来说是多么痛苦难熬的时刻。休息的时候，我还要赶在假期前完成第二协奏曲开头的快板乐曲，等到假期结束后才能等来第三场音乐会。虽然我知道现在也许有了更多的听众，因为现在整个上流社会都希望能够再次听到我的演奏。上一次音乐会听众要求再来一场时，有人大声喊出："到市政厅演出吧！"我在舞台上都听见了，但我想我不会接受这个意见。如果答应了去市政厅，也许下一场就有可能在剧院。这与钱无关，因为剧院没有盈利很多，一切事情都归出纳负责。两场音乐会，除去花销，我的收入将近 5,000 元，虽然德姆斯佐维斯基说从来没有一场钢琴演奏会有如此多的听众——这是有史以来第一次，而且第二次听众数量又增加不少。但如果在市政厅表演，问题还是没有变，结果也还是一样：我仍然不是为所有人演出，要么为上流人士表演，要么为普通大众表演。我现在更加深切地感觉到：能取悦所有人的人，还没出生呢。

完美的演出

● 致提图斯·沃伊杰乔夫斯基，1830 年 10 月 12 日，星期二，华沙，20 岁

我最亲爱的视如生命般的朋友：

昨天的演奏会很成功，我迫不及待地要告诉你！演奏时我一点都不紧张，哪怕是丝毫的紧张都不曾有过，就跟我独自一人弹奏时一样，很顺利。演出大厅里座无虚席。演奏的第一首曲目是格尔内尔（Goerner）的交响曲，然后是我自己的 e 小调快板，我弹奏得很流畅，用的是施特莱歇尔（Streycher）钢琴。结束后我们收到了如潮的掌声。索利瓦很高兴，把我们的成功归功为咏叹调合唱部分，这部分是由潘娜·沃尔克（Panna Walkow）主唱的，她穿着天蓝色的礼服，像个天使一样。咏叹调结束后是柔板和回旋曲，然后第一部分结束，中场休息。大家从小卖部回来，纷纷拥上了舞台，向我祝贺。人们从舞台上退下后，第二部分就接着开始了。第二部分的序曲用的是威廉泰尔，这里索利瓦引导得很好，给大家留下了深刻的印象。说真的，意大利佬这次对我实在是很友好，似乎我要怎么谢他都不够。他接着还指挥了潘娜·格兰德考斯卡（Panna Gladkowska）演唱的那场拉·唐娜戴尔拉戈（La Donna del Lago）中的朗诵调①《卡为提娜》（Cavitina）。潘娜·格兰德考斯卡之前还从没演唱过，但演出时她穿着白色的礼服，头上插着几朵玫瑰花，打扮很得体。歌词你知道的："哦，我为你流过多少泪。"她唱着"我讨厌这一切"，从

① 朗诵调（Recit），西洋歌剧中具有叙述、吟诵性质的独唱曲，用以代替对白的歌唱，节奏自由，曲调接近于朗诵，使用朗诵调时，歌剧的情节是继续进行和发展的。朗诵调有两种，即"干朗诵调"，只用简单的和弦式伴奏；"配伴奏朗诵调"由乐队伴奏，变化较多。

低音 B 开始音调往下降,瑞林斯基 (Zielinski) 说光是这个低音 B 就能值 1,000 达克特。有一点一定要告诉你,这个朗诵调专门为了她的声音而做出了改动,改掉了之后她唱得好多了。之后的节目是名曲大杂烩,包括了《月亮升起》等曲子。这一次表演我的表现应该是令人满意的,整个管弦乐队的表现应该也是令人满意的,这从正厅后排的观众的表现可以看得出来。结束曲玛祖卡激起了观众热烈的掌声,接下来就轮到我了。我被叫到了台前,所幸没听到嘘声,我鞠了四次躬才退回来,简直是一场闹剧。因为之前布兰特已经教过我,所以当时我还是表现得挺不错的。倘若索利瓦没有把我的乐谱带回家熟悉,并在我演奏时引导我,防止我心急火燎般往回赶,我真不知道昨天事情会是个什么样子。他把一切都安排得太好了,每个人他都照顾到了。我敢说,像这样舒服圆满地完成和乐队的合作,对我来说至今还是第一次。

摇身一变——由异乡客到演奏者

● 致在华沙的家人,1830 年 11 月 9 日,星期二,弗洛茨瓦夫,20 岁

我们去过当地的剧院,乐队指挥施纳贝尔让我出席他们的音乐会排练,正式举行是在今晚。他们每星期会举办三场这样的音乐会。在排练时,我看到他们的管弦乐队规模很小,见到了仲裁,他是一个叫埃维希的钢琴业余爱好者,准备演奏莫谢莱斯的《降 E

大调协奏曲》。趁他在钢琴前坐下来之前，已有四年没听过我弹奏的施纳贝尔建议我去弹弹试试。在当时的情况下我很难拒绝，所以就坐下来弹了几首变奏曲。结果施纳贝尔开始完全兴奋起来了，他又求我参加晚上的演奏会。这位老者是如此恳切热情地请求我，以至于我没有办法拒绝他。施纳贝尔跟埃尔斯纳是好朋友，但是我告诉他说我只为他弹奏，因为我有好几个星期没有弹过了。而且，在弗洛茨瓦夫的日子我想保持低调。对于这一点，施纳贝尔回答我说他完全理解我，昨天他在教堂看见我的时候就想邀请我去弹奏，只是没敢这么做。后来，我就跟着他的儿子去取乐谱，为他们弹了《第二协奏曲》中的《浪漫回旋曲》。在排练时，有德国人称赞我弹得好，但是他们丝毫没有提到作曲。提图斯甚至听到有一个人说："他弹奏行，但作曲不行。"前天，有一位长得很英俊的绅士坐在我们的对面，开始交谈了之后，我得知他原来认识华沙的苏尔茨，也是苏尔茨在介绍信中介绍给我的那些人的朋友。他名叫施夫卡，是一个商人，非常和蔼可亲，后来还带着我们游遍了整个弗洛茨瓦夫。我们坐着他雇来的马车享受了最难忘的兜风。第二天，在排练开始之前，我们又收到了他为我们弄到的昨天音乐会的特别入场券。看到我这个异乡客摇身一变成为当晚演奏会的主要演奏者时，安排入场券的男士们和施夫卡本人该是多么的惊讶啊！当晚除了即兴演奏了回旋曲以外，我又为行家们弹了《博提兹的哑女》中的几首主题曲。后来以序曲作为结束曲，演奏就结束了，然后大家就开始跳舞了。施纳贝尔想请我吃晚饭，但我只点了肉汤。

最好的伴奏

● 致家人，1831 年 6 月 25 日，维也纳，
21 岁

昨天因为是圣约翰日，同时也是马尔法提的命名日，因此我到家的时候都已经是午夜时分了。默凯蒂音乐出版商给他安排了个惊喜：瓦尔德、西西马若（Cicimara）、芙罗伦·艾莫瑞 (Fraulein Emmering)、芙罗伦·鲁兹（Fraulein Lutzer）和我都分别演奏了一些重要曲目。我从来没有听过比摩西的四重奏唱得更好的人。至于《圣彼得的眼泪》，帕娜·哥拉德科斯卡在华沙我的送别音乐会上唱得无与伦比；瓦尔德的音质很好；我则是乐队的指挥。

[肖邦自己的脚注] 西西玛若说在维也纳没有谁的伴奏可以比得上肖邦先生，我心想：这一点我本人比你们更清楚。嘘，别让人听见！

一大群陌生人站到台阶上听音乐会。

皎洁的月光洒落在院子里，演奏声似山泉般清新悦耳，橘园飘来的香气弥散在空气中。简言之一句话：月朗星稀的夜晚，华美辉煌的场所。你都无法想象他们唱歌的沙龙被装点得有多么气派！透过宽敞明亮的玻璃窗你可以俯视整个维也纳。室内的灯不多，可是有很多面可以反光的大镜子。长长的走廊通往左边毗邻的椭圆形前厅，这使得整个房间看起来格外的宽敞。亲切随和、热情好客的主人，优雅周到、兴致高昂的客人，幽默风趣，友好交谈，还有丰盛可口的晚餐，这些都成了我们滞留很晚、迟迟不肯离去的原因。就这样一直折腾到大半夜我们才开始上了马车，各自回家去。

⌐ 筹备音乐会

● 致家人，1848年2月11日，星期五，巴黎，38岁

　　我今天只写了寥寥几句话，因为我满脑子想着我的音乐会的事儿，音乐会是本月的16日。我的几个朋友一天早上前来拜访我，对我说我得举办一次音乐会，还说一切都不用我操心，我只管坐下来弹琴就行了。所有的门票都在一周内卖光了，每张票是20法郎，人们还在登记要买我第二场音乐会的门票（我是不想举行了），宫廷订了40张票。报纸上只是露了点我可能开音乐会的风声，人们就争相从不莱斯特和南特等地写信给我的出版商，要求预留位子。这样的热情令我惊诧。哪怕只是为了对得起自己的良心，我也必须从今天起好好排练了，因为我知道现在我的琴艺没有以前好了。我会和弗朗肖姆、阿拉尔合作一曲莫扎特的三重奏（出于兴趣）。这次音乐会没有张贴海报，也没有免费票，为了我的方便，特别布置了演奏大厅，能容纳300人。普莱耶尔总拿我的蠢事开玩笑，他会用鲜花装饰楼梯，好让我更有激情弹奏。我会像在家里一样，目之所及都是熟悉的面孔。

《巴黎的意大利歌剧院》
(Italian opera House, Paris)
19世纪上半叶，查尔斯·莫特拉姆，根据尤金·路易斯·拉米的画作制成的钢雕版画

拒绝演出

● **致家人，1848 年 8 月 19 日，伦敦，38 岁**

那晚之后[①]，有人通知我即将要进皇宫去演奏了。但是最终我没能去演奏，不知道为什么。或许是我没有申请，这里不管做什么，都需要申请。而且好多事情都堆到一起了，我也没有空余时间来做这件事。不仅仅是因为我没有申请，还有一个原因是我没有拜访宫廷的指挥，更确切的说是负责组织宫廷音乐会和爱乐乐团[②]的指挥。爱乐乐团的指挥向我发出过合作演出的邀请，每个来这里的音乐家都想争取到这项殊荣，而今年这项殊荣，连卡尔克布雷纳和哈雷[③]不管多么努力都没能得到。但是我拒绝了，这在音乐界留下了恶劣的影响，尤其是在指挥界。我以身体欠佳为由拒绝了同台演出，而深层次的原因是我本来只和管弦乐队合作一首协奏曲，而他们只给我一次排练机会，也是发给人们赠券来听。这样我怎样排演？这样的排演肯定很糟糕（虽然他们熟悉我的协奏曲，而且著名的钢琴家达尔肯去年还在这里演奏过），所以我拒绝了爱乐乐团。有一家报纸迁怒于我，但是没关系。我的音乐会结束后，除了《泰晤士报》外，其他都开始给予好评了，有个叫达维森（门德尔松的忠实支持者）的在《泰晤士报》周刊上写些攻击我的言论。他不认识我，只是在推测，有人传言说我是门德尔松[④]的对手。我对这种事根本不在意。你也明白世界各地的人们都被假象所驱使，伦敦也不例外。

① 在英国成功举办音乐会后。

② 英国爱乐乐团（Philharmonic Society）相当于巴黎的公立音乐学校。

③ 哈雷（Hallé），德国指挥家、钢琴家。

④ 门德尔松（Mendelssohn，1809~1847），德国著名作曲家。出生于汉堡一个富裕而素有教养的家庭，17 岁创作出著名的《仲夏夜之梦序曲》。最杰出的事业是在 1843 年创办了德国第一所音乐学院——莱比锡音乐学院。

/ 讨论一下同行 /

⌐ 校长的侄子

● 致约翰·别亚布勒科（Jan Bialoblocki），1825 年 10 月 30 日，星期日，华沙，15 岁

校长的侄子 —— 雷姆别林斯基（Rembielinski）先生，从巴黎回华沙了。他在巴黎已经待了六年了。我从未听过有谁的钢琴能弹得像他那么好。你能想象，对我们而言，这是件多么快乐的事情。因为在这里我们从未听过真正精彩的演奏。他不是专业演员，是业余爱好者。我就不在这里赘述他的演奏是多么娴熟，我只能告诉你，他的左手和右手一样结实——这对于一个钢琴演奏者而言，是非常难得的。如果要描述他的才华是多么出众的话，那可能一整页纸也写不完。

《升 C 小调即兴曲，66 号作品》
(Impromptu in C sharp major Op.66)
1834 年，弗里德里克·肖邦
书中手稿，出现在弗朗西斯·萨拉伯爵夫人的曲册中，标有日期 1835 年 Vendredi(法语星期五)。肖邦书写曲册的手稿，十分注意美感和精确。

感性的车尔尼

● 致在华沙的家人，1829 年 8 月 19 日，
维也纳，19 岁

我现在钱还够用。我刚去和舒潘齐格、
车尔尼告别。车尔尼本人比他的作品更感性。

克伦格尔——珍贵的偶遇

● 致在华沙的家人，1829 年 8 月 26 日，
德累斯顿，19 岁

维尔费尔等人给皮克西斯①的信函，让
我受到了最友好的招待。皮克西斯停了课，
让我住下来，还问了我好多事情。在书桌
上，我看到了克伦格尔②的名片。我便问他
在布拉格是不是也有一个来自德累斯顿的
克伦格尔。他告诉我，克伦格尔本人来过，
但没碰上他，所以把名片留下了。

我很庆幸自己有一封来自维也纳的推
荐信要给他。我向他提到此事后，他让我
吃过晚饭再过去，因为他正好和克伦格尔
约了那个时间见面。于是我和克伦格尔碰
巧在去皮克西斯家的楼梯上遇到了。我听
他演奏赋格曲，听了两个小时。他们没让
我演奏，所以我也就没演奏了。他弹得很好，
但我觉得他应该能弹得更好。克伦格尔给
我写了封信，这封信里他介绍了德累斯顿
音乐界的情况，而且还为我介绍了他的学
生——当地最好的钢琴家。在他走之前，
我在他房间待了两个小时。他正要去维也
纳和意大利，所以我们有很多话题可谈。

①皮克西斯(Pixis)，巴黎著名钢琴家。

② 冯•保罗•克伦格尔（Von Paul
Klengel，1854~1935），德国作曲家。

这次偶遇实在是太珍贵了，比遇到车尔尼还珍贵。

有趣的演奏会

● 致提图斯·沃伊杰乔夫斯基，1829 年 10 月 20 日，华沙，19 岁

……你肯定知道凯斯勒在每周五都举办小型音乐晚会。大家聚集到一起演出；没有事先安排节目；但每个人都把自己最拿手的节目献给大家。所以，上周五我们听了里斯的升 C 小调四重奏，胡梅尔的 E 大调三重奏，贝多芬最后的四重奏——我很长一段时间没看到如此精彩的演奏了。贝多芬用他的手指触动了整个世界。最后是来自普鲁士的费迪南德王子演奏的四重奏。之后是一些演唱，其实不是唱歌，应该说是歌曲模仿秀，简直太别出心裁了。你一定知道齐默尔曼吧，他是吹长笛的，有一副既古怪而又有趣的嗓子，借助脸颊和手指，他能发出稀奇古怪的声音。这声音像是猫叫，又像是牛叫。诺瓦科夫斯基也会发出古怪的声音，那声音很小，有点不协调，像是口哨声。他把他的嘴唇向两边压成扁平状才发出这怪声的。菲利普借助他们的现场演奏为齐默尔曼和诺瓦科夫斯写了一首二重奏，滑稽的是他们居然都停不下来了。接着是贝多芬的三重奏，还是抹不去那部作品给我留下的深刻印象，最重要的是，演奏者弹奏得特别精彩。瑟瓦钦斯基做伴奏，他是一位非常优秀的伴奏者。

普鲁士国王的钢琴手

● 致提图斯·沃伊杰乔夫斯基，1830 年
5 月 15 日，星期六，华沙，20 岁

　　沃埃利泽是普鲁士国王的钢琴手，来
华沙已经两周了。他的钢琴弹得十分精彩，
是个小犹太人，天生聪颖过人。还为我们
演奏了一些他很上手的曲子。他来我的住
处看过我，他才 16 岁，还只是一个孩子啊！
他最擅长的要数亚历山大的《莫谢莱斯变
奏曲》，这首曲子在他灵活的手指跳跃间
弹奏得无与伦比，在我看来完美极了。他
曾公开演奏过两次，主要曲目就是变奏曲。
要是你听到了他的演奏，你也会很满意。
但是，咱们说句悄悄话，我看他还当不起
赋予他的那些美誉。

小号手

● 致提图斯·沃伊杰乔夫斯，1830 年 8
月 31 日，星期二，华沙，20 岁

　　前天，我第二次去斯泽姆贝克将军的
营地。你一定知道他还是支持索查斯泽夫。
他让米歇尔把我带到他那里去，但是没去
成。后来，他派他的副官斯扎科夫斯基，
也就是潘娜·斯扎科夫斯卡的弟弟来把我
接到他那去。他的音乐造诣很高，跟从罗
德学习，小提琴拉得很好，完全遵循帕格
尼尼[①]派的方法，因此在音乐领域很多方面
都有优势。他命令他的乐队演奏，他们已
经排练了一早晨。我从中听到了一些独特

　　① 帕格尼尼（Niccolo Paganini，1782
年 10 月 27 日 ~1840 年 5 月 27 日），意
大利小提琴演奏家、作曲家。他的技巧
影响了后来的小提琴作品，也影响了钢
琴的技巧和作品。

的东西，它们源自一种叫做军号的小号。你
简直无法相信，他们能够极快地演奏出半音
阶然后渐渐上升，我不得不赞美那个独奏者。
可怜的家伙，毫无疑问他在乐队待不了多久
了，他看起来很年轻却像是得了痨病。当我
听到他们用小号演奏短曲《来自笨姑娘》时，
我被他们精准的演奏和这曲子的细微差别深
深打动了。

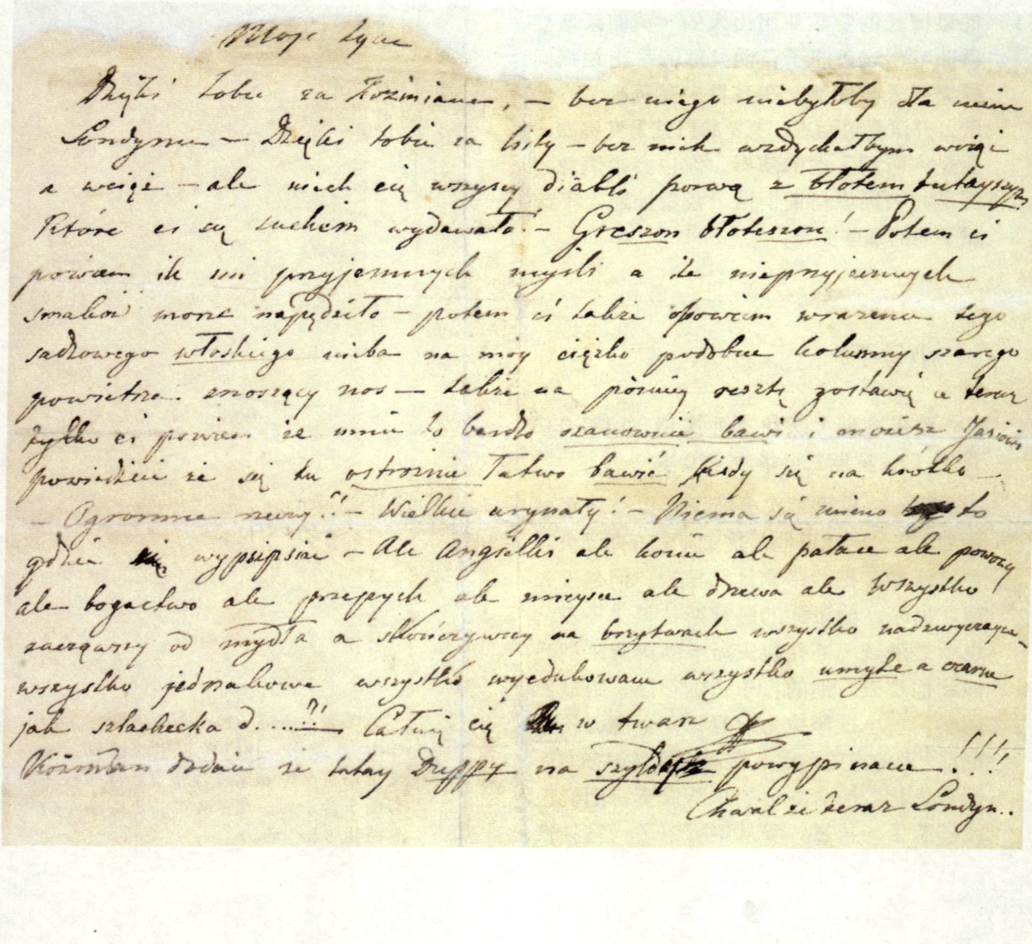

《致尤利安·冯坦那的信》
(Letter to Julian Fontana)
弗里德里克·肖邦手迹，1837 年 7 月 11 日
至 24 日，于伦敦
在给朋友的信中，肖邦玩弄文字，创造了波
兰语加法语的新词，使用了具有讽刺意味的
短语和粗鲁的字词：……all educated,
all washed but black as noble a.!……
Koźmian adds that here Duppy(asses)
are stuck with their back to the
signboard!!!Praise then London now.(蠢
驴的背粘在布告牌上。)

斯拉维克 1

● **致家人，1830 年圣诞节前的星期三，维也纳，20 岁**

上周在他家里我见到了斯拉维克①，虽然还很年轻，最多只有 26 岁，但是却是一位优秀的小提琴手了……那天是周日，斯拉维克还演奏了几曲。除帕格尼尼之外，再也没有人能超过他了。我非常喜欢他，他也同样喜欢我高贵的个性。我们一致同意共同谱写一首钢琴小提琴二重唱曲子。而这个灵感是在华沙时想到的。斯拉维克真的是一个伟大的小提琴手，很有天赋。

① 斯 拉 维 克 (Josef Slavik，1808~1833)，捷克小提琴家。

斯拉维克 2

● **致华沙的让·马图斯辛斯基，1830 年12 月 26 日，星期日上午，维也纳，20 岁**

我刚从好朋友斯拉维克那儿回来，他是著名的小提琴家，是帕格尼尼之后最好的音乐家。他能一弦演奏 96 个断音②音符，还有其他的技巧，真是神乎其技！在他那儿，我很渴望弹钢琴。回家的路上，我想到可以用哀婉、舒缓的曲调演奏。

②断音（Staccato），表示音的间断的唱奏记号。断音记号是用实心或者空心的记号，写在音符上面。这些音表示要唱得干净、短促、有弹跳力，大概占元音二分之一。

斯拉维克 3

● **致家人，1831 年 5 月 28 日，维也纳，21 岁**

星期三斯拉维克和我在拜尔家歇了脚，交流到凌晨两点钟。斯拉维克是我所欣赏并与之交往的为数不多的当地艺术家之一。他演奏起来简直就是另外一个帕格尼尼，一个更充满活力的帕格尼尼，有时甚至比帕格尼尼更胜一筹。如若不是我听他拉奏过很多次的话，连我都难以置信那会是他亲手拉出来的。提图斯一次都没见过他，真是太遗憾了！他的演奏时而让人惊诧无言，时而让人怆然涕下……

贝多芬

● 致家人，1845 年 10 月 1 号，诺昂，35 岁

……波恩将矗立起贝多芬的纪念碑，也会树立他的戴冠头像。在波恩，人们叫卖香烟：真正的贝多芬牌香烟，而他本人可能只抽过威尼斯烟斗；这里已经有人出售属于贝多芬的旧书桌了，创作出《田园交响曲》的贫穷作曲家如果很富有，有很多家具的话，现在就可以在家具市场上掀起一股交易狂潮了。这让我想起了在费内①的那个看门人，他出售的伏尔泰的拐杖数都数不清了。

① 费内（Ferney），法国边陲小镇，由于伏尔泰生命中的最后 20 年定居于此，后改名为费内－伏尔泰市 (Ferney-Voltaire)。

庸才与天才

● 致家人，1847 年复活节（3 月 28 日）前一周开始，4 月 19 日写完，37 岁

诺瓦克(弗郎肖姆经常在我这里见到他，觉得他太笨。因为有一次弗郎肖姆在场，我想带诺瓦克去参加勒古威家的一个晚会，这个晚会上可以看到包括像拉布拉什这样一群有才华的学者，诺瓦克却没答应）可能已经回到你们身边了吧。他本分善良，可就是脑子不太灵。愿上帝怜悯他吧。比如有这么件事：他有封给让尼（Janin）的信，可临到离开前的两三周才对我说起。我说这太晚了。可当天晚上我带他去加瓦德家参加晚会，让尼正好在那儿，我就想把他介绍给让尼，可是诺瓦克却死活都不愿意。几天后，诺瓦克来告诉我说他已经把信给让尼了，让尼将为他写一篇报道。但他却让我给让尼写信，告诉他应该对他的作曲写些什么，还让我在那天下午四点之前务必寄出去。我真不明白这是怎么回事，便问：他和谁去见的让尼。他说：《通讯报》的编辑，是让尼很亲密的朋友。我认识《通讯报》的编辑叫杜瑞，问是不是他。他说了个别的名字，我这辈子从没听说过的名字。我想那个人肯定是让尼的一个什么亲戚朋友吧，所以我让诺瓦克第二天早上来找我一起去找让尼，这样他就能自己告诉我他想了什么。第二天早上我去了让尼的家，让尼夫妇很热情地接待了我，我解释说我来是为了感谢他那么友好地招待我的同胞。他说他告诉诺瓦克，只要肖邦的一两句话就是对他最好的介绍了。他补充说：想想吧，他竟找来了一个我压根不知道名字的白痴来介绍他自己。原来让尼根本不认识诺瓦克所说的什么亲密朋友。我们都哈哈大笑了起来，笑诺瓦克怎么这么老实。

①此处为一句流传于波兰和俄国的
谚语，意为无法深入沟通交流。

他把从我这儿讨一两句话理解成了要我写
一篇文章！可怜的诺瓦克一句法语都听不
懂，只会几个单词，像什么"garçon"（侍
者）、"café"（咖啡）、"bougie"（蜡
烛）、"cocher"（车夫）、"doner"（给）、
"jolie mademoiselle"（漂亮女孩）、"bon
musique"（动听的音乐）等……在我的
引荐下，他的《练习曲》终于在这儿出版了，
还把它题献给我。这部作品是他的全部，出
版了之后他很高兴。他年纪已经不小了，已
经无法学习什么新知识了。但他人很善良，
也不贪心。我们相识这么久了，我很了解他
也很喜欢他。但是我忘记了我们身边还有很
多这样的人，他们活着，却不知道怎么活，
为什么活，活的目标是什么。诺瓦克尽他全
力来爱我们，我也尽我全力去帮助他。但是
我常常"去敲他的心灵之门，每次他都不在
家"①。他的假发（杜朗给他做的）遮住他
头脑的空洞。我对他的期望很高，看到他也
会想起你们。他给我演奏了柯尔贝格的民
歌，倒是一片好心，然而却显得力不从心。
每当我看到类似这样的情况，我想与其这
样，还不如不做呢。这种费力的东西只会扭
曲事物，给天才辨别真相增加了工作负担。
像是擦了胭脂，垫高鼻梁，把脚砍下来，或
是踩在高跷上那样，这样费力不讨好的东西
最终会成为人们的笑料，受人鄙视，哪里还
会赢得半点尊重？

复杂的人际关系

● 致提图斯·沃伊杰乔夫斯基，1830 年 4 月 17 日，华沙，20 岁

　　德姆斯泽维斯基（Dmuszewski）还是和以前一样：撒些小谎，编造各种奇怪而不实的消息。我昨天看到他时，他说了一件很荒诞的事：他正在为我写一首十四行诗。我让他少做这种傻事，他面带微笑，自以为做了件好事，还说已经在印刷了。他本以为我会觉得这是种荣耀而感到开心。好心帮倒忙啊！这相当于给那些对我心存不满的人又多了一次嘲笑我的机会。他们会说以我为主题的玛祖卡曲，全是为了商业收入。我不想再看到或是听到任何关于我的评论了。

　　星期天我本打算去听科平斯基关于《华沙公报》上那篇文章的看法，可是不巧的是，复活节晚宴上名流雅士聚集，我没找到他，最后发现他根本没有出席晚宴。厄内曼（Ernemann）是唯一到场的音乐家。因为我想知道他如何看待我，我打算上门拜访他送上节日祝福，可是这两次都未曾与他谋面。今天我看见了索利瓦，也许他是一个狡猾的意大利人，他拿出了自己写的关于那篇文章的评论（注意：他是用法语写的，只是自娱自乐，不会发表），写得很精彩，他站在埃尔斯纳老师的角度进行反驳，没有提及任何

人的名字。他对我很亲近，可是我不太受用，对他还是很客气有礼。除非他多次邀请我，我不会跟他走得太近。

哲学味道的变奏曲

● 致提图斯·沃伊杰乔夫斯基，1830 年 9 月 18 日，华沙，20 岁

如柏林报纸所写，我是不可能逃离出目前的困境的。但幸运的是，有一个维也纳评论家对我的变奏曲持不同观点。他说，它们很短小，但又如此蓬勃，如此高亢，如此深邃，同时还如此富有哲学味道，让人难以言表。他还表示这些变奏曲如果抛却了表面的优雅，更有一种内在的品质，肯定会永远流传下去。他真是太恭维我了，下次见到他的话我一定要好好谢谢他。也就是对你我才会说这样的话。就像你了解我一样，我同样也了解你，所以我才会这样厚着脸皮原封不动地把别人对我的表扬都转述给你听。

知音难觅

● 致在华沙的家人，1830 年 11 月 9 日，星期二，弗洛茨瓦夫，20 岁

当然，我也遇到了一些其他人，包括上风琴 (oberorgan) 演奏家赫尔·科勒，他许诺今天带我去看上风琴；一位叫内斯 (Nesse) 或尼斯的男爵，不过鬼才知道他是不是真的男爵；施波尔 (Spohr) 的一位

弟子，据说是个优秀的小提琴家；一位叫黑塞的本地行家和音乐家，德国各地他都去过，他也送了我许多溢美之词。我能看得出来施纳贝尔是发自内心的喜悦，他总是时不时地关心我，我遇到的其他德国人都没有这样的。提图斯很喜欢观察这些德国人。因为我在当地还没有什么名气，所以人们想喜欢我却又不敢喜欢我。他们还不能判定我的曲子究竟是真的好，还是只是他们自己认为好。但有一位是内行，他来找我，并对我的作曲形式的创新性予以了赞赏，说之前从没听过这种形式的音乐。我不知道这个人是谁，但我想或许他才是最理解我的人之一。

争论难平息

● **致在波图日恩的提图斯·沃伊杰乔夫斯基，1831 年 12 月 12 日，巴黎，21 岁**

就在几天前我收到了一位对我的这部变奏曲（《降 B 大调变奏曲》）惊叹不已的德国人从卡塞尔寄来的长达十页纸的评论。评论的开头是大段的前言，接着是逐段的分析。他说这部变奏曲与众不同，是一幅神奇的图画；谈到《第二变奏曲》时他说是唐·璜①和雷波莱洛在奔跑，说《第三变奏曲》是唐·璜在拥抱采琳娜，而他左手边的马塞多为此怒火中烧；说柔板的第五小节是在降 D 大调中唐·璜与采琳娜在亲吻等等。昨天布莱德（Plater）还问我那个降 D 大调在哪儿呢？你或许已经深刻地感受到德国人的想象力有多丰富了吧！这还不止，他还坚持要他的姐夫把它寄给《音乐评论》的费第斯。这事说

①唐·璜（Don Juan），是一个历史人物。他是一个 15 世纪的西班牙贵族；他诱拐了一个少女，跟着又把那个少女的父亲谋杀了。那样一个作恶多端的人物本来是不会名留青史的，奈何他却启发了后代许多诗人、作家、音乐家的艺术创作灵感。例如，英国大诗人拜伦写了一首题名为《唐·璜》的长诗；奥地利音乐家莫扎特以唐·璜为题材创作了一部有名的歌剧；英国的戏剧家萧伯纳也借用唐·璜的故事写了一部讽刺式的舞台戏剧。

① 菲迪南德·希勒 (Ferdinand Hiller, 1811~1885)，德国作曲家、指挥家、作家。

对弗里德里克·肖邦在华沙国家剧院演奏的评论
(*Review of Fryderyk Chopin's performance at the National Theatre of Warsaw*)
1830 年 3 月 24 日，莫里齐·莫赫纳茨基，
《华沙快报》第 109 期，华沙

起来还多亏了好心的希勒①，害得他费了九牛二虎之力总算说服了那个德国人的姐夫放弃了这个愚蠢而非明智之举动。希勒是个特别优秀、才华横溢的小伙子（曾从师于胡梅尔），三天前举行的音乐会上他的交响曲产生了极大的反响，他是个类似于贝多芬但同时充满着诗意、热情和活力的小伙子。

／ 品评各种艺术形式 ／

戏剧

韦伯的《自由射手》

● 致在索科沃夫的杨·比亚沃勃茨基，
1826 年 6 月，华沙，16 岁

听说，过两三个星期要上演韦伯的《自
由射手》②。依我看，这会在华沙引起巨大
的轰动。肯定会有很多场演出，那也是理所
当然的了。因为如果剧院要上演韦伯的精彩
作品，那可是件大事了。但是如果考虑韦伯
《自由射手》的创作目的，他那德国式的故
事情节、奇特的浪漫主义色彩、那奇妙的谐
音，特别符合德国人的喜好。因此我们能断
定，华沙的观众已经习惯于欣赏罗西尼的轻
歌剧，他们根本无法根据自己的判断来评价，
只能附和行家们的意见，仅仅因为韦伯到哪
里都受赞扬，他们也会赞扬他。

在华沙看歌剧

● 致在波图日恩的提图斯·沃伊杰乔夫斯
基，1828 年 9 月 9 日，华沙，18 岁

几周前，科里先生和图森特女士在《塞
维利亚的理发师》③中同台演出。那时我正
好和科斯图斯（Kostus）一起从桑尼基回

②《自由射手》（*Der Freischütz*），
德国作曲家卡尔·马利亚·冯·韦伯（Carl
Maria Ernst von Weber）的歌剧，开始创
作于 1819 年，1821 年在柏林皇家歌剧院
首演成功。直至今日，它仍是在歌剧舞
台上最受欢迎的剧目之一。歌剧脚本是
韦伯的朋友金特根据德国作家阿佩尔的
故事集里关于恶毒猎人的古代民间传说
改写而成，作者认为这部作品是他唯一
完整的歌剧作品。

③《塞维利亚的理发师》（*Una
voce poco fa: The barber*），罗西尼
的经典歌剧。

①忒勒马科斯（Telemachus），希腊神话中的英雄奥德修斯（Odysseus，拉丁名为尤利西斯）的儿子，以他为主题有不少关于《奥赛罗》改编的歌剧和音乐剧故事。

②《奥赛罗》是以15世纪末叶赛浦路斯岛作为背景的。主角奥特罗是一位黑皮肤的摩尔人，担任威尼斯军的统帅。他因听信部下的谗言，杀死了美丽忠贞的妻子苔斯狄蒙娜。等到明白事情的真相后，悔恨交集，最终自杀，追随爱妻于黄泉下。

③菲施巴赫（Fischbach），德国地名。

华沙没几天。我非常渴望看看这部用意大利语演出的一幕戏（他们只演第一幕），激动地一整天都在搓手。但那天晚上，要不是因为图萨先生，我恨不能杀了科利。他真是个丑角，走调走得可怕！只需举一个例子就够了：一次退场，他竟然摔了个跟头。想象一下，这个科利穿着短裤，拿着吉他，戴着白色的圆顶帽，躺倒在地。哦，真是可耻！《塞维利亚的理发师》演得糟糕极了。只有兹达诺维奇（Zdanowicz）演得最精彩。有一部新歌剧《忒勒马科斯》①上演了，但是我没看。我知道有彩排，但是我没参加，所以也什么好跟你讲的了。我想你应该还没看过《奥赛罗》②吧，你曾经赞美过波尔科夫斯基（Polkowski），他在这部戏中唱出了他的最佳水准。迈耶（Meyer）夫人唱得与往常一样，齐梅尔曼（Zimmermann）夫人已经上台演出，而且好像开始深造了。好了，戏剧就说这么多了。

桑塔格

● **致提图斯·沃伊杰乔夫斯基，1830 年 6 月 5 日，华沙，20 岁**

你已经错过了桑塔格（Sonntag）小姐的五场音乐会了，不过不用太懊恼，如果你13 号能来的话，还可以欣赏到她的音乐会。我想日期会是星期天。桑塔格小姐昨天开启她迷人的嘴唇告诉我，应普鲁士国王的邀请，她即将前往菲施巴赫③，我可以利用她不在的这段时间在家里练习《第二协奏曲》的急速乐章，那时你也就到了。你想象不到和她这么亲密的见面让人多么高兴，就在一间房子里，同坐在沙发上！你知道吗，我们心心念念的都是这位"上帝的使者"，这是一些热情洋溢的人们给她的称呼。雷兹威尔王子以最恰当的方式把我引荐给了桑塔格小姐，我非常感激雷兹威尔王子的善举。她暂住的这一个星期里，我与她相识并没有受益多少。因为我看她快要被无趣的客人累垮了，有总督、将军、议员等等，他们坐在那里凝视着她，无关痛痒地谈论着天气。她对所有人都温文有礼，热心地对待每个人。昨天，就在她要去剧院排演前，为了戴帽子不得不锁上房门。访客实在是太多了，门厅里负责接待的男仆忙得不可开交。我没有立刻去她的府邸拜访她，但她向我问起了歌曲的事情，是雷兹威尔王子为她准备的一首歌曲并让我抄写。这首主要以乌克兰传统的杜姆卡④为主的变奏曲，主题和旋律都很美妙，但我不喜欢中间部分，桑塔格小姐也不喜欢。我已经稍做修改，但仍然不令人满意。

　　……桑塔格小姐长得虽然不漂亮，但却十分迷人。她用她迷人的嗓音吸引了所有人，声音虽然并不是很高，但却精致得引人注目。她歌曲的渐弱部分处理得恰到好处，滑音⑤唱得更是可爱，尤其是音阶渐强部分她处理得更是无可挑剔。她演唱了罗德的变奏曲里的梅尔卡丹特曲调⑥，优美极了。结尾的颤音部分相当不错。这首以瑞士为主题的变奏曲广受喜爱。当听众要求再来一首时，桑塔格小姐并没有只是鞠躬谢礼，而是又为我们唱了一遍。她真是一个生性善良的人啊！昨天在演唱罗德的变奏曲时也

④杜姆卡（Dumka），斯拉夫民族（主要是乌克兰一带）的一种民间叙事歌曲。歌词大多叙述英雄事迹，音乐带有忧郁和沉思的意味。同时也指一种由沉思、忧郁突然转变为神采飞扬的器乐曲。如A.德沃扎克的《杜姆卡》钢琴三重奏，《悲歌杜姆卡》和《富里安特与杜姆卡》。П.И.柴科夫斯基曾以杜姆卡为名作有钢琴曲（作品59）。

⑤滑音（Glide），语音学术语，也叫音渡。指发音器官移向或移离某一发音动作的过渡音，分别为滑入音（on-glide）和滑离音（off-glide）。

⑥代指俄罗斯回旋曲曲调。

《弗里德里克·肖邦肖像》
(*Portrait of Fryderyk Chopin*)
1845 年，尼古拉斯·尤斯塔奇·莫林，黑白铅笔，作于巴黎

发生了同样的事。她为我们演唱了一首很出名的短曲，你能想象得出她的演唱与人们之前听到的简直就是天壤之别，她唱的滑音让人惊叹。我曾去她府上拜访过一次，索利瓦和一些小姐都在那儿，我听见他们在唱一首二重唱。桑塔格告诉她们，她们声音有些不自然，方法是对的，可是如果不想在两年内失去声音的质感就要让自己的嗓音变得与众不同，必须要有特色。她还对潘娜·沃尔科（Panna Wołkow）说，自己有些有用的器乐设备和丰富的舞台经验，她们可以经常到她这儿来，她也十分乐意把自己的一套方法传授给大家。这简直是超乎寻常的平易近人，桑塔格小姐的这种风韵好似"本不知其为何物，却浑然天成"。穿着晨衣①的桑塔格小姐要比身着晚礼服时美上一万倍，真是颠倒众生。即使没看到过她穿着晨衣，许多人也深深地爱上了她。

　　……关于桑塔格，还有一点需要提及，她穿戴了一些新潮的刺绣装饰品，产生了一种强烈的效果，虽然还是不及帕格尼尼的效果强烈。也许是这些饰品要稍微小些的缘故。她仿佛把馨兰之香吐进了音乐大厅，舞台上的她用声音爱怜地抚摩，轻柔地碰触，令人心弛荡漾，但却极少催人泪下。而雷兹威尔王子告诉我，她在《奥赛罗》一剧中扮演苔丝德蒙娜，当进行到苔丝德蒙娜与奥赛罗诀别的最后一幕时，她的表演与歌唱感人肺腑，在场所有观众都无法自抑，潸然泪下。我曾向她提及此事，询问她是否会穿上戏服演唱那一幕（据说她也是位出众的演员）。她回答说她的确看到演出中有些观众眼里噙满泪水，但这样的演出令她疲惫不堪。她发誓要

①晨衣，清晨所穿的便服。

尽量少参与那些剧情里的演出。所以提图斯，你一定要过来，这段美好时光会让你忘却农场里的辛劳，桑塔格会为你唱歌，你会恢复活力重新更好地工作。真可惜寄给你的只是这封信而不是我。也许你不会接受，但我真的希望你容光焕发，精神大好。

哥拉德科夫斯卡

● 致提图斯·沃伊杰乔夫斯基，1830 年 8 月 21 日，星期六，华沙，20 岁

①哥拉德科夫斯卡（Gładkowska），波兰著名的女歌剧家。

在华沙的日子几乎全部被哥拉德科夫斯卡①占据了。我去看过她的演出，她几乎没有什么缺点。她在台上比在大厅里表演得还要好。除了她迷人的、无可挑剔的表演外，她的歌也唱得很好，除非到了升 F 调或 G 调，但通常这种高音域里也没人能够比她唱得更好了。她把乐句划分得听起来很悦耳，渐变处理得精彩极了，虽然刚一上场声音有些许不稳，但接下来发挥得就淋漓尽致了。由于缩减歌剧长度的原因，所以我不再感到冗长枯燥。在第二场中索利瓦的曲调引起了强烈反响，我虽然想到会产生好评，可没想到反响竟然如此热烈。第二场中当她在竖琴的伴奏下吟唱着浪漫曲调时，厄内曼老师在台后为她用钢琴伴奏，却不减意境丝毫。最后一遍她唱得更好。我也很为她开心，最后观众一再要求再演《阿格尼斯》（Agnese），台下掌声如潮。一周后费奥微拉（Fiovilla）将会首次亮相《土耳其人》（The Turk）。

沃尔科更受观众喜爱，你一定知道有很多人不喜欢《阿格尼斯》，这些人自己也不明白为什么讨厌这部歌剧。我不否认这个意大利人（索利瓦）会给哥拉德科夫斯卡选择更好的曲子。歌剧《贞洁的修女》或许会给她带来好运，可是即使这样，她也已经把很多罕见的优点和难点表现出来了。对于一个新手来说，这已是难能可贵了。斯佐洛夫斯基（Szczurowski）情况糟透了，他的声音完全沙哑了。用索利瓦的话来说，兹旦诺维奇（Zdanowicz）达到了极致。萨洛莫诺夫斯基（salomonowicz）很不幸，诺洛卡（Nawrocka）慢声慢气，扎林斯基（Zyliński）在舞台上消化他的晚饭。昨天在排练《土耳其人》的时候，他的冷血惹怒了我，他把土耳其人看做棍子一样。沃尔科唱得好，演得也不错。这是她的拿手部分，她也已经完全掌握了。有的时候她把注意力过多放在了观众上，而不是自己的声音。好几次她驾轻就熟地唱出了升 D 调，因此我们绝对有理由相信她以后会比哥拉德科夫斯卡更受喜爱。

└ 沃尔科

● **致提图斯·沃伊杰乔夫斯基，1830 年 8 月 31 日，星期二，华沙，20 岁**

索利瓦把潘娜·沃尔科的名声搞砸了！她的媚态和风情，她迷人的眼睛和牙齿吸引了整场的观众。我们再也找不到比她更漂亮的女演员了。但在第一首曲子中我几乎没分辨出她的声音。她盛妆出场，像是在海滩上散步，手里拿着一副长柄望远镜。她转动着那双富有魅力的眼睛，闪烁着迷人的光芒，没有人会相信她是个新手。尽管掌声如雷，喝彩不断，她还是很紧张，直到第二首曲子我才听出她的声音。她唱得不如两天前她第二次演出时好。那一次她的第一曲唱得好多了。说到唱歌，哥拉德科夫斯卡毫无疑问是最优秀的。看看沃尔科在台上的表现，她与哥拉德科夫斯卡的差别实在是出乎我的意料。厄内曼和我都认为，要论舞台上对音乐的纯粹性的理解、对音调和感情的把握，没有人能比得上哥拉德科夫斯卡。沃尔科有时候会走调，而我也听过哥拉德科夫斯卡在《阿格尼斯》的两次演唱，她的每一个音调都无可挑剔。前天遇见沃尔科时我代你转达了赞美，她对你表示感谢。塞林斯基（Celiński）说沃尔科引起的反响比哥拉德科夫斯卡要好。这一定跟这个意大利人有关。因为他昨天告诉我他并不想让沃尔科比哥拉德科夫斯卡更受欢迎，但看起来结果是这样的。这当然要归咎于《土耳其人》和罗西尼创作的歌剧，他们使得观众对年轻女子的衣服和衣服遮盖下的东西更感兴趣，而忽略了音乐本身蕴含的一个不幸女孩的诉说和帕埃尔[1]创作的最美的高音。

①帕埃尔（Paёr，1771~1839），钢琴家，曾任威尼斯与维也纳歌剧院指挥，德雷斯顿宫廷乐长。定居巴黎后，担任拿破仑宫廷乐长。

糟糕的低音歌唱演员

● 致提图斯·沃伊杰乔夫斯基，1830 年 9 月 22 日，星期三上午，华沙，20 岁新来的替代斯泽劳斯基（Szczurowski）的低音歌唱演员博恩达斯维茨（Pan Bondasiewicz）先生已经在《土耳其人》和《赛利维亚的理发师》表演中出了两次丑。如果我们对嗓音的些微瑕疵都要计较的话，无疑他应该算是一个庸人。当然，他还是能将曲调唱得相当漂亮的，这似乎也就是为什么指挥能允许他在波兰第一剧院演唱的唯一原因了。你以后一定要认识下这位博恩达斯维茨先生。我们的观众已经把他的名字给记成了布尔达斯维茨（Brindasiewicz）、巴安达斯维茨（Bandasiewicz）或者博姆达斯维茨（Bomdasiewicz）。他曾经一度很讨地方观众的欢心，但是眼下他的演唱很糟糕，跟不上拍子，以至于我们所有人都不得不放慢节奏。他年纪不大，也许经过训练还有希望。当初之所以会选上他，完全是因为要他替代生病的斯泽劳斯基。幸运的是，斯泽劳斯基已经康复了，星期天应该就能回来参加《贼鹊》[②]的演出了……

参加当地的演奏会

● **致在华沙的家人，1830 年 11 月 14 日，德累斯顿，20 岁**

　　我被告知一定得去听听当地最著名的歌手、意大利人帕拉泽西（Plazzesi）的美妙歌声。我穿上盛装后叫了一顶轿子；坐上这个奇怪的东西，告诉抬轿子的人我要去克雷辛格[③]的家里。一路上我一直在笑我自己，被这些穿制服的车夫拉着。我很想踩踏轿子

②《贼鹊》（The Thievish Magpie），歌剧《贼鹊》是罗西尼创作的第 20 部歌剧，1817 年首演于意大利米兰斯卡拉歌剧院。作品创作于欧洲连年战争岁月之后，迎合了民众渴求安宁的情绪。在这部歌剧中，罗西尼以其特有的手法淋漓尽致地表现出皆大欢喜的喜剧气氛，从而使罗西尼成为当时的风云人物。

　　这部歌剧的剧情围绕着一把银匙的下落和作为小偷的一只喜鹊而展开，描写了一个美貌的少女被误判绞刑而最后获释，以及她的父亲同时被赦免的故事。与罗西尼其他的许多序曲一样，歌剧《贼鹊》序曲也采用了奏鸣曲形式。

③克雷辛格（Jean-Baptiste Clesinger, 1814~1883），罗马雕刻家。

底部，但我制止了自己。轿子把我带上了台阶，我下了轿子，告诉芙洛林·培其威尔（Fräulein Pechwell）我的名字。房子的主人走出来，又是卑躬屈膝，又是称赞恭维地把我带到了大厅。大厅的两边放了八张大桌子，围坐了一群女士。她们身着各种装饰品，有身上佩戴的各种宝石，还有做女工用的毛衣针，其中毛衣针居多，在我眼前闪闪发光。不是开玩笑，这些女士及其珠宝饰物是如此之多，还有她们拿的毛衣针穿来穿去，真令人害怕，唯恐会发生一场反对男士们的叛乱。只有光头和戴眼镜的男士能与之匹敌。因为房间里的光头和戴眼镜的男士也不在少数。打毛衣的声音、茶杯的碰撞声突然被房间另一头的音乐声打断了。刚开始他们演奏了《魔鬼兄弟》[①]的序曲，然后是那位意大利女士的歌声，还不错。

海涅非特

● 致华沙的让·马图斯辛斯基，1830 年
12 月 26 日，维也纳，20 岁

饭后瓦尔德来了，他是德国当今著名的、很可能是最著名的男高音。他演唱《奥赛罗》时，我给他伴奏，他唱得好极了。他和海涅非特（Heinefetter）是大歌剧院的台柱子，不过说真的，在维也纳真正欣赏他的人不多。海涅非特小姐唱得很好，每个音符唱得都很到位，音色纯正，技术娴熟，滑音自然，只是歌声中缺乏情感，如果坐在靠近舞台的前

① 《魔鬼兄弟》（Fra Diavolo），经典的三幕轻歌剧，由法国著名剧作家斯克利伯编剧，作曲家欧贝尔谱曲，1830 年 1 月 28 日在巴黎歌剧院首次公演。此部作品是描写强盗与爱情纠葛的轻歌剧，在艺术上颇经得起时间的考验，至今长演不衰。

排座位，她的演唱会让我感觉很冷。在台下近看，她长得很标致，尤其是穿男装的时候。在《奥赛罗》中，她唱得比《赛利维亚的理发师》好。在《赛利维亚的理发师》中，她扮演的是一位风月场的老手，而不是坠入爱河、活泼、纯洁的女孩；在莫扎特的《蒂图斯》中，扮演塞克图斯，很迷人；在《十字军》中，也很迷人；她很快要演出《贼鹊》中的一个角色，对此我正翘首以待。沃尔科更熟悉《赛利维亚的理发师》，她要是有海涅非特的嗓音就好了。那样，她即使不是最杰出的女歌唱家，也已是位优秀的女歌唱家了。

《肖邦》（*Chopin*）
1899 年，沃伊切赫·韦斯，软铅笔、黑铅笔画
充满灵感的弗里德里克·肖邦的艺术形象

① 加西亚·马利布郎（Garcia Malibran），著名的男歌剧演唱家。他的女儿玛利亚·马利布郎也是一名优秀的歌剧演唱家。两人常同台表演，故在括号内加上名字以示区别。

②《意大利女郎在阿尔及尔》（The Italian Girl in Algiers），是罗西尼于 1813 年创作的喜歌剧，也是罗西尼的成名作，当时他 21 岁。这幕剧在威尼斯上演后，剧中伊萨贝拉那首富于爱国激情的咏叹调《你想一想国家吧》，不胫而走，迅速传唱在意大利各地，成为意大利人抵御外来侵略的战歌。法国作家司汤达说，在意大利，谈论罗西尼的人比谈论拿破仑的人还要多。

③ 玛利亚·马利布郎（Maria Malibran），著名的女高音歌剧演唱家，其成就超越其父。

④ 特施罗德·德夫伦特（Schröder-Devrient），德国著名歌唱家。

⑤ 苔斯狄蒙娜，《奥赛罗》四幕古典爱情歌剧中的女主角。此剧由博伊托根据莎士比亚的戏剧《奥赛罗》改编，威尔第谱曲，于 1887 年 2 月 5 日在米兰的斯卡拉剧院首演。

大开眼界

● 致在波图日恩的提图斯·沃伊杰乔夫斯基，1831 年 12 月 12 日，巴黎，21 岁

到目前为止，关于歌剧我还没跟你讲呢。上个星期由拉布拉什、鲁比尼、加西亚·马利布郎①那样演唱的《塞维利亚的理发师》，我还从来没有听过; 也恰恰是在上一个星期，我第一次听到了那么精彩的《奥赛罗》，是由鲁比尼、帕斯塔和拉布拉什演唱的。还有鲁比尼、拉布拉什和雷姆贝阿乌克斯小姐演唱的《意大利女郎在阿尔及尔》②，也是平生第一次听到。如果说我想马上听到所有一切想听的歌剧的话，那只有现在，在巴黎。你无法想象拉布拉什的长相; 人们说帕斯塔已风采不在了，但我没见过比她更高雅的人了。玛利亚·马利布郎③的嗓音举世无双，没有谁能唱出像她那么美妙动听的歌声。美妙，真是太美妙了！鲁比尼是一个卓越的男高音，他的唱腔都是他的真功夫而非假嗓音，有时还融入颤音——持续两个小时之久（有时候也难免有些颤过了头给人感觉有些刻意、做作，但他能继续始终如一的颤。因此，他迎来的观众的掌声还是远远超过了其他人）。他的半声唱法无人能敌。施罗德·德夫伦④在这里，但不像在德国那么轰动。马利布郎（父亲）出演奥赛罗，她扮演苔斯狄蒙娜⑤。马利布郎矮小，德国女人高大，看上去苔斯狄蒙娜会把奥赛罗压死似的。这是场票价昂贵的演出，所有的座位都是 24 法郎，就是为了能看马利布郎脸涂黑，演出并不怎么样的角色。他们还要演出《海盗》和《梦游女》等歌剧。

帕斯塔离开了，听说她要从此诀别她的歌剧演唱事业了；管弦乐队精彩绝伦，但和真正的法国歌剧团（皇家乐队）还相差甚远。我不知道以前还有没有比新歌剧《恶魔罗勃》⑥（作曲家马耶贝尔新作的五幕歌剧，他还写过《十字军骑士在埃及》⑦）更富丽堂皇、达到空前规模的演出。它是新乐派的代表杰作，魔鬼们（规模庞大的合唱团）通过大号歌唱，魂灵们从坟墓中升起（没有《招摇撞骗者》中的规模，只有50或60人）。剧中布景是实体的，剧终可以看到教堂的内部，整个教堂像在圣诞节或复活节一样，灯火通明，你会看到僧众和坐在长凳上的教徒以及审查员。就连舞台上风琴的声音都足以让人心旷神怡、惊叹不已，几乎盖过了管弦乐队的风采。这种表演在别的地方你是绝对看不到的。马耶贝尔本人成了不朽的人物！据说他为了这次成功，花费了三年的时间，付给演员两万法郎。辛提－达莫雷夫人⑧唱的绝对是上品，与马利布郎相比，我更喜欢达莫雷夫人的演唱。马利布郎令人惊诧，辛提令人入迷，她的半音阶演唱要超过著名长笛手杜伦。没有谁的嗓音像她那样受过高度训练，她唱起来，不费吹灰之力，那感觉就像对观众吹气一样轻松自如……皮克西斯对我满怀敬意，当然一方面是出于对我演技的赞赏，另一方面是出于对他的女人的妒忌——她喜欢我远远胜过喜欢他！

⑥《恶魔罗勃》（1830），是马耶贝尔的第一部以法语剧本作的歌剧，也是他的代表作之一，于1831年11月22日在巴黎大歌剧院首演后，引起了极大的反响。

这是一个传奇性的故事：罗勃是魔鬼贝特朗和一位人间妇女生的孩子，他在魔鬼父亲的驱使下，做了许多坏事。当他被驱逐到西西里时，爱上了公主伊莎贝拉。但他始终在贝特朗的控制之下，游吟诗人兰博的未婚妻艾丽斯提醒他要防范贝特朗，但罗勃置若罔闻。在一次比武中，罗勃在贝特朗的引诱下违反了规定，被取消了武士资格。贝特朗举行了一次群魔聚会，并指使罗勃摘取了一枝有魔法的绿柏枝。罗勃拿着绿柏枝进入了伊莎贝拉的房间，在伊莎贝拉的劝说下，他折断了绿柏枝，解除了魔法，贝特朗消失了。一对情侣终成眷属。其中的著名唱段有伊莎贝拉的咏叹调《罗勃，我爱的是你》、罗勃和贝特朗的二重唱《我们约会的地方》和终场时伊莎贝拉、罗勃和贝特朗的三重唱。

⑦《十字军骑士在埃及》，马耶贝尔创作的两幕歌剧，故事背景发生在第六次十字军东征期间（1228~1229）。这部歌剧不仅充满了戏剧性而且音乐也丰富动人，自上演以来获得观众及乐评人的广泛好评，被推许为"最具欣赏价值的一部作品"。这部歌剧的情节错综复杂，涉及不少基督徒与伊斯兰教徒所产生的宗教矛盾与冲突。

⑧辛提－达莫雷（Cinti-Damoreau）夫人，女高音歌唱家。

观看新剧

● 致家人，1845 年 12 月 12 日，星期五，巴黎，35 岁

昨天我们所有人，包括露西，都去了圣马丁剧院，剧院上演了德讷理（Dennery）创作（不是很出名）的一部新剧，朵瓦（Dorval）夫人在剧里面表演得很到位。她扮演的是个名叫玛丽·让娜的普通女孩。这个女孩嫁给了一个工匠。行为不端的丈夫撒手而去，留给她的只有嗷嗷待哺的婴孩和一贫如洗的家底。她连口饭都吃不上，哪有东西喂孩子。为了保住孩子性命，在绝望中，把孩子送到了孤儿院。这一幕表演得相当精彩，剧院里每个人都在哭，全场都是擦鼻子的声音。朵瓦夫人从年轻时候开始演戏演了这么多年，没有哪个角色比这个更出彩。当然她在《十年的赌徒生活》（*Ten Year's of a Gambler's Life*）里演得也不错。

滑稽演出

● 致家人，1847 年复活节（3 月 28 日）前一周开始，4 月 19 日写完，37 岁

晚上我和阿尔坎[①]去剧院看阿纳尔（Arnal）表演都沃特（Duvert）的新作《女人的愿望》（*Vaudeville*）。阿纳尔还是一如既往的滑稽可笑。他对观众说，在火车上，他迫切地想小便，可就是没办法下车，结果憋了一路到奥尔良。他没说一句粗俗下流的话，可观众都理解了，并且哄堂大笑。

①查尔斯·亨利·沃伦汀·阿尔坎（Charles Henry Valentin Alkan，1813 年 11 月 30 日 ~1888 年 3 月 29 日），法国犹太籍钢琴家。是肖邦住在法国时的邻居兼好友，同时也是与肖邦、李斯特同属一个时代的钢琴大师，他的钢琴作品在当时更是因出类拔萃而广受欢迎。但他生性古怪，虽有作曲和演奏钢琴的天才，但他又惧怕面对真实的表演舞台，几度引起轰动，又几度在人们的视野中消失。

比如，他说，有一次，火车停了，他想下车，可他们告诉他，火车停下来是"为火车头加水，与你想干的事无关"。还有很多这样的笑料。

《g 小调钢琴大提琴奏鸣曲，65 号作品》（*Sonata in G minor Op.65 for piano and cello*）
无日期（1845~1846），弗里德里克·肖邦，手迹草稿片段
"有时我很满意我的大提琴奏鸣曲，有时又不尽然。我把它扔到角落里，过会儿又捡了回来。"
——选自肖邦 1846 年 10 月 11 日于诺昂致家人的信

①珍妮·林德 [Johanna Maria (Jenny) Lind，1820~1887]，瑞典女高音歌唱家，珍妮·林德被誉为"瑞典的夜莺"。

②宪章运动 (Chartism)，是19世纪三四十年代英国发生的争取实现人民宪章的工人运动。目的是，工人们要求取得普选权，以便有机会参与国家的管理。"普选权问题是饭碗问题"，工人阶级希望通过政治变革来提高自己的经济地位。宪章运动标志着英国无产阶级开始作为一支独立的政治力量登上了历史舞台，揭开了同资产阶级争夺政治权力的斗争的序幕。宪章运动是世界三大工人运动之一，在无产阶级运动历史上有着重要作用。

珍妮·林德 1

● 致沃伊杰赫·格奇马拉，1848 年 5 月 11 日，星期四，伦敦，38 岁

　　我刚从意大利剧院回来，珍妮·林德①今年第一次一展歌喉，女王也是宪章运动②后的第一次公开露面。这两人都令人印象深刻，对我来说。老惠灵顿 (Wellington) 也让我难忘。他就坐在女王下一层的包厢，像一只狗笼里的宫廷老狗一样，坐在戴王冠的

《珍妮·林德肖像》
(Portrait of Jenny Lind)
1862 年，马格努斯·爱德华（Magnus Eduard），油画

《珍妮·林德肖像》
(*Portrait of Jenny Lind*)
1845 年，理查德·詹姆斯·兰（Richard James Lane，
1800~1872），英国石版画

　　这是瑞典女高音歌唱家珍妮·林德的一幅石
版肖像画，珍妮·林德被誉为"瑞典的夜莺"。
她是瑞典第一个并且可能是最伟大的享有国际声
誉的歌唱家。林德在九岁时就成为了瑞典皇家歌
剧院的学生，她是一个有着宽广声域的熟练的花
腔女高音。

① 《梦游女》 (*La Sonnambula*)，
贝利尼的著名歌剧。

女主人脚下。我已会见了林德，她优雅有礼
地给了我名片和位置极好的戏票。前排正中
的好位子让我听得十分清楚。她是个典型的
瑞典人，身上散发的不是一般的光彩，而是
像北极晨曦般的四射光芒。大家都对她在《梦
游女》①中的表现印象深刻。她的歌声中带
着纯真和坚定，弱音也十分沉稳，像头发丝
那样均匀。

　　前排正中的座位价格是两个半金币。

珍妮·林德 2

● 致家人，1848 年 8 月 19 日，38 岁

　　林德小姐来我的音乐会了！！！多么令
人不敢相信啊；她走到哪里都会引来热爱歌
剧的人们的驻足围观。但是她从来不在歌剧
院以外的地方演唱，即使在豪华的宴会上也
无一例外，格罗特夫人说她可能会为我演唱，
但是我从没有妄想过让她这样做，虽然她是
个善良的女孩，而且与我关系非常好，我和
她之间的关系与其他人的不同。她是一个典
型的瑞典人，身上散发的不是一般的光彩，
性格与南方人，例如宝琳·维雅多完全不同。
她长得并不漂亮，但是在家里和蔼可亲，在
舞台上我并不是一直喜欢她，除了她在演出
《梦游女》时，从第二幕的中间开始，不管
从哪个角度哪个方面，演员抑或歌唱者，她
都是漂亮得无话可说。人们传言她会嫁个格
罗特夫人的兄弟，但是我清楚地知道那是误
传（还有人甚至说她已经秘密地结婚了，但
是她的未婚夫正在瑞典等她）。

音乐

维也纳旅馆的晚会

● 致家人，1830 年，圣诞节前的星期三，维也纳，20 岁

在维也纳众多的娱乐中，旅馆的晚会是最有名的。晚宴间，斯特劳斯（Strauss）或兰纳（Lanner）演奏圆舞曲。每曲终了，都得到大家热烈的鼓掌称赞。如果他们演奏集歌剧、歌曲和舞曲为一体的杂乱混成曲，听众们就欣喜若狂，无所适从。这显示了维也纳公众的低级品位。

阿拉伯歌曲

● 致家人，1845 年 10 月 1 号，诺昂，35 岁

知道你要去听大卫的交响乐团②的演出我很高兴。除了几首原汁原味的阿拉伯歌曲，剩下的比较有魅力的就是那个管弦乐队了。但是使我吃惊的是，他们在你们那边演出还有演出服装和布景，在我们这里表演时，他们仅仅是穿着黑色燕尾服，坐在长椅上，乐谱拿在手上，或是放在乐谱架上。这样的事情连最崇拜他们的那些人都没有想到（崇拜者的数量稳步减少，一般经过一段迷恋后都会这样）。留意听穆尊的歌唱③，在这儿的第一次音乐会上，来自阿尔及尔的阿拉伯人随着音乐摇头晃脑，眉开眼笑。

②指的是名为《沙漠》的音乐演出，当时轰动一时。

③根据阿拉伯民族的宗教习俗，有个人会每隔一个小时从清真寺的尖塔里出来唱一会儿歌，这样的人叫穆尊。

伦敦爱乐管弦乐团

● 致沃伊杰赫·格奇马拉，1848 年 5 月 13 日，星期六，伦敦，38 岁

后天萨瑟兰公爵夫人（the duchess of Sutherland）将把我介绍给女王殿下，女王将亲临主持一场命名仪式。如果女王和认识我的阿尔伯特亲王（Prince Albert）能对我的演奏满意的话就太好了，那样我就可以从这些高阶层的人开始我的社交生活。我还接到了爱乐协会的演出邀请，但是我不太想去。因为我曾经去看过他们的演出，是必须配合管弦交响乐团弹奏的。普鲁登特（Prudent）曾经在那里演奏过协奏曲，效果很失败。在那里表演，人们必须演奏贝多芬、莫扎特和门德尔松的曲子，尽管指挥告诉我说他们也上演过我的协奏曲而且还大获成功，但是我还是不想尝试了，因为最后可能没什么好结果。管弦乐团就像是烤牛肉或是甲鱼汤，味道鲜美、浓烈，却没什么别的可回味。我这么写不是找什么借口，我也没有必要找什么借口。那乐团有一件不可思议的事情：就是他们根本不排练，因为每个人的时间都非常宝贵，第一次"排练"就是对观众们公演的时候。

舞蹈

奇怪的华尔兹舞

● 致家人，1830 年圣诞节前的星期三，维也纳，20 岁

昨天在拜尔（Bayer）夫人家里跳舞。斯拉维克躺在地上，像只绵羊。一位德国伯爵夫人，大鼻子，满脸痘痕，细长的腿，以古老的方式用两个手指尖优雅地拽着裙角，跳一种奇怪的华尔兹舞。她的头僵硬地朝舞伴扭来扭去，颈骨都突出来了。不过她人还是挺好的，严肃认真，有文化有教养，谈吐流利。

绘画

我的肖像

● 致家人，1830 年圣诞节前的星期三，维也纳，20 岁

我在那还碰到了莱姆比（Lampi）的女婿，一位英俊迷人的小伙子，并且画画非常好。父亲知道他的。说到画画，昨天早上胡梅尔和他的儿子一块来找我，他已经画完了我的肖像，非常相像，逼真到极致了。肖像里，我坐在凳子上，穿着晨衣，脸上挂着一种充满灵感的表情，这种表情我也说不清楚。

雕塑

有趣的雕塑作品

● 致家人，1845 年 7 月 20 日，诺昂，35 岁

①卡罗·马洛切蒂（Callo Marochetti，1805~1867），19世纪意大利裔著名雕塑家，在法国为人所知，在欧洲有许多雕塑作品传世。英国维多利亚女王曾经是他的赞助人。

②指在法国拿破仑对外战争时期占领比利时攻占安特卫普的战役，当时拿破仑曾想把安特卫普港变成一个军港，如果战争发生他可以从这里进攻英国。

音乐家勒苏尔（Lesueur）的家乡阿布维尔也要为他树立雕像了，勒苏尔是拿破仑的乐队长、音乐学院的教授。潘·埃尔斯纳跟他很熟，我当初来巴黎的时候他还写信给勒苏尔引见我。他受人尊敬，很有见识，十年前去世的，比帕埃尔和凯鲁比尼都早。死的时候年纪还不是太大。说到立碑，死去的奥尔良公爵（他是从马车上跳下来摔死的）的骑马像过几天也快完成了，雕像位于罗浮广场，由阿尔及利亚铜制成，可能还有浮雕吧，是我们这里最有名的雕刻家马洛切蒂①设计的。马洛切蒂是土生土长的法国人，尽管他有个意大利名字，他很有才华，我们这里一有重要的雕刻工作都愿意让他做，人们都很信任他。这个雕刻朝向杜伊勒里宫，其中一块浮雕展现的是攻占安特卫普②，有些浮雕刻的是阿尔及尔的趣事。说到雕刻，有这么件趣事：在政府的大理石仓库里，有很多被人们扔掉的大理石。一天，天降大雨，把废石堆里面的东西冲了出来，一个看守人注意到残垣断壁之中露出个石雕的手臂，那手臂高高举起，仿佛在抗议命运的不公。看守们在雨后清理这堆石头，他们把石头移到一旁，发现了一个希腊时期的大理石雕刻，一件工艺精美的古代精品，其主题是关于希腊传说中降服神羊阿玛修斯（Amaltheus）的故事，但是雕塑的羊已经无影无踪了，只剩下一对羊角。这是件很有趣的雕塑作品，只需通过这么几块刻石就可见一斑。专门处理这件事情的委员会［赖托尼夫人和修建了方尖碑的巴斯（Le Bas）是该委员会的成员］决定马上把这个雕塑送到皇家艺术博物馆珍藏。

才华初崭露的新人

● **致家人，1847 年复活节（3 月 28 日）前一周开始，4 月 19 日写完，37 岁**

　　今年的油画和雕刻展几周前开始了，没有什么知名大师的重要作品，只发现了几位才华初崭露的新人。有位叫克莱辛格③的雕刻家，这才是他第二次参加展览；还有位叫考特的画家，在他巨大的画布上展现了罗马衰落时期在罗马城内进行的一次对话，这幅画吸引了众人的注意。记住这个雕刻家的名字，因为我今后可能会时常提到他的。有人介绍他认识了桑夫人，桑走之前他还桑和索兰热分别塑了个半身像。大家都赞叹他雕刻得栩栩如生，美轮美奂。可能来年要展览这两件作品。

　　③ 克莱辛格 (Auguste Jean Baptiste Clésinger)，乔治·桑的女儿索兰热的丈夫，他曾当过士兵，是一位前卫艺术雕塑家。

　　1847 年 4 月，乔治·桑正在为索兰热和德·普雷奥的婚事奔忙时，索兰热却突然与雕刻家克莱辛格私订终身，这对乔治·桑来说简直是晴天霹雳。从此，家庭的裂缝已经难以弥合。

　　这封信是肖邦第一次见到克莱辛格时写的。看得出他对克莱辛格持有相当的好感，以至于在乔治·桑家庭由于索兰热婚姻问题矛盾重重的时候，肖邦竟然以"外人的身份"坚决站在索兰热一边。因此乔治·桑的儿子莫里斯对肖邦这位本不属他们家庭的外人深表不满。在这种情况下，肖邦彻底与乔治·桑分手，毅然离开诺昂，1848 年后再也没有回到乔治·桑身边。

/ 人际交往 /

皇室

为奥地利王室演奏

● 致在华沙的家人，1829 年 8 月 26 日，德累斯顿，19 岁

晚上，我们没有去剧院。我穿上衣服，带上白手套，八点半之后我们去亲王家里。

我们进去后发现，这是一个小型的高档聚会。有位奥地利亲王以及一位将军，名字我都记不得了。还有位英国船长，几位年轻的绅士，可能也是奥地利王室成员吧。有一位叫莱瑟的撒克逊将军，身上挂满勋章，脸上还有一道伤疤。

喝完茶之后，我和克拉里亲王进行了一番长谈，他的母亲让我坐在钢琴前，别客气。我当时就不客气地坐下了，也请他们别客气，为我选个主题作即兴演奏。于是，坐在大桌旁做女红、编织和刺绣的女宾们大声欢呼起来："一个主题！一个主题！"三位年轻的公主商量了一下，其中一位就请来了弗瑞切先生。很显然，他是小克拉里的家庭教师。征得大家同意后，他向我提出了罗西尼《摩西在埃及》的主题。

我便即兴弹奏起来。演奏很精彩，结果结束后莱瑟将军和我聊了很久。当他得知我

将要去德累斯顿时，他立即为我写了一封信给弗里森男爵。

"莱瑟将军将弗雷德里克·肖邦推荐给萨克森国王的典礼大臣弗里森男爵。望在肖邦逗留德累斯顿期间多加关照，并介绍一些有名的艺术家与之认识。弗雷德里克·肖邦是我所遇到过的最优秀的钢琴家。"这是莱瑟将军信函手抄版，他是用铅笔写的，也没盖印章。

那天晚上我演出了四次。公主让我待在特普利兹，希望我第二天能过去和她们一起共进晚餐。但是我不想撇下和我一起赶路的旅伴，所以我回绝了。

无奈的交往

● 致提图斯·沃伊杰乔夫斯基，1829 年 10 月 20 日，华沙，19 岁

你一定会觉得奇怪，我怎么这么爱写信。这是我最近一段时间里给你写的第三封信了。我今晚七点就要准备去坡森(Posen)了，因为我不知道要多久才能到那儿，所以现在就先写信给你。我的护照有效期只有一个月，我估计两个星期就能回来了。我此行主要是因为雷兹威尔王子要离开卡利什，去他的庄园。你瞧，他总是热情地邀请我去柏林，还要让我住在他的宫殿。我反正看不出有什么好事，即便有的话，我也怀疑；这就如同我不止一次看到的贵族恩赐下人杂色马一样。但是父亲不相信这只是客套话，这也就是为什么我不得不去那里的原因了，我在之前的

信里已经跟你讲过了。你看我是多么有耐心啊，我会把同一件事当新鲜事跟你讲十遍。

为英国女王演奏

● 致家人，1848 年 8 月 19 日，伦敦，38 岁

一开始到达这里的时候我度过了几个美妙的夜晚，我忘记有没有写信告诉过你了——一天萨瑟兰公爵夫妇主持了一场豪华的宴会，宴请了女王陛下，当晚应邀出席的只有 80 人，除了普鲁士王子（在伦敦短暂停留后离开）及其王室成员外，还有像老惠灵顿这样的人物等等（虽然没有什么人可以像惠灵顿这样有分量）。公爵夫妇把我引见给维多利亚女王①陛下，女王非常和蔼可亲，而且两次与我交谈。阿尔伯特亲王还特地走到钢琴边，与会人士都跟我说这些待遇很少见。当晚献唱的有意大利歌唱演员马里奥、拉布拉什和唐贝利尼（Tamburini），没有女歌唱演员。我很想给你描述下萨瑟兰公爵夫妇的府邸，但是我的语言是这么的贫乏，见识过的人都说就连英国女王的皇宫都不能与之相媲美。所有的王室宫殿和城堡都很古老，富丽堂皇，但是没有一个像斯塔福德宫②那样雅致、陈设讲究的。斯塔福德宫很接近英国君主的正式王宫圣詹姆斯宫。例如，宫里的楼梯以华丽著称，它们不是从前厅或前室里引出来的，而是在几个大厅的中央拔地而起，像是大厅的一部分，装饰着异常精美的绘画、雕塑、柱廊，铺设着地毯，其图案设计和透视

①维多利亚女王（Alexandrina Victoria 1819 年 5 月 24 日 ~1901 年 1 月 22 日），英国历史上在位时间最长的君主，在位时间长达 64 年（1837~1901）。她是第一个以"大不列颠和爱尔兰联合王国女王和印度女皇"名号称呼的英国君主。她在位的 64 年期间，是英国最强盛的所谓"日不落帝国"时期。女王统治时期，在英国历史上被称为维多利亚时代。她在位的 60 余年正值英国自由资本主义由方兴未艾到鼎盛、进而过渡到垄断资本主义的转变时期，经济、文化空前繁荣，君主立宪制得到充分发展，使维多利亚女王成了英国和平与繁荣的象征。

②斯塔福德宫，萨瑟兰公爵夫妇的府邸。

效果都是最上乘的。女王在耀目的灯光下出场，她珠光宝气，缀满缎带；那些皇亲贵族穿着吊袜带，和女王一起走下楼梯，从容交谈，缓慢踱步，那下楼的阵势真是雍容优雅！这样的景致没能让保罗·委罗内塞③看到真是太可惜了，不然他又可以描绘出另一幅杰作。

③保罗·委罗内塞（Paul Veronese，1528~1588），16世纪意大利威尼斯画派的主要画家，提香的弟子，以其大型的、色彩华丽的画作而著称，如《欧罗巴的受辱》（1576）等。

《宝琳·维雅多·加西亚画像》
(*Portrait of Pauline Viardot-Garcia*)
路易斯·菲舍尔，彩色石版画，根据19世纪上半叶路易斯自然写真制成
宝琳·维雅多·加西亚是西班牙歌唱家，肖邦的学生，肖邦和乔治·桑的朋友。

波兰公主来访

● **致沃伊杰赫·格奇马拉，1848 年 10 月某日，星期日，佩斯郡，38 岁**

在爱丁堡我见到了恰托雷斯卡王子和公主。罗奇利娜公主和去年一样，依旧心地善良、和蔼可亲。他们的波兰精神气质使我又恢复了一些生气，也带给我在格拉斯哥①的权贵面前弹奏所需要的力量。这里天气很好，公主及其夫婿也是搭乘火车从爱丁堡前来。小王子马赛力克 (Marcelek) 健康地成长着，他都能唱我的歌曲。有时演奏师们弹得不对，小王子就开始哼正确的调子。以上这些都是 3 日星期三发生的事情。之后，王子和公主很友善地接受了约翰斯顿堡②方面的就餐邀请，所以我们一整天都待在一起。伯爵和默里女士，上了年纪的多弗彻侯爵（他们从 100 多英里之外赶过来）——他们都极力恭维罗奇利娜公主。就餐结束之后，王子和公主又回到格拉斯哥；之后，他们观赏了罗蒙湖③，然后又返回伦敦，最后又回了苏格兰。公主在我面前提到了你，她完全是用一种亲密朋友的口吻关心你，并且也相信你的优秀品质能承受许多困难，那天真的让我活力焕发，你要相信我。

①格拉斯哥 (Glasgow) 是苏格兰第一大城与第一大商港，英国第三大城市。写这封信时，肖邦正在访问英国。

②约翰斯顿堡，离格拉斯哥有 12 英里远。

③罗蒙湖 (Loch Lomond)，苏格兰最大的湖泊，被誉为"苏格兰最美的湖"。位于苏格兰高地南部，南端距格拉斯哥 27 公里。四周被山地环绕，南部略成三角形。长 39 公里，最宽 8 公里，面积 63.7 平方公里。湖面海拔仅约 0.7 米。湖深 190 米。湖中有岛屿 30 个。湖水南流注入克莱德河。该湖与格拉斯哥、克莱德赛德等城市联系密切。

名流

初出茅庐的羞怯

● 致在华沙的父母，1828 年 9 月 20 日，柏林，18 岁

到目前为止，我没再去利赫滕斯坦④家。他正为会议的事情忙得不可开交，连雅罗茨基⑤也和他说不上一句话。即便如此，他还是帮我弄到了音乐会的入场券。而且我的位置特别好，看得很清楚，听得也很清楚。我甚至还仔细地观察了王子。我还看到斯蓬蒂尼⑥、泽尔特⑦、门德尔松，但我没跟他们任何一个人说话，因为我不敢介绍我自己。雷兹威尔王子今天会来。吃完饭我去问问……

④利赫滕斯坦（M.H.Liechtenstein，1780~1857），德国旅行学家和动物学家，是柏林动物园的创始人。

⑤雅罗茨基（F.P.Jarocki，1790~1864），华沙大学动物学教授。

⑥斯蓬蒂尼（G. L. P. Spontini，1774~1851），意大利歌剧作曲家、指挥家。

⑦卡尔·泽尔特（Karl Zelter，1758年 12 月 11 日~1832 年 5 月 15 日），德国作曲家。1822 年他创建了皇家圣乐研究院，他是歌德的音乐咨询人，一生中为 200 多首歌谱曲，其中部分歌词为歌德所写。

《肖邦雕塑》
(Chopin Monument)
位于波兰华沙瓦金基公园内

《纪念肖邦》（*For the Memory of Chopin*）
1901 年，齐格蒙特·诺斯科夫斯基手稿（乐谱）
以肖邦为交响乐团所作 A 大调前奏曲为背景的图片

克伦格尔 1

● 致提图斯·沃伊杰乔夫斯基，1829 年 9 月 12 日，华沙，19 岁

我和车尔尼已经是亲密的好朋友了。我们经常在他家里一起在两台钢琴上演奏。在我遇到的所有钢琴演奏家中，最令我高兴的是我遇到了克伦格尔①——我是在布拉格的皮克西斯②家里见到他的。他演奏了他的赋格曲③，这简直是巴赫再世。这和车尔尼的音乐完全不同。克伦格尔为我写了封信给在德累斯顿的莫拉奇，他是萨克森最优秀的指挥家。到了那儿之后，他热情地招待了我，并特意来看望我，还带我去见了克伦格尔的学生，据说她是当地最优秀的女钢琴家。她的演奏实在太精彩了。

克伦格尔 2

● 致父母，1830 年 11 月 21 日，布拉格，20 岁

我慢慢地对克伦格尔有了进一步的了解，我给他弹奏我的协奏曲时，他说这让他想起了菲尔德④的演奏。说我有一种非常少见的击键法。还说他虽然听说过许多关于我的事情，但没想到我是如此伟大的艺术家。这不是虚情假意的恭维。因为他说过他讨厌拍人马屁，更不会强迫自己去赞赏别人。

……我很少认同并接受别人，但是我接受了克伦格尔。千真万确，我非常爱他，就像我认识他 30 年了，他对我也同样有相见恨晚的感觉。

① 朱利叶斯·克伦格尔（Julius Klengel，1859 年 9 月 24 日 ~1933 年 10 月 27 日），德国大提琴家、作曲家。15 岁起进入莱比锡布商大厦管弦乐团，22 岁成为声部首席，后来更成为闻名欧洲的独奏大提琴家。后在莱比锡音乐学院教书，并从事作曲。他的主要作品是大提琴技巧练习曲和一些协奏曲，包括四部大提琴协奏曲。他的学生中包括了大提琴家皮亚蒂戈尔斯基和费尔曼。

② 皮克西斯（J.P.Pixis），巴黎著名钢琴家、作曲家，肖邦曾向他求学。

③ 赋格曲（Fuga），是复调乐曲的一种形式，为拉丁文"fuga"的译音，原词为"遁走"的意思。赋格曲建立在模仿的对位基础上，从 16 世纪至 17 世纪的经文歌和器乐里切尔卡中演变而成。赋格曲作为一种独立的曲式，直到 18 世纪在 J.S. 巴赫的音乐创作中才得到了充分的发展。巴赫丰富了赋格曲的内容，力求加强主题的个性，扩大了和声手法的应用，并创造了展开部与再现部的调性布局，使赋格曲达到相当完美的境地。

④ 约翰·菲尔德（John Field，1782~1837），爱尔兰作曲家、钢琴家。他的演奏抒情细腻、典雅精练，是钢琴演奏从古典主义风格过渡向浪漫主义风格的桥梁。与此同时，他不断地探索钢琴教学并涉足钢琴曲的创作。在菲尔德一生的创作中，主要的作品有七部钢琴协奏曲、四部奏鸣曲和其他一些钢琴曲，其中 18 首夜曲是他创作的精华所在，不仅确立了钢琴夜曲的体裁，还为后世音乐家的创作开辟了新的领域。

《肖邦缩影——作曲家的音乐肖像》
(composées pour le Pianoforte sur quatre notes)
1837 年，取自罗伯特·舒曼的《狂欢节》

约翰·菲尔德、《夜曲》和肖邦

约翰·菲尔德，1782年生于都柏林，1837年卒于莫斯科，爱尔兰钢琴家、作曲家。自幼在都柏林师从乔尔达尼（Giordani）学琴。9岁举行首演。后在伦敦成为克莱门蒂（Muzio Cleminti）的高足，克莱门蒂带他到法国、德国和俄国等地表演，借以显示克莱门蒂琴厂所制钢琴的优越。1803年定居圣彼得堡，在当地任教，并以钢琴演奏名家身份去欧洲各地巡回演出。他的演奏以抒情细腻、悦耳的音色、典雅的风格以及洗练而"珠圆玉润"的技巧著称。作为钢琴演奏家，他的声望很高，是钢琴演奏从古典风格过渡到浪漫主义风格的桥梁。

菲尔德为钢琴所作的重要贡献是后来才得到公认，而他对后世最大的贡献正是他的夜曲（nocturnes）。据《牛津简明音乐辞典》记载，菲尔德一生共写有20首名为《夜曲》（Nocturne）的钢琴短曲，且"夜曲"之名称与风格皆为菲尔德首创。虽然"夜曲"这个名词并不是第一次出现，但菲尔德却赋予了它全新的含义。其特征是低音部以波动的伴奏音形，衬托出右手所弹奏主题旋律的甜美。值得注意的是，在菲尔德之前，除了练习曲、奏鸣曲、变奏曲和幻想曲这类正规的音乐形式，钢琴"小品"这种体裁还不曾真正存在过。菲尔德创造的这个体裁并不注重任何主题的发展，也不注重结构，甚至也不属于标题音乐，而旨在制造一种氛围或环境，迎合了听者和演奏者之间传递情感的需要。

肖邦正是以菲尔德夜曲作为起点的，早在就读华沙音乐学院时，肖邦就很钦佩菲尔德的作品和演奏，肖邦留存至今最早的夜曲，是他死后的1855年，出版商以作品72号第一首的名义发表的e小调夜曲，实际作于1827年，那时肖邦只有17岁。曲子很朴素，基本套用了菲尔德的格式，大跨度的分解和弦伴奏，反复时用八度来强调主题。20岁上下时，他又拿出了一套夜曲9号，一共3首，在23岁的时候，夜曲9号出版发行，这是肖邦最早出版的曲集之一。从此，"夜曲"贯穿了肖邦的整个创作生涯。在1827年至1846年肖邦创作的黄金时代，他共留下了21首夜曲。在世时，曾亲自发表了18首，其余3首是在他去逝后由他人代为出版。肖邦使"夜曲"这种体裁得到进一步的完善和发展，夜曲的风格，也随着他百般波折的生命历程而不断发生转变，然而，贯穿在21首夜曲中的高贵气质却始终如一。

赫·米塔格

● 致在华沙的家人，1830 年 12 月 1 日，
维也纳，20 岁

另一个对我有帮助的是赫·米塔格 (Herr
Mittage)，我是通过克伦格尔的引荐信认
识他的。他看待事物客观真实，有见地，
在所有的音乐家中是对我最有帮助的人。
车尔尼，我已经拜访过他（他还是一如既
往谦逊，对待所有人都是如此）。他问我
正刻苦勤奋学习什么。他又一次安排了一
些序曲，由十六位演奏者用八架钢琴来演
奏，我对此非常满意。要不然，我在这连
一位钢琴家都见不到呢。

不守信用

● 致家人，1830 年圣诞节前的星期三，
维也纳，20 岁

马尔法提训斥了我，因为答应两点在斯
卡斯切克 (Schaschek) 夫人家里吃饭的，
我却在四点才到。我还要在周六的时候和
他再去一次。如果我再次迟到，马尔法提
威胁我说要给我做一个很痛的手术，我就
不说是什么手术了，因为实在是太恶心了。
我知道父亲对于我的不守信用、与人交往
不得体的行为非常恼火，但是一切都会变
好的。我可以很高兴地说，马尔法提还是
很喜欢我的。

我不配给他系鞋带

● 致库迈尔斯基[①]，1831 年 11 月 18 日，巴黎，21 岁

我和卡尔克布雷纳交往密切，他是欧洲首屈一指的钢琴家，我想你也会喜欢他的，我连给他系鞋带都不配。我跟你说，赫尔茨那些人只会说大话，他们弹琴从来没有长进。

千里马与伯乐

● 致在波图日恩的提图斯·沃伊杰乔夫斯基，1831 年 12 月 12 日，巴黎，21 岁

我不知道还有什么地方像巴黎一样，有这么多的钢琴家，这么多的蠢驴和名流。你要知道我刚来这里的时候只是带着为数不多的几封推荐信啊。马尔法提（Johann Malfatti）医生[②]给了我一封致帕埃尔的信，维也纳的出版商给我带了两三封介绍信，一共就这么多。我是在斯图加特得知华沙沦陷[③]的消息后，才最后决定来到这另外一个国度。我是通过这里的宫廷乐师帕埃尔的介绍才认识了罗西尼、凯鲁比尼、白佑等人的。对了，还认识了卡尔克布雷纳。你不会相信我以前对赫尔茨、李斯特[④]和希勒等人是多么好奇，但是和卡尔克布雷纳相比，根本不算一回事了。我承认我弹的像赫尔茨[⑤]，但我更期待能弹的像卡尔克布雷纳那样好。如果说，帕格尼尼是完美的话，那么卡尔克布雷纳和他绝对旗鼓相当，

①库迈尔斯基（K. Kumelski），波兰自然科学家。1831 年同肖邦在奥地利、德国等地方旅行。

②见 108 页旁注②。

③指波兰被俄国占领。

④弗朗茨·李斯特（Franz Lis，1811 年 10 月 22 日~1886 年 7 月 31 日），著名的匈牙利作曲家、钢琴家、指挥家，伟大的浪漫主义大师，是浪漫主义前期最杰出的代表人物之一。他生于匈牙利雷定，6 岁起学钢琴，先后成为多位钢琴名家的弟子。16 岁定居巴黎。李斯特将钢琴的技巧发展到了无与伦比的程度，极大地丰富了钢琴的表现力，在钢琴上创造了管弦乐的效果，他还首创了背谱演奏法，他也因此获得了"钢琴之王"的美称。他是肖邦终生的朋友，曾撰写过一部关于肖邦的传记。也正是他介绍肖邦和乔治·桑相识。

⑤亨利·赫尔茨（Henri Herz，1803~1888），19 世纪奥地利钢琴家（又译"赫兹"），于 1803 年 1 月 6 日生于维也纳，早年随父亲学习钢琴，8 岁便举行自己的钢琴音乐会，其中有演奏胡梅尔的《奥地利民歌变奏曲》Op.8。随后他师从管风琴家丹尼尔·亨特（Daniel Hünten），并于 1816 年 4 月考上巴黎音乐学院。两年后他获巴黎音乐学院的钢琴一等奖，并发表了自己的钢琴作品《提洛尔抒情主题变奏曲》（Air Tyrolien Varié Op.1）和《哥萨克风格回旋曲》（Rondo alla Cosacca Op.2）。在随后的十余年里，他努力使自己成为了一位有名气的钢琴演奏家和钢琴教师。在肖邦和李斯特出名之前，赫尔茨是曾巴黎赫赫有名的钢琴家，他的音乐无处不在，超过了他所有的同行，在 1830 年和 1840 年间，他成为当时最有名的钢琴家之一，其演奏以莫舍勒斯的炫技风格为主，手指技巧飞快，音色浅而妩媚，被称为"沙龙音乐之王"，倍受欢迎。

①指肖邦《e 小调第一钢琴协奏曲》，OP.11，作于 1830 年，于 1830 年 10 月 10 日首演。肖邦在给友人的信中曾对这首作品有以下说明："新协奏曲的慢板乐章是 E 大调，我并不特别要求此部分强劲的力度。我是以浪漫、平静、略含忧郁的心情作了这首作品，非借此让人产生像是在眼望着一个能引起无数快乐的回忆那样的印象不可。比如像是美丽的春天的明月良宵那样的印象。"这首作品呈献给钢琴教师卡尔克布雷纳。

②克拉谟（J.Cramer，1771~1858），德国钢琴家、作曲家。

只是风格迥异而已。我很难向你描述他那泰然自若的神态、迷人的触键、无与伦比的韵律，以及他对每个音符的掌控能力，他是个远远超过赫尔茨、车尔尼以及其他人的巨人，当然也在我之上。我该怎么办？当帕埃尔向他介绍我的时候，他要求我弹些曲子，其实我更希望能先听到他的弹奏，但当我想到赫尔茨的弹奏，便收起我的骄傲，坐了下来，弹奏我的《e 小调协奏曲》①——这一首曾让莱茵地区以及所有巴伐利亚人疯狂的曲子。卡尔克布雷纳对我的表现十分惊讶，他问我是否是菲尔德的学生，因为他觉得我具有克拉谟②的手法与菲尔德的触键法，我对此感到十分开心。当卡尔克布雷纳在钢琴前坐下，想要在我的面前做出最好的演奏，却因为一个失误而使弹奏中断时，我的快乐又增加了几分！不过，后来他又重新弹过，你真该听听，我做梦也没有想到有人会弹得那么好。从此以后，我们几乎天天见面，不是他来我这儿，便是我到他那里。相互熟悉之后，他向我提议：让我跟他学习三年，他会让我发生脱胎换骨的变化。我告诉他，我知道自己跟他比还有很大差距，但我不想利用他，何况三年的时间也太久了。但他试图说服我：说我在心情好的时候可以演奏得很出色，但心情不好时则很糟，而这种情形从未发生在他身上。经过一番仔细观察，他发现我尚未形成自己的音乐派系，说我走在一条美好的大路上，但一不留神就有可能会出轨。说当他弹不动琴的时候或去世后不会有伟大的钢琴乐派代表（言外之意：他后继无人）；说即便我有想要建立新的乐派的想法，但如果对旧乐派一无所知，那

也只是枉然。总之，他说我并非一架绝美
的机器，而同时我又束缚了自己音乐思想
的发展；他说我的作品确有我自己独有的
特点，但如若将来成不了自己所立志成为
的人的话，前功尽弃，未免太可惜了等等。
当时你若在这儿，你也会亲口说，学习吧，
小伙子，机不可失，失不再来啊！当然这
里也有很多人反对我跟他学，他们认为，
我完全可以通过自己的努力弹得和他一样
好，而没必要从师于他，他给我提的这个
建议完全是出于他的自负和私心，是为了
方便以后称我是他的学生云云。一派胡言！
无稽之谈！要知道，这些人与其说是对他
才华的钦佩，倒不如说是对卡尔克布雷纳
本人感到不悦，因为他从不轻易和傻瓜交
朋友。正如我在乎你一样，其实他这个人
远比我在这里听到的人们对他的评论超出
十万八千里。

《素描》（*Drawing sketches*）
作于 1832 年之后，弗里德里克·肖邦，铅
笔和水墨画
画的内容是一棵张开的树、一束花、大花瓶（背
面：墙上的一扇窗，柱子上的一段楣梁）
据说肖邦很有绘画天赋，他一生不同时期的
画作都有留存。

弗里德里克·肖邦的家具（Fryderyk Chopin's furniture）
19世纪末期，华沙科斯特卡和穆莱特照相馆拍摄，照片
镶嵌细工风格的鞋柜，两把巴洛克风格的椅子和带框镜子

声名鹊起

● **致好友多米尼克·兹瓦诺夫斯基，1832 年（具体日期不详），巴黎，22 岁**

......我处于巴黎最高等的社交圈中，坐在大使、公爵和部长们的身旁，我自己都弄不清楚怎么会这样，因为我从来没有试图要这样，它成了我生命中的必然。因为如果没有这些，格调将无从谈起。在英国或者奥地利大使馆如果有人提起你，你立刻就会成为头号天才人物。若沃德蒙公爵夫人（古老的蒙莫朗西家族的最后一代）是你的保护人，你的演奏技能就会被捧得更高。如果不是这个女人于上周已经辞世的话，我可不敢这么说。她是个更像捷朗科瓦夫人或城防司令夫人波拉涅茨卡的女士。宫廷贵人过去常常去拜访她，她的确是做了很多善事，大革命期间，她掩护了许多贵族。她是七月革命①之后出现在刘易斯·菲利普宫廷的第一人。她养着大批的黑白犬、金丝雀、鹦鹉，她还养了一只好玩有趣的猴子，堪称是这里上流社会的同类动物之最，晚上的招待宴会上，它会咬其他的伯爵夫人。

虽然这是我在巴黎艺术圈的第一年，但已获得了友谊和尊敬。有件事可以证明他们对我的尊敬，如皮克西斯、卡尔克布雷纳这些拥有极高声望的音乐家，早在我将乐曲题献给他们之前，便已将作品题献给我；皮克西斯将他最近刚谱写的《军乐变奏曲》题献给我；还有人在我的题材上谱写变奏曲，卡尔克布雷纳就是这样，他

①七月革命，即法国七月革命，是1830年欧洲的革命浪潮的序曲，因为波旁王室的专制统治令经历过法国大革命的法国人民难以忍受，以致民众群起反抗当时法国国王查理十世的统治。这是维也纳会议后首次革命运动得以在欧洲成功，鼓励了1830年及1831年欧洲各地的革命运动，标志了维也纳会议后由奥地利帝国首相梅特涅组织的保守力量未能抑制法国大革命后日益上扬的民族主义及自由主义浪潮。与肖邦同时期的法国画家德拉克洛瓦以七月革命为题材创作了代表作《自由引导人民》。

用的是我的《玛祖卡舞曲》；音乐学院的学生们、莫谢莱斯的学生们，还有赫尔茨及卡尔克布雷纳的学生们等等，总之一句话，不少已有相当成就的艺术家，纷纷来向我学琴，并将我的名字与菲尔德相提并论。长话短说，如果我不算太笨的话，我想我正站在事业的高峰。不过，我知道自己距离完美还有段路要走。现在我非常清楚地意识到我已位于一流艺术家之列，但也格外注意到了每个人的欠缺和不足。

我这是在胡说八道些什么啊，也不害臊吗？我自吹自擂起来和小孩子有什么区别吗？或者像个帽子着火的人，急于保护自己。我真想把写下的这些都划掉，可是时间不允许我再提笔从头开始了。无论如何你一定还记得我的性格是什么样的。既然如此的话，那今天的我和昨天的我无异。唯一的区别是一个长胡须，另一个没长，也不愿意长。

我今天要给学生上五节课，你认为我发财了吗？马车和白手套都花了我不少银子，可是如果没有这些，我便无从谈及格调。

我喜欢保皇派的高贵，不喜欢菲利普派[1]的市侩，而我本人则是个革命者；我可以视金钱如废土，但却视友谊如生命，我乞求并祈祷你给予我友谊。

①菲利普派，指支持法国七月王朝的国王路易·菲利普的人，主张以革命方式建立法兰西共和国。

敏感的李斯特

● 致尤利安·冯坦那，1841 年 8 月 16 日，周三晚上，诺昂，21 岁

非常感谢你的善意来信，我在巴黎居所任何你认为有必要拆开的信件，你都可以打开来读。舒伯特没有写信确定最后出版日期前，不要把手稿交给特鲁皮纳斯。毫无疑问，很快你就会在利奥那里得到回复的。可惜《塔兰泰拉舞曲》②送去了柏林，因为从舒伯特的来信中可以看出，李斯特卷入了与金钱相关的这些事务中。为此，我觉得有几分不舒服。要知道这个匈牙利人是敏感的，因为我说过不给钱我是不会把手稿交出去的，他准以为我产生了不信任他之类的想法。我不知道到底是怎么回事儿，但我有种预感，我们会有些麻烦事。

②指肖邦 1841 年创作的《降 A 大调塔兰泰拉舞曲》，作品编号 OP.43。

对弗里德里克•肖邦在巴黎普莱耶尔沙龙的演奏的评论（Review of Fryderyk Chopin's performance at Salons de Pleyel, Paris）
1841 年 5 月 2 日，弗朗茨•李斯特
华沙、维也纳和巴黎的评论都着重指出了肖邦非凡的才华和其他钢琴家无法与他媲美的艺术独创性。

"肖邦并没有要争取获得钢琴演奏的第一名或第二名，他也不常在公开场所演奏。他的诗人般的才华也的确使他不适合公开演奏。如同花儿夜晚才展开它们芬芳馥郁的花瓣一样，肖邦需要的是安宁静寂和全神贯注，能让他内心梦幻般的音乐珍宝流泻而出。音乐是他的语言，神圣的语言，他用这种语言来表达只为少数人所理解的所有的情感。"

《自由引导人民》
(*La Liberté guidant le peuple*)
1830 年, 德拉克洛瓦, 布面油画, 260 厘米 ×325 厘米
法国巴黎卢浮宫

　　此画取材于 1830 年法国七月革命。作品展示了硝烟弥漫的巷战场面, 以一个象征自由的女神形象为主体, 她高擎三色旗, 领导着革命者奋勇前进。画面气势磅礴, 色调炽烈, 用笔奔放, 具有强烈的感染力。

①约瑟夫·德绍尔（Dessauer），肖
邦的好友，肖邦曾将所作的《波洛奈兹
舞曲》题献给他。

长舌妇

● 致尤利安·冯坦那，日期不详

别跟德绍尔①讲太多我的情况，甚至不要告诉他你正在找住所的事；对安东也别讲，因为他会告诉洛西埃夫人，而此夫人又是超级八卦特爱嚼舌头的人，等再传到我耳朵里的时候指不定变成什么怪异不堪的事情了。你知道无中生有是很容易的事情，一传十，十传百，最后是满城风雨。

德拉克洛瓦 1

● 致沃伊杰赫·格奇马拉，1842 年（日期不确定），周二，诺昂，32 岁

和上封信相比，我希望这封信能给你带去更多的开心和快乐。至于我的健康，不好也不坏。这里的天气很美，我们期待正直善良的德拉克洛瓦在明天或后天的到来。他将住在你住过的房间里。

德拉克洛瓦 2

● （法语）给弗郎肖姆，1845 年 8 月 30 号，诺昂，35 岁

现在说说你过得怎么样，弗郎肖姆夫人和孩子们呢？我知道你在乡下（如果圣日耳曼可以叫做乡下的话），你们享受着和我们这边一样舒适的天气，在那儿过得很

惬意吧。瞧我把信涂抹得不成样子！一旦跟你闲谈起来我就停不下来，可我没时间写完这封信了。善良的德拉克洛瓦答应替我寄信给你，他马上要出发了。他是罕有的最令人敬佩的艺术家，我在他家里度过了快乐的时光。他崇拜莫扎特，能熟练背出他所有的歌剧。

英国社交圈

● **致家人，1848 年 8 月 19 日，伦敦，38 岁**

谢谢你们的来信，一周前我收到了这封从伦敦寄过来的信。我在伦敦度过了非常愉快的三个月。在这儿我举办了两场音乐会。一场在萨托利斯（Sartoris）夫人家里，一场在法尔默斯勋爵府邸举办的，两场都取得了巨大成功，这没什么大惊小怪的。

[肖邦自己的脚注] 萨托利斯夫人是著名的英国演员芬尼·肯布尔的小女儿，而她本人也是位优秀的英国歌唱演员，她只有两年的舞台生涯，之后便嫁给了一位世界富豪萨托利斯先生。英国的整个上流社会已经接受了她，她走到哪儿，人们都会来争相拜访。我们的老相识，来自巴黎的法尔默斯勋爵是个狂热的业余音乐爱好者，他是个富有、单身的封建领主，他把位于圣·詹姆斯广场一座十分豪华的府邸借给我开音乐会，作为主人的法尔默斯勋爵也非常亲切可人。他喜欢穿着破旧衣服上街，在街上有人可能会给他三便士，可是在家里，他有一大群仆人，穿

①布罗德伍德（Broadwood），英国钢琴制作商。

②皮卡迪利（Piccadilly），伦敦市中心一条著名的街道。

得都比他好。在巴黎我认识他的侄女，第一次见他还是在伦敦的一次音乐会上。

（继续写信）在其中一场音乐会上，马里奥演唱了三次，我演奏了四次，而在另一场音乐会上，维雅多演唱了三次，我演奏了四次。听众们都非常喜欢，因为这样短小明快的演唱会对他们来说是种新的艺术享受，之前他们只有 20 首歌曲的带有冗长介绍的音乐会。

［肖邦自己的脚注］我从伦敦阿西娜报上摘抄了些描述寄给你，《阿西娜报》是艺术家们所崇尚的报纸。对于音乐会的成功我没有什么要说的了，而你能与其他人分享的也就是听众都很喜欢。让安特克帮你翻译下那个报纸你就了解了。

（继续写信）法尔默斯勋爵的府邸能容纳 150 位听众，而萨托利斯夫人家里能容纳 200 位听众，票价定为一金币（扣除各种开销）收入 300 英镑。这个季节在伦敦的花销很昂贵，我只是单独租房住，没有任何东西（但我有个很宽敞的客厅，里面摆放着三架钢琴，分别是普莱耶尔、厄拉德和布罗德伍德①驻伦敦的代表送来的）——因为公寓附带一个漂亮的楼梯间，有着体面的大门，并且地处繁华地段——邻近皮卡迪利②大街的丹佛街上，所以房租要 80 英镑。现在运费、男佣及其他一切的费用都很昂贵，如果我不以一金币的价格来收辅导费的话，我真不知道我要怎样过日子……在伦敦我每场演出的费用是 20 英镑，但是只演出了三个晚上。第二场是在道格拉斯的马奎斯家，他是汉密尔顿公爵的儿子，我早些时候在巴黎就认识汉密尔顿公爵了。年轻的侯爵夫人是巴登的公主，她把我引荐给剑桥公爵夫人，也就是女王的姑姑（之后每次见到她，她都跟我交谈很多）和威玛的公主（没有执政）。赫斯公爵也在那里，还有伦敦贵妇人中的上层人士：以美貌著称的乔斯林女士、马奎斯·道格拉斯的姐姐林肯女士、格兰维尔（Granville）女士、卡多根（Cadogan）女士（我以前的学生，现在是剑桥公爵夫人的女伴），还有一些外交官，有几个是德国人，我在巴黎时就已经认识这几个人了。我的第三场演出，更确切地按次序来说是第一场，是在盖恩斯伯勒夫人家里，她以前是英国女王的未婚侍女，因而结识了一些最优秀的上流人士。就像你所知道的，这里的人们很注重名声和与名人交往。多佛女士、萨瑟兰公爵夫人的侄女、阿盖尔（Argyll）公爵夫人、斯坦利女士和她的女儿——也就是我在巴黎时的学生，现在是女王陛下的未婚侍女……我为什么要列举这些名字呢，因为通过她们，我更加认识了这个大千世界。例如萨默塞特公爵夫人，她丈夫是英国的首席公爵，在一些重大的场合，例如在加冕礼上，她紧紧跟随着女王陛下。

[肖邦自己的脚注] 在这里我还结识了艾尔斯伯里（Ailesbury）女士、皮尔（Peel）女士、戈登（Gordon）女士、帕克（Parke）女士，文人中有卡莱尔（Carlisle）、罗杰斯（Rogers）——一个上了年纪的非常著名的诗人，他是拜伦很喜欢的一个朋友。还有狄更斯、霍格思（Hogarth）——他是瓦尔特·司各特的至交，等等。霍格思就我第二场音乐会写了一篇赞文发表在《每日新闻报》上。

《弗里德里克·肖邦作曲》
（*Fryderyk Chopin composing*）（原画遗失，根据伊格内西·克里格1890年所拍照片复制）
1841年，乔治·桑，铅笔画
在乔治·桑的自传中，她写下了肖邦作曲的过程："他的艺术作品美妙动听，情感真挚……灵感出现……这灵感不期而至，至臻至强，汩汩涌动……随后最痛苦的部分开始了……他大喊大叫，折断铅笔，在某一小节上做反复的修改，无休无止……第二天，他会一丝不苟、无可就药地顽固地重新开始一切。"

《降 A 大调幻想波兰舞曲，61 号作品》
(Polonaise-Fantasy in A flat major Op.61)
1845 年至 1846 年，弗里德里克·肖邦，作曲手稿节选（66 至 72 卷，24/25 卷）

（继续写信）在贵族阶层，我和拜伦夫人成为了很好的朋友。我们两人的交谈简直是驴唇不对马嘴，她用英语，我用法语。我明白了她为什么使拜伦厌烦了。她的女儿——洛佛拉斯（Lovelace）女士（我认为她很漂亮）也是个有趣的人。但是在这里我想见到的是另一个人，谢尔本（Flahautt）夫人，以前我的学生，现在是兰斯多恩（Landsdowne）阁下的儿媳妇，兰斯多恩阁下是内阁委员会的主席，他本人也非常喜欢音乐，每个季节都会在家里举办演唱会。考伯米尔夫人一直对我非常友善。离开伦敦之前我在她家度过了一个愉快的晚上。剑桥公爵夫妇也在，还有惠灵顿和觊觎高位的西班牙人唐·卡洛斯（Don Carlos）的儿子，王子，更确切地说是马特莫林（Montemolin）伯爵。我所认识的有趣的人中，像以美貌（和她与她丈夫之间法律上的战争）著称的诺顿（Norton）。

[肖邦自己的脚注] 巴西斯科（Barciński）或许认识她。

（继续写信）她是谢里丹的女儿，也是最受宠的一个孩子；布莱辛顿（Blessington）女士，她的女儿嫁给了这里时尚界的领头人奥赛伯爵①，但是他的妻子已经离开了他。我把他姐姐德格拉蒙女公爵给他的信带来了。奥赛伯爵对我非常和善。除了这点，他本人也是个艺术家，善于雕塑和绘画。在他精美的半身雕塑里有一个是杜罗侯爵夫人，是惠灵顿的儿媳妇（我同样给他写了封信）。杜罗（La marquise de Douro）在这儿算得上漂亮。米尔纳·吉布森夫人是我喜欢的人中很优秀的一位，她的丈夫几年前是内阁成员。莫尔斯沃思夫人对我也很友善。

[肖邦自己的脚注] 这里可不能忽略了阿加斯塔·布鲁斯（Agasta Bruce）女士，她是埃尔金女士的女儿，也是女王陛下母亲的未婚侍女，肯特（Kent）公爵夫人。她非常亲切，待人和善。她也是我在巴黎的老相识。

（继续写信）——列举他们有些困难，

①奥赛（Orsay）伯爵，法国业余画家，出入上流社会的时髦人物。

不过我必须提一下格罗特夫人。我在巴黎
[莫利诺斯（Marlianis）家里]认识她的。
她是议会成员的妻子，非常有教养的女人，
并且是珍妮·林德的支持者。有一次，她同
时约见了我们两个，从九点到凌晨一点我们
一直没有离开过钢琴。

[肖邦自己的脚注] 处理完反对派的示
威游行后，女王陛下回到了城里，来到大歌
剧观看演出，而这也是珍妮·林德的第一次
公开亮相，她也是刚刚抵达这里，选择大歌
剧院进行《梦游女》的首场公演。因此出现
了抢票热潮。演出前一个晚上，正厅前排座
位更是卖到了三金币。刚抵达时我还并不知
道这件事。演出当天，有人告诉我说如果我
认识格罗特夫人的话，她可以帮我，因为除
了她的包厢外，她还有很多的人脉关系可以
拿到票。随后我拜访了她，她立即邀请我到
她的包厢观看演出。我非常开心，我从没有
见过女王陛下，也没有见过珍妮·林德，还
有那辉煌的剧院。但是格罗特夫人的包厢是
在二楼，我爬楼梯上去会喘得要命。没想到
我刚一回家，就收到了一张最好的前排座位
票，是剧院经理拉姆雷替林德小姐和格罗
特夫人送来的。演出非常完美，女王比林德
得到了更多的掌声。大家高唱《天佑女皇》
时，所有的听众起立，包括惠灵顿及所有当
地的名人。多么庄严的场景，那是对皇室、
法律和秩序真正的尊崇和敬礼，人们无法
抑制自己的激情……格罗特夫人虽然古怪
而且激进，但是位非常亲切的夫人。她接待
了许多有趣的造访者：公爵、勋爵及学者。
总而言之，她接待的都是上流社会的名人政
要。她说话低沉，但真诚坦荡，从不掩盖事

实。有些不赞成她观点的人，当被问及"格罗特夫人怎么样"时，他们总是回答说，"我认为她是个奇怪的人"。尽管如此，她有颗善良的心，并且通过一件事也证明了这一点，她邀请我、林德小姐和萨托利斯夫人一起去她那里，遗憾的是我没能去成。另一个我非常喜欢的人就是萨托利斯夫人[芬妮·康波（Fanny Kemble）]，很早以前她就认识我了，而且在伦敦社交晚宴的招待会上，如果她看出来我不想表演，她从来不会勉强我去弹奏。她有副好嗓子，唱歌非常好听。有两个孩子，都像天使一样漂亮。她本人也非常漂亮，不过现在长胖了，只有脸庞依然如故，像个浮雕。跟她在一起很惬意，她对人很自然，毫不做作，通过我们共同的朋友，像德绍尔、李斯特，她了解到我的一些小缺点。跟她谈话我经常感觉像跟一个非常熟悉我了解我的人聊天，但她所熟悉的只是我们待在杰钦城恩图家的那些房间，在那儿她也度过了快乐的时光。她告诉我他们在那儿经常提起我们。这就是我要告诉你的关于伦敦的旅行。其他人我就不一一列举了，不过在这些人中我发现一些老朋友，他们一直对我很和善，例如：布尔沃（Bulwer），以前的驻马德里大使；达德利·斯图尔特（Dudley Stewart）；埃尔金女士的父亲科名·布鲁斯；蒙克顿·米尔纳（Moneton Milner）等等。布罗德伍德，真正普莱耶尔琴的制造者，他一直都是我所有朋友中最仁慈最真诚的。你也知道他是个非常富有而且有很好教养的人，他继承了父亲的财产和工厂，在这里定居了下来。在这里他有很广的人脉关系；他与基佐（Guizot）相识，并且他的家人都支持基佐，他到哪里都受人爱戴。通过他我认识了法尔默斯勋爵。另外和你透露点事情，让你对这位先生周到的英国礼节有所了解：一天早上他来拜访我，我当时很累，告诉他我睡得很不好。晚上我从萨默塞特公爵夫人那儿回来，发现床上换上了新的弹簧床垫和枕头。在我的一再追问下，丹尼尔（这是我以前出色的男仆的名字）告诉我布罗德伍德先生送过来的，而且不打算告诉我是他送的。十天前我离开伦敦，在前往爱丁堡的车站遇到了一位绅士，他自我介绍说是布罗德伍德先生派他来的，他给我买了两张而非一张车票（怕车上拥挤，把第二张对面的车票也给我了）。同样在车上他安排了一个叫伍德的人照顾我，伍德是布罗德伍德先生的相识，不过他也认识我（1836 年他在法兰克福利宾斯基的住处见过我）。他在爱丁堡和格拉斯哥拥有自己的音乐书店。布罗德伍德先生也安排了丹尼尔（Daniel）（他比许多的上流人士还要优秀，比许多的英国绅士都要英俊）跟我一同旅行。我搭乘火车到爱丁堡，途中经过伯明翰和卡勒斯（Carlisle）。这趟 407 英里的旅程总共费时 12 个小时（这趟车很少停站）。在爱丁堡，有人已经帮我在最好的旅店（道格拉斯的）预定好了房间，在这里休息了一天半。然后参观了这座优美的城市。信纸上有这里一些粗略的风光（我找不到比这个更好的信纸了）。

　　熟悉美好的事物一直停留在眼前时，人们就开始追求些生疏而且欠佳的事物，因为他们尚不习惯那些。

（继续写信）在这里我见到了一些彬彬
有礼的人，他们都是我朋友的朋友，我乘
他们的马车参观了这个城市（现在每个人
都在前往苏格兰度假，此时正好是当地每
年狩猎季节的开始）。在爱丁堡稍作休息后，
当经过一间唱片店时，我听到一些盲人在
演奏我的玛祖卡，然后我上了托菲肯勋爵
派过来的马车，这辆马车装饰有英式马具，
并且还有备用马。托菲肯勋爵的府邸距离
爱丁堡 12 英里。他是一位 70 多岁高龄的
苏格兰人，厄尔斯金夫人和斯特林小姐的
姐夫。她们是很早以前我在巴黎认识的。
我的苏格兰女士总是对我非常亲切，但也
总是给我平添些烦恼。在伦敦时我经常拜
访她们，她们坚持要我去她们苏格兰的家
里，我不好拒绝，尤其是现在我在伦敦也
没什么事可做。我需要好好的休息，所以
应托菲肯勋爵的热情邀请我就过来了……

　[肖邦自己的脚注] 我曾经答应在两
周或三周内去看默里夫人，在伦敦她是我
第一个学生，一直住在爱丁堡，是音乐界
的领头人。默里勋爵住在海边一个风景如
画的地方，他经常在海边散步。稍晚些时
候我也得去基尔（Keir）府邸，邻近斯特林
家（这一地区因其美丽的风景著称）和斯
特林小姐的堂兄妹那儿。哦，这些亲切友
好的苏格兰少女。在这里想要什么便有什
么，我每天甚至可以看到来自巴黎的报纸。
这里是如此的安静、祥和、舒适，只可惜
一周后我就要离开了。托菲肯勋爵邀请我
明年夏天再来；他们想让我在这里度过我
的余生；但是在这里我又能做什么呢？

　（继续写信）他们把我和其他人分开了，

①阿尔波尼（Marietta Alboni），意大利花腔女高音歌唱家。

②诺伊柯姆（Neukomm，1778~1858），奥地利作曲家、钢琴家。

这样我就可以弹琴，做任何我想做的事了。巴爱丽（Bartek）会告诉你，这里的人对待客人首先要做到的是不去打扰他。在我的房间里有架布罗德伍德钢琴，在客厅有架斯特林小姐带过来的普莱耶尔钢琴。在英国我很喜欢城堡里的生活，每天都有人慕名前来暂住几天。这里的布置也是极尽奢华：图书馆、马匹、马车任你使用，还有私人佣工等等。在这里他们通常在两点吃午饭（每个人都在自己的房间吃早饭，什么时候吃、怎样吃任凭各人愿意），七点吃晚饭。晚上我通常会给托菲肯勋爵演奏苏格兰歌曲，他也会跟着我的琴音慢慢地哼，可怜的老人尽可能用法语向我表达他的感情。在英国的上流社会人们都说法语，尤其是妇女。然而平时的谈话还是用英语。那时候我后悔自己怎么不会英语呢，不过我没有时间也没有精力再学门语言了。然而，我知道些简单的词远远不够。这封信已经写了十多天了，今天我决定写完它，非常抱歉这么长时间没有告知你我的状况了……让我们回到苏格兰，在曼彻斯特预定于 28 日会举行一场音乐会，在那里有来自伦敦的意大利歌唱演员献唱，像阿尔波尼①等等。这次演出他们会支付我 60 金币的报酬，这样一笔钱谁也不会拒绝，我接受了他们的邀请，一周内我就会动身离开这里，前往距离这里大约 200 英里，坐火车 8 个小时的地方了。有几个很熟识的朋友在那里接我，一个是非常富有的制造商，诺伊柯姆②和他住在一起［诺伊柯姆是海顿（Hayden）最得意的门生，海顿是巴西国王的前合唱团（管弦乐队的）指挥］，还有里奇夫人［麦金托什（Mackintosh）先生

《诺昂的公园》 (*Park at Nohant*)
约 1843 年, 欧仁 • 德拉克洛瓦, 铅笔素描
德拉克洛瓦是乔治 • 桑和肖邦的朋友, 常在
诺昂度假。

的女儿, 是受人尊敬的前议会成员, 同时
也是个演说家、撰稿人], 她是我的挚友;
同样还有苏格兰淑女们厄尔斯金夫人和斯
特林小姐。音乐会结束后我回到了格拉斯
哥, 去了这位勋爵的嫂子那儿, 从那儿又
去了默里夫人那里, 随后去了斯特林小姐
那儿, 十月初他们希望我去爱丁堡演奏,
如果能有所获, 而且我的身体能应付的话,
我很乐意, 否则我将不知道如何度过今年
冬天。我在巴黎的寓所仍然保留着, 但不
知如何才能节省度日。尽管天气不佳, 很
多人还是希望我在伦敦过冬。我想去别的
地方, 但连自己都不知道是哪儿。我将等

到十月再做决定，依我的健康情形和经济状况而定，因为再多存 100 个金币也不错啊……今天这里的天气不错，我不愿去理睬枯燥无味的事情。庭院中清晨阳光灿烂，让我忘了一切。我和你们同在，我很快乐，至于如何捱过冬天还是留到那个时候再烦恼吧。真心地拥抱你。

《黑色溪谷》（*La Vallée Noire*）
作于 1889 年之前，莫里斯•桑，蜡笔、粉笔水彩画
莫里斯，乔治•桑之子。德拉克洛瓦是他的绘画家庭教师。

初见海斯林格

● **致在华沙的家人，1829 年 8 月 8 日，维也纳，19 岁**

我身体很好，也很快乐。不知道为什么，我对德国人感到特别惊讶，他们总是寻找一些让人惊讶的事物。因为埃尔斯纳的一封推荐信，海斯林格不知道该拿我怎么办了。他让他的儿子当着我的面演奏，把他认为最有趣的音乐方面的东西拿来给我看，他还向我道歉没能向我介绍他的妻子，因为她正好不在家。虽然他还没出版我的作品，但我也没向他询问。他还把他最好的出版物拿给我看。他告诉我，我的《变奏曲》一周之后将由"奥德翁"公司出版。这简直出乎意料。

● **致在华沙的家人，1830 年 12 月 1 日，维也纳，20 岁**

海斯林格是个很精明的人，他对我客客气气，却又搪塞敷衍，想慢慢地让我把曲子免费送给他出版。克伦格尔很吃惊他竟然没付钱就拿走了变奏曲。或许海斯林格认为只要他对我的曲子表现出哪怕一点点的尊重，我就会当真，然后把它们都免费送给他。但是免费送曲子的日子过去了，结束了。付钱，混蛋！

势力小人

● 致在华沙的家人，1830 年 12 月 1 日，
维也纳，20 岁

那天我还去见了盖穆勒先生，提图斯在他那存了 6,000 元。他看过我的名字后，说话了："非常高兴见到这样一位伟大的艺术家。"但他不建议我在此地开音乐会。因为在这里有太多杰出的钢琴家，人们需要极高的声誉才能为自己赢得一些东西。最后他说因为时势艰难，他对我的处境无能为力。我目瞪口呆地看着他，克制着我的愤怒情绪。在他结束了他的长篇大论后，我告诉他，自己不知道是否值得在此地开演奏会，我还未曾拜访过这里的任何名人，甚至包括大使。我还有从华沙带来的康斯坦丁大公（仅次于国王的爵位，大公国的统治者，俄国沙皇子孙的封爵）写的一封介绍信。这回该轮到他目瞪口呆了。我致歉打扰了他后就扬长而去。等着瞧吧，你这个卑鄙的人！

对出版商的蔑视

● 致在巴黎的尤利安·冯坦那，1838 年
12 月 28 日，帕尔马，28 岁

利奥是个犹太人！前奏曲尚未完成，因此还不能发给你。我现在身体好多了，会尽快赶出来的。我会给这个犹太人写一封简短的公开"感谢信"，让你替我扔到他的脚下……施莱辛格更不是人，他竟然把我的圆舞曲编成了专辑卖给了普罗斯特①……

①普罗斯特（Dr. Probst），音乐出版商。

卑劣的商人

● 致在巴黎的尤利安·冯坦那，1839 年 3
月，马赛，29 岁

　　若他们是如此卑劣的商人，那就请你保
管好一切东西不要给他们，等我回来。《序曲》
我卖给了普莱耶尔（我已收到 500 法郎），
因此我觉得他有权利做一些修改；但是《叙
事曲》和《波兰舞曲》就不要卖了，不给施
莱辛格，也不给普罗斯特。我不会再和施莱
辛格这类人打任何交道了。因此，如果你已
将《叙事曲》交给了普罗斯特，那就把它要
回来，即便他愿出价 1,000 法也不答应；告
诉他，你要等我回来再做决定。你、我都已
经和这些笨蛋打交道打够了。亲爱的，我请
你原谅，作为我的真正朋友我却如此之拖累
你，连搬家的事都压到了你肩上。让格齐马
拉支付运输费用。至于脚夫，他肯定撒谎了，
可是谁又能予以证明呢？为了避免争吵，他
要多少你就给多少吧。拥抱雅希；我会在心
情好的时候再写信给你；我现在好多了，但
仍怒不可遏。告诉雅希，毫无疑问，不论是
我还是他都不可能从安特那里得到一分钱甚
至只言片语。

《弗里德里克·肖邦漫画画像》
(Portrait of Fryderyk Chopin)
1839 年，宝琳·维雅多·加西亚，铅笔水墨画

三个犹太人

● 致在巴黎的尤利安·冯坦那，1839 年 3
月 13 号，马赛，29 岁

　　我视如生命的朋友，感谢你这些天来的
奔波。我没有想到普莱耶尔会这么小气；但

如果他真是这样，那就请你把这封信拿给他看。我料想他不会在《叙事曲》和《波兰舞曲》的事情上再为难你。另一件事，记得向普罗斯特要 500 法郎的《叙事曲》的稿酬，并把钱交给施莱辛格。如果要我和犹太人做生意，那也应该是和那些品行端正的人。普罗斯特对我的欺骗可能更为严重，他是那种特别狡猾的人，你很难抓住他的把柄。施莱辛格也一直欺骗我，他已从我身上赚足了钱，绝不会拒绝再一次赚钱的机会。对他礼貌些，这个犹太人喜欢听奉承话。因此，只要普莱耶尔再有半点为难你，你就去找施莱辛格，并告诉他我将把法国和英国的《叙事曲》以 800 法郎的价格卖给他（他是不会出 1,000

《著名钢琴家们（青年学派）》
(Pianistes Célèbres[Jeune École])
1842 年，尼古拉·尤斯塔奇·莫林，格雷哥利和迪纳版本的石版画
弗里德里克·肖邦身边围绕着众多巴黎著名的钢琴家

Pianistes Célèbres — Jeune École

法郎的），德国、英国、法国的《波兰舞曲》
出价 1,500 法郎（他若嫌贵，就 1,400，或
1,300，甚至 1,200 法郎）。如果他和你谈
及普莱耶尔和《序曲》的事（普罗斯特肯
定已经告诉他了），你就说我早在很久以
前就答应把序曲给他了，他想成为《序曲》
的出版商。在我走之前，他就乞求我把《序
曲》卖给他。这是实话。这样看来，亲爱的，
我将会因为普莱耶尔，而不是因为普罗斯
特，跟施莱辛格绝交。假如施莱辛格让普
罗斯特出更多的钱来购买我的手稿，这会
对我有什么好处呢？普罗斯特付给施莱辛
格越多，他付给我就越少。这就证明普罗
斯特欺骗了我。普罗斯特在巴黎没有印刷
厂；我的所有手稿印刷都通过施莱辛格完
成。这个犹太人一直按期向我支付稿酬，
而普罗斯特一直对我拖延。你必须与施莱
辛格约定好日期，跟他一手交钱一手交货，
不可以提前将原稿交给他；如果他说无法
一起付两份钱，那也可以将《叙事曲》和《波
兰舞曲》分开给他，但间隔不要超过两周。
如果施莱辛格不同意这种方式，那就去找
普罗斯特；另外鉴于他是我的一个崇拜者，
对他的态度温和些，不要像训斥普莱耶尔
那样训斥他。倘若遇到些许困难，你就将
我的信交给普莱耶尔看。假如你已将原稿
交给了他们，不论是谁，都要把原稿要回
来。这些无赖们，天啊，普莱耶尔还是我
的崇拜者呢！或许他认为我不会回巴黎了
呢？我应该回去，并向他致谢，还有利奥。
我给施莱辛格附上了一张贺卡，并和他说
我已全权授命于你。

让他们光着脚吧

● 致在巴黎的尤利安·冯坦那，1839 年 3 月 17 号，周日，马赛，29 岁

感谢你不辞辛劳为我做的一切。普莱耶尔是个蠢货，普罗斯特就是个恶棍（三部手稿的 1,000 法郎他从未付过我）。我确定你已经收到了我写给你的关于施莱辛格的长信；现在，我希望你，也恳请你把信交给普莱耶尔（他嫌我的手稿太贵了）。如果非要我贱卖，我宁愿卖给施莱辛格，也不会去另寻他路，再找些不知底细的关系。因为英国方面，施莱辛格总是可以指望的，而我与维赛尔已经账目两清，不再交易了，由他爱转卖给谁就转卖给谁。同样，我的《波兰舞曲》在德国的出版权也照此办理。因为普罗斯特只不过是个狡猾的家伙：我很早就了解他的底细。让施莱辛格随意处理吧。不关我的事。普罗斯特崇拜我无非是因为觊觎我的手稿，想要盘剥我。除非他付现金，否则绝不给他手稿！我会给普莱耶尔寄一张收据。这个蠢货对你对我都不肯相信。天哪，为什么我要和这些无赖打交道呢。那个普莱耶尔曾告诉我施莱辛格向我压价，现在却说，我一部可以在任何国家发行的手稿卖 500 法郎价格有点高！我还是选择和真正的犹太人打交道吧。普罗斯特真是个混蛋！我的那首《玛祖卡舞曲》，他才付了 300 法郎。天哪，我最近的《玛祖卡舞曲》转来转去才赚了 800 法郎：普罗斯特 300，施莱辛格 400，维塞尔 100。我宁愿像从前那样，无偿献出手稿，也不愿向这些蠢货卑躬屈膝。我宁愿受一个

犹太人的欺凌，也不愿被三个犹太人一起羞辱。还是去找施莱辛格吧。我想你已经和普莱耶尔撇清关系了吧。不要把《谐谑曲》的事告诉任何人，我不知道什么时候能完成，因为我现在身体不好，不宜谱曲。混蛋，混蛋……若是你哪天做了鞋匠，我请求你，别给普莱耶尔和普罗斯特做鞋子，让他们光着脚吧。

伊格纳茨·普莱耶尔公司出品的三角平台式钢琴，14810号
（Grand Piano Ignace Pleyel and Co No.14810）
1880年，照片，摄于华沙
肖邦的最后一架钢琴，1848年至1849年他用这架钢琴演奏、作曲。

《修道院远景》 (*A view of the monastery from afar*)
彩色石版画，根据 19 世纪画家弗朗西斯科·哈维尔的多幅自然写真绘成
肖邦在致尤利安·冯坦那的一封信中提到此画

致在莱比锡的布莱特克夫和哈特尔公司①

● （法语）致在莱比锡的布莱特克夫和哈特尔公司，特朗舍大街五号，巴黎，1839年12月14日，29岁

先生们：

我一直对我们之间的合作很满意。在中断我们关系之前，我认为有必要向你们直接解释一下：普罗布斯特先生作为我们之间联系事务的中间人告诉我，他已经就我最后的手稿给你们写过信，但是没有收到你们的回音。他自己确信已获授权可以拒绝我每首曲子 500 法郎的要价。这是我能出的最低价。低于此价，我任何曲谱都无法提供。我的作品夹里现有《大奏鸣曲》、《谐谑曲》、《叙事曲》、两首《波兰舞曲》、四首《玛祖卡舞曲》、两首《夜曲》和一首《即兴曲》。诚盼先生们尽快回信，告知有关情况，以便我能直接了解你们的想法。

你们真诚的
肖邦

奇怪的世界

● 致尤利安·冯坦那，周一早上，日期不详

你所做的一切都做得很好。这真是一个奇怪的世界。马塞特是个混蛋，还有那个培尔坦②也不是什么好东西。马塞特知道了那首帕切尼《圆舞曲》，也知道我已经答应《音

① 布莱特克夫和哈特尔公司（Breitkopf and Härtel），世界上最古老的音乐出版社，1719 年创立。

② 培尔坦（Pelletan），音乐出版商。

乐报》，我不想先下手采取任何行动。如果
他不同意伦敦版权的价格是 600 法郎（我
的一般手稿在他那儿的出版价为 300 法郎），
3 乘 5 等于 15，那样，我这么多作品只有
1,500 法郎，这绝对不行！尤其是第一次谈
话时我已经跟他摊过牌，可能有的作品只
付 300 法郎我是不干的。例如我的《十二
首练习曲》和《钢琴演奏曲》就不会以 300
法郎的价格出售，只能是 600 法郎成交。
同样我寄给你的那首《协奏曲快板乐章》
也必须是 600 法郎才行的。而那首《幻想
曲》至少要 500 法郎。而《夜曲》《叙事
曲》和《波兰舞曲》我是以 300 法郎的价
格卖给他了，同他以前出版过的这类作品一
个价。总之，我的五首作品在巴黎的出版价
要 2,000 法郎。若是他不甚关心，那也没有
关系，因为施莱辛格肯定会欣然同意买下来
的。但我不想让他以为我是个出尔反尔的人。
这是君子协定。所以他不要抱怨我提出的条
件，这些条件并不过分。特别是很长一段时
间以来，我一直没出版过任何东西。现在我
只想体面的处理这些事情，我知道我不是为
了钱才这样做。你可以告诉他，我若是想利
用他或者欺骗他，我一年能写出 15 首糟糕
的曲子来，再以每首 300 法郎的价格卖给
他，我可以大发横财。难道那样做就更诚实
了吗？亲爱的老朋友，告诉他我可不是每天
都能写出东西来的，出版的也并不多，一定
不要让他觉得我是在漫天要价。当你看见手
稿上那涂涂抹抹的痕迹时，你自己也会说，
既然《塔兰泰拉舞曲》他都付我 300 法郎（《波
莱罗舞曲》也付了我 500 法郎），我就有
权利要求 600 法郎了。也请你看在上帝的

份上，爱惜这些手稿，别弄皱了，也别乱涂乱抹，更别撕成碎片。这些我知道你是绝对不会做的，我这么写，只是因为我是如此的珍惜这些费神费力的作品。请抄写一份，你可把抄写稿留在巴黎。明天你会收到我的《小夜曲》，周末的时候会收到我的《叙事曲》和《幻想曲》。我还需要再三修改。若是抄写让你乏味，就把它当做赎罪吧。我可不想把这像蜘蛛网一般的乐谱交给雇来的抄写员。我再一次依赖你。因为我要再写出 18 页乐谱，我肯定要发疯了！千万别把它们弄皱了！

《弗里德里克·肖邦去夏洛特·马尔利亚尼夫人家赴晚宴》
(Fryderyk Chopin going to dinner at Mrs Charlotte Marliani)
约 1840 年，乔治·桑，钢笔水墨画
这是一幅带解说词的漫画，夏洛特·马尔利亚尼夫人是西班牙驻马赛的领事夫人，乔治·桑的朋友。1842 年肖邦搬进了"艺术家之家"——奥尔良广场的居民都是著名艺术家。乔治·桑和维雅多一家也住在那里。
"我们甚至想出了主意，只开一间厨房，同马尔利亚尼一家一同进餐。这样做一是能省钱，二是比呆在自己的住处更愉快。"
——选自乔治·桑写的信

与出版商周旋

● （法语）致奥古斯特·弗郎肖姆，1844
年8月2日，诺昂，34岁

　　昨天我急匆匆地给你写了封信，就是想
告诉你如果施莱辛格不接受我的作品，你就
通过马霍（Maho）去找梅索尼耶①谈谈。
我居然忘记了亨利·勒姆瓦纳②付了高价钱
才从施莱辛格那儿买到我的《练习曲》。我
宁愿我的手稿让勒姆瓦纳付梓印刷，也不愿
让它们落到施莱辛格手里。我亲爱的朋友，
我给你添了不少麻烦，我还给勒姆瓦纳写了
封信，请你带给他。你先看一看，同他商量
一下。可以立刻出版这些作品，也可以在
本月20号之前把曲名刊印出来，每首要价
300法郎，两首就是600法郎。告诉他不必
急着付款给我，等我回了巴黎再说。你觉得
有必要的话，两首500法郎也可以卖给他。
即便如此，我也觉得比两首600法郎卖给
梅索尼耶好。当然这是我昨天不假思索的提
议。同时，如果你已经和梅索尼耶谈妥，那
就另当别论。否则，无论如何不要少于1,000
法郎。至于马霍，他是哈特尔（他给我开的
价格一向不错）的代理，德国的版权可以适
当降低价格，因为他知道我的作品在巴黎卖
的价格不高。我很抱歉我的这些事情会给你
带去很多麻烦。如果施莱辛格坚持本月不出
版我的作品，这一切就是应对之策。如果你
认为勒姆瓦纳会给的话，就跟他开两首800
法郎的价格。我没和他提任何价格的问题，
这样你就可以自己拍板决定了。邮车快开了，
我没时间再写了。

①梅索尼耶（Meissonier），音乐出
版商。
②亨利·勒姆瓦纳（Henri Lemoine），
巴黎音乐出版商。

拥抱你，我亲爱的兄弟，也请给我写两行字吧！

《致露德维卡·杰瑞兹维克斯的信》
(Letter to Ludwika Jędrzejewicz)
弗里德里克·肖邦和乔治·桑的手迹，1844 年 9 月 18 日，于诺昂
肖邦对于姐姐来诺昂小住有着美好的回忆："每一次我走进你们住过的房间，都会寻觅你们落下的东西。我总能看到长沙发的那个角落，我们常坐在那儿一起喝巧克力……在我的房间里你留下的痕迹就更多了。桌子上，有你刺绣的一只便鞋……钢琴上还有你的一支小铅笔，那本来是夹在你的小笔记簿里的。我发现这支铅笔最好用。"

开支花销

└ 慎用朋友所托之钱

● 致让·比亚洛布洛克，1827 年 1 月 8 日，
星期一，华沙，17 岁

　　我写信给你是为了跟你讲你留在我这里
的那些钱的事情，以免我受到怀疑或猜忌。
你可能以为我会在狂欢节去朋友家参加舞会
时把那钱花了，或者是花到别的地方了。头
脑可真简单！哦！我给你买了弗雷依什茨的
两首咏叹调，你肯定会高兴的。尽管它们是
女声唱的，由库尔平斯卡和阿什贝尔格洛娃
演唱。我知道，至少能想象出你腿受伤的那
一刻，是怎样尖声歌唱的。这两首咏叹调必
定合你心意。你把咏叹调降低一个八度就成
了男高音了。我记得你的嗓子就是这样的。
这两首咏叹调总共花了两个兹罗提……

└ 花销谨慎

● 致家人，1831 年 6 月 25 日，维也纳，
21 岁

　　至于日常的开支，我尚能应付。我谨慎

地保管每一枚硬币就像小心慎存那枚我在波兰故乡因为出色表演而获赐的戒指①一样。尽管如此，我还是让父母亲为我花了太多的钱了。

①肖邦由于在波兰出色的演奏技巧，由俄国沙皇亚历山大一世赐予了一枚戒指以表彰他的荣誉。

索取容易给予难

● 致家人，1831 年 7 月，星期六，维也纳，21 岁

哦，之前忘了说了，我或许应该从彼得银行再多取些钱出来，怕是要比父亲预计的还多。尽管我一直都尽量节省开销，可有时自己真是无法掌控。旅途中我本该少带些钱的，可万一上帝没保佑我，让我生了病什么的，你们准会责怪我为什么不多带些钱。原谅我吧！你们看，我用这些钱度过了夏天的五、六、七三个月份，而且请人吃饭超过了冬天的次数。我这么做可不是出于自愿，而是因为别人的告诫。我实在讨厌自己不得不向你们伸手要钱。爸爸已经在我身上花了不少钱了，我深知他拼死拼活地挣来这些钱有多不容易，现在就算拼死拼活也很难赚到钱了。但是我还有希望支撑着我！你们愿意给钱，而我实在难以启齿要钱；我的索取远比你们的给予来得更容易得多。哦，愿上帝怜悯！

稿费安排

● 致在巴黎的尤利安·冯坦那，1839 年初（具体日期不详），29 岁

　　我把《序曲》给你寄过去了。你和沃尔夫抄写一遍；我想序曲上应该没什么错误了。那一份抄本给普罗斯特，原稿就给普莱耶尔吧。普罗斯特（我给他写了短信和收条）给你钱后，立即去找利奥，我没时间给他写感谢信了。普莱耶尔要付你稿费大约有 1,500 法郎；你用稿费 425 法郎支付房租，付到元旦为止，之后就客气地退租吧。如果你三月份能把它租出去就好了，若不能，我会再保留一个季度。至于剩余的 1,000 法郎，你就将它交给努吉吧。你可以从雅希那里找到努吉的地址，但是不要和他谈及任何有关钱的事，否则他要找努吉大闹一场的。这个事我不想让除你我之外的人知晓。如果现在的房子能租出去的话，就把部分家具送给雅希，部分送给格奇马拉吧。

《身着家居便装的弗里德里克·肖邦》
(*Fryderyk Chopin wearing a home dress*)
1849 年，泰奥菲尔·克维亚特科夫斯基，铅笔素描加水彩

寄来所需物品

● 致尤利安·冯坦那，无日期

我给你寄去了 100 法郎，作为最近各种花费的开销。首先是还你一些聚会的花费、一些租灯具的费用，还有搬运工啊，花店女主人（她说是六束花）等等。

……帮我买两副瑞典式手套（至于尺寸，你可以比量抽屉里那双旧手套）、一瓶广藿香……在巴黎皇家宫殿那边的画廊里，靠近剧院那边，大概是中间的位置，有一家销售男子服饰用品的商店。其中有两个橱窗，里面展示着很多小盒子、装饰品和小物件，既闪光发亮又优雅漂亮，当然价格也并不便宜。你去那问问他们有没有那种象牙小手，拿来挠头用的。你之前肯定也没少见过这种小玩意——一只小手，五个手指弯曲着，白色的，固定在一个黑色的木棍上。我想我以前在那儿见过，你问一下，他们会告诉你的。可能是 10 法郎、15 法郎或 20 法郎，顶多不超过 30 法郎就买一个寄给我。跟普莱耶尔要一份我的《序曲》的副本。将我的所有练习曲都从施莱辛格那儿要回来……抽屉里，你会在最上面找到一个扁扁的金属瓶，瓶身是用绒布封起来的,这样就可以往瓶子里灌热水了。还有一个气垫是我为旅行买的，你把所有这些东西都通通放到一个大包裹里，仔细打好包，按着我信上跟你说的地址寄过来，请尽量快一点儿。余下的钱你留着付其他的包裹费用……

拒收包裹

● **致格奇马拉，1848 年 7 月 8 至 17 日，
伦敦，38 岁**

　　我刚收到你的来信，赶紧给你回信。亲
爱的，第一件要说的事情是我没有接受你给
我寄的那些报纸，因为邮局向我收费一英镑
15 先令（相当于 45 法郎）。由于我已经收
到了你的信，所以这么昂贵的报纸我就不收
了吧。由于你是用信封寄的报纸，所以他们
是按照信件税来收费的。我忘记告诉你了，
有一次你寄给我的东西就花了我五先令，也
是因为你把东西装到信封去了。五先令的话
还好，可是一英镑就太多了点。我拒收了这
个包裹，由于你没有写地址所以应该不会被
重新寄回去吧，如果运气不好，你真的收到
了还让你付费，那就请再寄给我吧。不管怎
样吧，下次可别这么做了，这里的邮局检查
得很仔细。

《f 小调波兰舞曲（71 号作品，第 3 首）》
(*Polonaise in F minor, Op71, No.3*)
1825~1826 年，1828~1829（？）年，弗
里德里克·肖邦
最后一页有肖邦手写的注释："对我糟糕
的笔迹，我感到万分抱歉。"

衣着服饰

与姐姐买新衣

● 索科沃夫的让·比亚洛布洛克，1825年 11 月 27 日，华沙，15 岁

上床睡觉真令人又开心又快乐，星期五可以不用起那么早了。我买了条很好看的裤子，还有一条围在脖子上的围巾——或者你可以叫它别的，可能你不明白到底是什么，其实就像领结一样的。我是和姐姐露德维卡一起去买的。

托朋友做新衣

● 致尤利安·冯坦那，1839 年 10 月 4 日，诺昂，29 岁

……除此之外，帮我去你惯常去的那条大街的杜邦店里给我订制一顶帽子，他们知道我的尺寸，也知道我想要什么样的轻重才合宜，让他们给我做今年最流行的款式，不过也别太夸张了，我不知道你们今年穿着什么。你经过那条大街上的多特勒蒙裁缝店时，请进去让他立刻给我做一条灰色裤子，你可以选深灰色，是冬天穿的裤子，料子一定要上乘。不要腰带，要平整，腰部要有松紧。你是英国人，你知道我想要的是哪种。裁缝听到我回来的消息会很高兴的。再做一件式样简单的黑色天鹅绒马甲，但要带点不太明显的花纹，要看起来低调优雅。如果没有合适的话，就选黑色呢子马甲，美观大方。一切就全拜托你啦。

一件衬衣

● **致尤利安·冯坦那，星期日（具体日期不详）**

帮我买一个小东西，在巴黎皇家宫殿旁的画廊里（在剧院那边的）37 号（我记得是），花 14 法郎帮我买一件蜡亚麻上衣，一件类似于衬衫似的前襟封闭的上衣。不是 37 号就是 47 号或 27 号。

这是唯一一家卖这类衬衫的商店，我一个星期以前从它那里买了一件：小小的祖母绿色纽扣，做工精美，前胸有两个口袋等等。亲爱的，我就是随口这么一说，你别放在心上。如果我需要的话我会写信给你的。

房屋装饰

巴黎的居所

● **致库迈尔斯基，1831 年 11 月 18 日，巴黎，21 岁**

我住在鱼贩子大街 27 号。这个在五楼的家，是一个令人开心的安乐窝，我有一个用桃花心木装饰的雅致小房间以及一个朝向大道的阳台，由阳台望去可以看见蒙马特（Montmartre）到潘西翁（Pantheon）整个最时髦的区域。许多人都很羡慕我能拥有这样的视野，虽然他们都不怎么喜欢爬上我的楼梯。

修道院 1

● 致在巴黎的尤利安·冯坦那，1838 年 12 月 3 日，帕尔马，28 岁

　　我可能要在这个世界上最美的地方再多待一段时间；碧海、群山，一切的一切，应有尽有。我将暂住在一座古老荒芜的大修道院里。修道士们早就给赶走了，像是特意为我做的一样。修道院就在帕尔马附近，再没有比这儿更好的地方了；门廊、充满诗意的坟墓，总之我会在这儿过得很开心的。唯一不足的就是缺少一架钢琴。

《致尤利安·冯坦那的信》
(*Letter to Julian Fontana*)
1838 年 12 月 3 日，弗里德里克·肖邦手稿，写于帕尔马

瓦德摩萨修道院
如今这里建了肖邦的纪念馆，陈列着肖邦的遗容和手部的石膏模型，
还有他当年使用的钢琴。

　　1838 年，肖邦和与法国著名女作家乔治·桑二人曾赴西班牙马霍卡岛的帕尔马，一个位于地中海西部的安静而又浪漫的地方。他们居住的瓦德摩萨修道院孤立于群山之中，肖邦在这里完成了著名的《降 D 大调前奏曲》（OP.28，No.15），即"雨滴前奏曲"，但肖邦自己却极力否认这一标题。

　　据乔治·桑在《我的一生》中记载，有一天她在一场暴风雨后回家，正好听到肖邦应和着房檐滴落的雨水声弹奏一首前奏曲，这恐怕就是标题"雨滴"的出处；不过，乔治·桑随后又写道："当我让他留意窗外的雨滴声时，他否认曾听到雨声。他还很不高兴我将此称之为模仿和声。"由此可见，肖邦自己并没有给这首前奏曲取"雨滴"的标题。

修道院 2

● 致在巴黎的尤利安·冯坦那，1838 年 12 月 28 日，帕尔马，28 岁

我住在几英里外的瓦德摩萨修道院里。那是一座宏伟的加尔都西会修道院，矗立在悬崖和大海间，你可以想象我没戴手套或卷发，和以前一样苍白，住在小房间里。房间的门我从未在巴黎见过，小房间的样子像副高高的棺材，有一个满布灰尘的巨型圆顶及一扇小窗。从窗口望去，可以看见橘子树、棕榈树，正对着窗户的是我的床铺，有着摩尔式的精雕细刻，旁边是正方形的写字桌，我几乎无法使用它，桌上有座插有蜡烛的铅制烛台（在这里可谓奢侈品），以及巴赫的乐谱，我乱涂的谱子和别人留下的废纸。一片寂静。寂静到即使你尖叫，四周依旧是一片沉寂。的确，我就是在这么一个奇怪的地方给你写信。

新居的装饰 1

● 致尤利安·冯坦那，1839 年 9 月 26 日，周三，诺昂，29 岁

无数的谢意送给你那美好善良的、不是英国人而是波兰人的灵魂。壁纸请选用我旧居的那种珍珠色，两个房间都是，但光泽度要好，闪闪发亮，四边要有深绿色的窄条。门廊处可以选别的，不过质地要好。可若是有更漂亮更新潮的壁纸，你很喜欢，估计我

也喜欢的，也可以买。我喜欢那种平整、光滑，看起来干干净净的类型，而不喜欢当下时兴的那种大众型的。这就是我为什么喜欢珍珠色的缘故了，因为它既不抢眼也不平庸。谢谢你还替我租了仆人的房间，这是必要的。至于家具，如果你能帮我办的话，就太好了。因为爱你，本不忍心再麻烦你去做这类事了，可是你又是那么善良，就去帮我挑选一下把它们安置好吧。我会请格奇马拉筹措搬家的钱，我会亲自写信给他的。至于床和衣柜，最好还是拉到家具上光匠那里去修理打磨一下吧。你可以把那些文件从衣橱里拿出来，先锁在别处。这就不需要我告诉你怎么做了。尽可能按你所喜欢和认为必要的去做吧。无论你怎么做都是正确的，我完全信赖你……哦，对了，我的海绵床垫需要修理一下了，如果价格还合适的话就拿去修好了。把椅子等各样东西都打理好。这些你都知道的，大可不必告诉你该怎么做了。

《降 A 大调即兴曲，29 号作品》
(Impromptu in A flat major Op.29)
1837 年，弗里德里克·肖邦
出版发行的手稿，标有莱比锡的布莱特克夫和哈特尔公司第一版次号，日期为 1837 年 10 月 15 日

新居的装饰 2

● 致尤利安·冯坦那，1839 年 10 月 1 日，
星期日，诺昂，29 岁

感谢你为我所做的一切。毫无疑问你已
和管家把屋子收拾好了。去我的书房拿下钢
琴边的灰色窗帘挂在前厅，原来卧室里的那
些窗帘就挂在卧室吧，只是要把灰色窗帘下
层的淡色薄纱放在卧室的窗帘下层。衣橱我
还是喜欢放在卧室里，看看有没有合适的位
置。不然的话，若起居室两扇窗之间太空空
荡荡，就把它放在那里吧！餐厅的红色沙发
要是有与椅子配套的白色罩子，就把它挪到
画室。不过，肯定很难配。若是还要找织工
做的话，还是等我回来再说吧。仔细考虑好
再告诉我。

托朋友租房

● 致尤利安·冯坦那，1839 年 10 月 4 日，
诺昂，29 岁

你真是个无价之宝。房子听上去非常不
错，只是为什么房租那么便宜呢？该不会有
什么蹊跷事吧？看在上帝的份上，一分钟时
间也别浪费，立刻去找住在哈裴路 89 号的
马德尔先生问一下，看他是否找到了更好的
房子，如果没有，就拉着他和你一起去看房
子（他认识你的），如果可能的话把格奇
马拉也一起拉上，把它租下来。注意：房子
千万不要是朝北的。再衡量一下这所房子是
否符合我在上一封信里跟你讲的那些条件，

如果大部分都符合就租下。再问一遍：房子是否一切都好啊，里面有没有什么味道啊，房间里是否干净啊，周围的邻居多不多啊，能否保证我们的个人隐私啊，是否有爱喧哗吵闹的房客啊等等。

尽快给我回信，哪怕你什么也没做。把房子整体计划一下。我的伴侣①预感很好，说你一定会找到好房子的。我很喜欢你在信里写到的房子的情况。不过天啊，不会有什么问题吧？记住，对她来说，一切可不能凑合了事。整体上再仔细考虑一下，尽量快点。签订一年的租约，如果不行，最多三年也可以。你看着安排一下吧。上帝与你同在！爱我，听凭你的直觉去做吧！仔细考虑之后就做决定。

①指乔治·桑。此时肖邦已经开始与乔治·桑同居在一起了。

请为我安排好一切

● 致尤利安·冯坦那，1839 年 10 月 10 号，星期二，诺昂，29 岁

后天周四早晨五点我们出发，大约次日三四点钟，最晚五点钟，将会到达特朗舍大街 5 号，请告诉所有人。我今天已经给雅希写过信了，让他帮我安排仆人，并告诉他让他在特朗舍大街 5 号的房子里等候我的到来。如果你那时有空能过去的话，我就可以第一个拥抱你了。你真是个好心人。请再一次接受我和我的伴侣诚挚的谢意。现在我想求你一件事，因为我缺少裤子，烦劳你让裁缝一定在周五早上把你帮我订的灰色裤子（如果可能，最好马甲也一起）准备妥当，这样的

话我就能在到达后立刻换一下衣服了。同时
也告诉他直接把衣服送到特朗舍大街 5 号，
交给提诺，他应该早在那里等着了（那个男
仆叫提诺）。杜邦店里订制的帽子也按照以
上所说办理；作为回报，我将会为你修改后
半部分的波洛内兹舞曲，直到我生命走到尽
头。也许昨晚的版本你仍不满意，尽管我曾
为此苦思冥想了 80 多秒。

修整院落

● 致姐姐露德维卡，1844 年 10 月 31 日，
诺昂，34 岁

我想在这里再待上两三周。树叶还没有
全掉光，只是变黄了。此处的女主人利用这
段时间栽种各种植物，修整院落，你还记得
那院子吧。人们在那儿跳过舞。要建块大草坪，
还要修个花坛。准备在餐厅大门对面再修建
一个门，可以从台球室通到温室（我们都称
这个温室为"小橘屋"）。

仆人

辞退男仆 1

● 致尤利安·冯坦那，1841 年 8 月 11 日，
诺昂，31 岁

明天我很可能要送回我的那位老男仆，
他在这里有点昏头了。他为人诚实，勤劳工

作，就是喋喋不休，牢骚满腹。这里的人
都烦他了。我会把他送回去，告诉他让他
去巴黎等我。所以你要是在你家房子里见
到他，请不要讶异。唯一能应付他的办法，
就是告诉他在家等我，我会在一两个星期
之后给他写信，要么告诉他我可能会比预
期迟些时日回去，要么说点别的借口，打
发他走人。

《弗里德里克・肖邦和乔治・桑社交圈中各
种人物的亲笔签名》
(Autographs of various people from
Fryderyk Chopin and George Sand's
circles)
1840 年，手稿

辞退男仆 2

● 致尤利安·冯坦那，1841 年 8 月某日，
诺昂，31 岁

那个可怜的人（我的男仆）今天真的走了，他刚刚动身，带着这封信会一起先到你那里。他要是在房子里还有什么东西的话就让他拿走吧。我已经把他的工资都结算清了，因此他也没有什么要求索赔的了。我真不该冒险答应他住在家里。请你拒绝他。他和脚夫是朋友，或许他可以先住在脚夫那里。我现在和他已经没有任何关系了，别再试图给他任何钱了，因为他得到的已经远远超过了他所能做到的了。昨晚我已经给你写了封信了，这是第二封，特意提醒你：我已经把他解雇了。因此请别再留他住在我们的房子里。

仆人间的争吵

● 致家人，1845 年 7 月 20 日，诺昂，35 岁

屋外边有暴风雨，我们厨房里也有暴风雨。屋外的暴风雨显而易见，可厨房里的，要不是苏珊娜向我抱怨杨的不是，我还不知道怎么回事呢。苏珊娜拿走了杨放在餐桌上的刀，杨便用法语谩骂她，骂得五花八门。姐姐、姐夫知道杨的法语水平，你们可以想象出他用法语骂人多么精彩：Laide comme cochon（丑得像头猪），Bouche comme derrière（嘴巴像屁股），还有其他更让人忍俊不禁的。不知道你们还记得吗，要是你问杨："还有木头吗？"他会用法

语回答："Il est sorti（他出去了）。"问他："苏珊娜在家吗？"他的法语回答则是："Il n'y a pas（一点儿也没了）。"他们总吵来吵去。桑的这位女仆手脚麻利，是个干活的好手。按说为了家里太平无事，倒是该把这个男仆辞掉的好。可我又不愿意，因为新面孔总是乏味无趣。可是家里的孩子们也不喜欢他，尽管他做事可靠，有板有眼。

新雇仆人

● 致家人，1845 年 12 月 12 日，星期五，巴黎，35 岁

　　桑和她的一双儿女周二回去了，而我在这已经待了两周了。你们可能会记得，通常情况下，我是会第一个回来的，尤其是今年，我回来得更早。因为我想辞掉让，再另雇个男仆人。去年的每个月里他都想走，但又总是眼含泪水地说他非常爱我。我本不想辞退他的，可他总招惹别人，孩子们也总是捉弄他。直到最后，他都还一直希望苏珊娜能被送走。过去每天他都在感谢我。找个仆人对我来说是一件大事，因为我必须找个很正派的人来做我的佣人。我的朋友阿尔贝奇给我找了个法国男仆——皮埃尔，他非常诚实，非常能干，我希望他也是一个忠诚的仆人。他曾在我的《E 大调圆舞曲》的父母①那里服侍了七年。他非常干净，手脚有点慢。但到目前为止还没让我感到难以忍受。

①指霍尔斯伏特夫妇。

①乔治·桑的女儿索兰热的昵称。

《升 F 大调船歌，60 号作品》
(*Barcarolle in F sharp major Op.60*)
1846 年，弗里德里克·肖邦，草稿手迹片段
肖邦在诺昂创作的乐章

躲雨的狗

● 致家人，1845 年 10 月 1 日，诺昂，35 岁

我和索尔①刚刚回来，在雅克的陪伴下，索尔带着我乘坐有篷马车到处转了转。雅克是个品种优良、体型发达的狗，它给送来接替老西蒙陪伴女主人，西蒙今年老得厉害，一只脚跛得动不了了。雅克血统高贵，下雨的时候，它蜷缩成一团挤进篷式马车里躺下，然而不管它怎么小心翼翼，它的头和尾巴在车的两头总是会被淋湿。它努力躲避，可是对于这辆马车来说它太大了。

有怪癖的小狗

● 致家人，1846 年 10 月 11 日，星期日，36 岁

那只小狗——马奎斯那个小家伙在我身后，躺在我的沙发上。它是个很惹人爱的小东西，皮毛像鹳一样雪白雪白的。桑夫人每天亲自喂它，它也很聪明，会逗人开心，而且还有些不可思议的怪癖。例如，他从来不吃也不喝镀金盘子里的东西。它会用头推盘子，甚至把盘子碰翻。

科拉利翁琴

● **致让·比亚洛布洛克，1826 年 11 月 2 日，星期六，华沙，15 岁**

说到布鲁纳尔，下面的话会解释清楚：他制成科拉利翁琴② 已有一个多月了。但他得不到你父亲的任何消息，他就把琴拆了。他又再重新装起来，因为我告诉他我很想看看这架琴。他说你父亲肯定会很高兴的，因为搁了这么长时间，他已经想出了改进的方法（对此他跟我讲了很多），也在做这些改进。因为我还没看过琴，所以就没法跟你描述它的样子，但我很快就能看到了，我会写信告诉你的。

②科拉利翁琴（Choraleon），一种风琴乐器，由金属管制成，1825 年发明于华沙。

好乐器胜过好风景

● **致在华沙的约瑟夫·埃尔斯纳，1826 年 8 月，雷纳兹，15 岁**

自从我到雷纳兹之后，我就想给你写信。因为我一直在治疗，所以就没空给你写信。直到今天我才抽出时间给你写信。

……你对我是那么的仁慈和关爱，我如果告诉你我的身体状况，你肯定不会漠不关心的。这里空气很新鲜，我还认真地食用了乳清，这使我的身体恢复得很好，我现在已经和在华沙时判若两人了。西里西亚的美丽风光使我既陶醉又着迷，但我还缺一样东西——一件好乐器，这是雷纳兹任何优美的风景都不能弥补的。

《致家人的信》 *(Letter to his family)*
1826 年 8 月 10 日，弗里德里克·肖邦手稿，写于萨伐尼亚
弗里德里克·肖邦在萨伐尼亚度过了 1824 年和 1825 年暑假

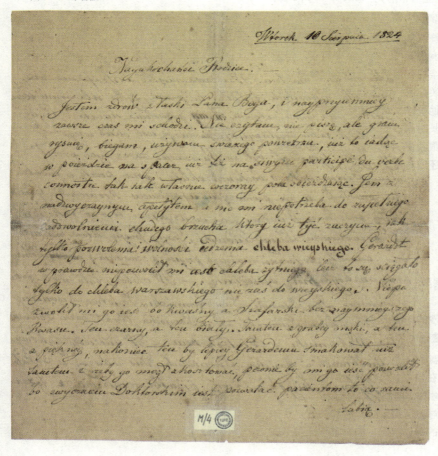

迟迟不来的钢琴

● 致在巴黎的尤利安·冯坦那，1838 年 12 月 14 日，帕尔马，38 岁

今天我才听说我的钢琴 12 月 1 号就已经在马赛装船了。这封信从马赛足足用了两周的时间才到我手里。因此我可以估计到钢琴大概整个冬天我都收不到了。它可能是在甲板上，也可能是停泊在某个港口，等我要返回的时候才能收到。那也是个不错的安慰，除了那 500 法郎之外，我正好可以开开心心地再派人把它运回。

托运钢琴

● 致尤利安·冯坦那，具体日期不详

亲爱的尤利安：

你人一向很好，那就好人做到底吧！请你去一下运输公司，名字是汉伯格和莱维斯特尔先生搬运公司，地址是巴黎圣马丁沼泽路 51 号。请他们立刻派人到普莱耶尔处启运钢琴，以便次日可以发货。请告诉运输公司的人，记得用快件而不是慢件的方式托运过来，虽然花费会多一些，但是至少这样可以更迅速一些。可能会多花 5 法郎。我在这边可以付费，你只需记着索要收据，或是账单，写明重量、发货时间、承诺的抵达日期即可。这家公司的船是直接到杜鲁兹的，只在中途卸些货物。因此这架普莱耶尔钢琴的运送地址不要写沙特，而要写沙特鲁的杜德

旺夫人。在沙特鲁的运输公司知晓此事，收
到钢琴后会马上运送过来。我仅需要账单约
束巴黎那边的运输公司。若是出现什么纠纷，
账单可以派上用场，因此不必把它寄给我。
沙特鲁这边的办事员说如果发快件的话，从
巴黎过来大概四天就能到。因此务必让他们
承诺四五天的时间发到沙特鲁……

三架钢琴

**● 致在巴黎的阿道夫·古特曼，1848 年 5
月 6 日，星期六，伦敦德芙大街 48 号，38 岁**

　　在这个名叫伦敦的深渊我终于安顿了下
来。几天来我刚觉得呼吸轻松了一些，因为
只这几天阳光才露了脸。我去拜访了奥赛先
生，尽管我的引荐信递迟了好几天，他还是
很热情地接待了我。请代我和他感谢恰托雷
斯卡公主。我还没有把所有人拜访完，因为
很多介绍信里提到的人都还没有来到此地。
埃拉尔德很客气，他自己的一架钢琴任我使
用，加上布罗德伍德的一架，普莱耶尔的一架，
我现在一共有三架钢琴了。但是我没什么时
间弹奏，这些钢琴又有什么用呢？拜访和回
访数不胜数，我应接不暇，我的时间像闪电
一般飞逝而去。

这就是命

● 致提图斯·沃伊杰乔夫斯基，1830 年 9 月 4 日，星期六，华沙，20 岁

最亲爱的提图斯！

我想告诉你，伪君子，我现在比平时更疯狂了！我居然还待在这里；我还没下定决心决定什么时候离开；我想我会远走他乡以忘记自己的家乡；我想我会去死；但是，不能死在自己生活过的地方，而是客死在他乡，这是何等悲惨！在临终的病榻前见不到自己的家人，而是冷漠的医生或仆人，这是多么可怕啊！相信我，我曾不止一次想到霍德凯维奇那儿去找你寻求安宁。但是，当我走出家门，走到街上，我就开始发愁，于是，我又回到家中，为什么呢？——只是为了打发时间。我还没排练《协奏曲》；但不管怎样，我都得在圣米迦勒节之前抛弃一切去维也纳，我是注定要永远哀叹的。这就是命。你对人的力量别有一番了解，你向我解释了为什么人们会认为今天结束了明天就来了。不要再犯傻了，这一切我都能给自己唯一的答案。如果你还有别的答案，那么一定要告诉我。

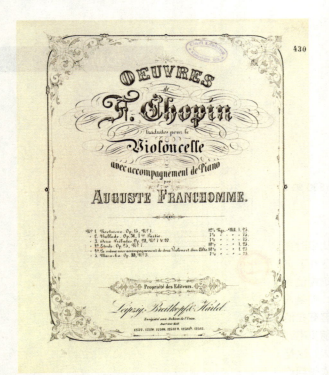

《由奥古斯特·弗郎肖姆所作的大提琴和钢琴改编曲》
1871 年，改编自弗里德里克·肖邦的练习曲（25 号作品，第 7 首）

短暂的快乐

● 致提图斯·沃伊杰乔夫斯基，1830 年 9 月 4 日，星期六，华沙，20 岁

　　人，不可能一直都开心快乐，也许生命中的快乐只有短暂的几分钟，那为什么不摆脱那些不能持续很久的幻想呢？我把友谊看作最神圣的东西，但我又认为这是魔鬼的发明。如果人类不知道钱，不知道粥，不知道靴子，不知道帽子，不知道牛排等等之类的，那将更好。在我心里，最难过的是，也许你会同样思考，但是你宁愿选择什么也不知道。

声誉如浮云

● 致提图斯·沃伊杰乔夫斯基，1830 年 9 月 18 日，华沙，20 岁

相信我，正如我爱你一样，我确实也为自己考虑，我为别人做的一切都是为了自己好。为别人！换句话说，让人们看到我所做的一切，我的声誉才不会那么差。在这个地方声誉确实很重要！当然我也知道，这些所谓的声誉只是浮云，毫无内在可言，人们也常常称声誉之类的东西为"破烂的外套"或"灾难般的旧帽子"。如果哪天我连饭都吃不上，你可要收留我呀，可以让我在波图日恩①当个小职员，稳定、舒适地和你生活在一起。只要我的健康状况允许，我希望我可以一直工作下去。有些时候我怀疑自己是不是真的懒惰，是不是应该在身体条件还允许的时候做更多的工作。不是开玩笑，我已经说服了我自己，我并不是一个毫无希望可言的流浪汉，只要有必要，我就可以将工作量加倍。你不得不承认相比在你面前自我问责，我更善于自我宽恕。我知道，我是爱你的，同时我也希望你能给我越来越多的爱，这就是为什么我会跟你说这么多乱七八糟的原因了。

①波图日恩（Poturzyn），华沙附近的一个小村子。肖邦的好友提图斯大学毕业后，就回到那里经营农庄。

1830 年 5 月，肖邦在华沙国家剧院举行了两场成功的音乐会。为了寻求音乐上更大的突破，肖邦决定离开波兰前往音乐胜地维也纳。然而在离开波兰前往维也纳的前夕，思想复杂而纠结，他似乎也预见了 1830 年是他后半生命运的转折点。如果当时他留在了波兰，或许波兰会多一个在波图日恩的小职员，而少了一位影响世界的钢琴大师。

1830 年以后的肖邦从维也纳转而定居于巴黎，在那里度过了后半生，此后未能再次回到祖国波兰。直到他 1849 年 10 月 17 日逝世于巴黎寓所后，依照他的临终嘱咐，亲人们在他死后将他的心脏运回祖国波兰。

肖邦的创作生涯，以 1830 年为界可以分为两个时期，即华沙时期与巴黎时期。在华沙时期，他完成了这一时期最重要的作品《第一钢琴协奏曲》和《第二钢琴协奏曲》。在巴黎时期，他创作了与波兰民族解放斗争相联系的英雄性作品《第一叙事诗》《降 A 大调波兰舞曲》，充满爱国主义热情的英雄性作品《革命练习曲》《b 小调谐谑曲》，哀痛祖国命运的悲剧性作品《降 b 小调奏鸣曲》，还有不少的幻想曲与小夜曲。

《f 小调马祖卡（68 号作品，第 4 首）》
(Mazurka in F minor Op.68, No4)
1845 至 1846（？）年，1848（？）年，1849（？）年，弗里德里克·肖邦
未完成作品的草稿片段
作曲手稿有多处涂抹和修改，表明了肖邦在作品最终成型前所费心血。

一天的安排

● **致华沙的让·马图斯辛斯基，1830 年 12 月 26 日，维也纳，20 岁**

现在还有剩余的信纸，就说说这里的生活吧。我住四楼，地处最繁华的街道，头一探出窗外，外面发生的一切就看得清清楚楚了。我的房间又宽敞又舒适，有三个窗子，床正好面对着窗户，一架华丽的钢琴放在右边，左边是沙发，窗与窗之间则挂着镜子。房子的中间有张很大、很好的圆桌，拼花地板擦得雪亮。这儿很安静……所以我能够专注地想你。

每天早上，都有一位笨得令人难以忍受的仆人来叫醒我。起床后，他们端来咖啡。我弹一会儿琴，多数是吃已经凉了的早餐。约九点的时候，德文老师会来这儿，课程结束后我总是继续弹琴，接下来是赫梅尔给我画一直没画完的画像，还有尼德克在学习我的协奏曲。做这些事情的时候，我总是穿着睡袍，直到中午。而后，有一个在监牢工作、非常有钱的德国人会来，天气好的时候，我们会到环城的斜堤走走。如果晚上有约，我便接着赴宴了；如果没有，我们便去一个所有年轻学子都常去的地方——波希米亚餐厅。晚餐后就去最好的咖啡屋喝黑咖啡，这是这里的习惯。然后，我去拜访一些人，黄昏时才回家，我会先梳个头发，换双鞋子，再出门赴晚会。大约十点、十一点，最晚不会超过十二点，我便会回家，弹琴，哭泣，张望一下，笑一笑，然后熄灯睡觉。总是会梦见你们当中的一些人。

客居他乡的孤寂

● 致华沙的让·马图斯辛斯基，1830 年
12 月 26 日，维也纳，20 岁

前天是圣诞平安夜，天空晴朗，气温宜人，我们一整天都在拜耶夫人家弹奏音乐，直到晚上才离开。斯拉维克要去皇家教堂演奏，我们就分手了。之后，我一个人在街上徘徊，半夜时分我走进圣·斯蒂芬教堂。里面空无一人。我不是要去听弥撒，只是想在这个时候来看看这宏大的建筑物。我走进那哥特式梁柱下最黑暗的角落。我无法形容那些巨形拱门的雄伟壮观。这里非常安静，偶尔会传来教堂执事的脚步声，他正在内殿后面点燃一盏盏蜡烛，让我精神为之一振。我的身后有一个棺柩，脚下也有一个棺柩，只有头顶上没有，在这片哀伤的氛围里，我从不曾如此清楚地感受到自己的孤寂。

通常在这样的情况下，我喜欢借酒消愁——渐渐地天亮了，人们陆陆续续走进教堂。这时候，我翻起大衣的领子［记得么？在华沙斯拉考郊区 （Sracow Suburb） 大街上我也这么做过］，要去皇家教堂听音乐。途中经过维也纳最繁华的街道，现在我不是孤身一人了，在欢快的人群中穿梭，最后来到大教堂。在大教堂里，我听了三组让人昏昏欲睡的做弥撒的音乐，凌晨一点时回家睡觉。我梦到了你，梦到你的一切，梦到别人了，还有我思念的孩子们①。

①指肖邦的姐妹。

在华沙革命爆发后，没能如愿回国参加战斗的肖邦得不到起义和亲人的消息，他和

同在国外的波兰人联系，了解情况，独自一人度过了在异乡的第一个圣诞节。②

②引自《肖邦素描》，梁全炳，《钢琴艺术》2010年第3期。

前路漫漫

● 选自肖邦日记，1831年春，维也纳，21岁

直到现在为止，外边的那些所见所闻对我来说都是那么的毫无新意、面目可憎，只会更加增添我的思乡之情和那些我曾经没来得及好好珍惜的美好快乐时光。过去我认为崇高伟大的事情，现在好像都变得平凡无奇；以前我认为平凡无奇的事情，现在却无与伦比地伟大崇高。

这里的人不是我的手足同胞，他们亲切和善，但那已然是一种习惯，他们做的每一件事都太过儒雅、做作、中庸。我甚至都不愿去想中庸这个词。

我很迷茫，很忧郁。我不知道接下来该怎么办。此刻，我多希望我不是孤单的一个人啊……

1831年，肖邦在斯图加特得到了"11月起义"被沙皇军队血腥镇压的消息，万念俱灰的他最后决心去"另一个世界"——巴黎。他懊悔这种时候离开了华沙。他一方面苦苦地思念着家人、朋友和女友康丝坦雅·哥拉德科夫斯卡；另一方面又看不到摆脱困境的出路，于是只能把极端烦闷的情绪宣泄在钢琴上。此前他是同伴们的灵魂，现在自己却迷茫了。③

③引自《肖邦素描》，梁全炳，《钢琴艺术》2010年第3期。

调节心情

● **致家人，1831 年 7 月，星期六，维也纳，21 岁**

现在我除了缺少精力和体力外其他什么都不缺，有时候感觉很累，有时候又觉得像在家一样开心。情绪低落时，我通常会去找帕尼·萨再克（Pani Szaszek），在那里我常会遇见好几位和善的波兰女人，她们那真诚和充满希望的言辞给我莫大的勇气和鼓舞。我便模仿起维也纳的将军来，这可是我新创的模仿秀①；你们没见过自然无法想象，但凡见了我那个样子的人都会忍俊不禁捧腹大笑。之后的某日里，我就会变得沉默寡言，甚至连只言片语都没有，完全不理解这前后的判若两人是怎么一回事儿。再之后为了让生活有所变化，我会花 30 个硬币去席津②，或去维也纳郊外的什么地方散心。

寂寞的感觉

● **致在波兰的好友提图斯·沃伊杰乔夫斯基，1831 年 12 月 25 日，巴黎，21 岁**

我真希望你能来这儿。你想不出，找不到人畅所欲言，我是多么的哀伤。你知道，我与人结识，轻而易举；你也知道，我喜欢跟别人天马行空地闲谈。我周围不乏这样的熟人，却找不到人能和我分担忧愁。说到情感，我永远都是和别人处于切分音③中。这让我难受。你也许不相信，我真希望时间能

①肖邦很喜欢业余演戏。

②席津（Hietzing），维也纳的旅游城市，附近有维也纳最负盛名美泉宫（Schloß Schönbrunn）。

③肖邦用切分音来代指他与好友之间时常不断地快速相聚、分离的感受。

暂停，让所有人离我远远的，一整天都不要见到……

我们相见的日子更遥遥无期了，也许根本就见不到面了。因为说真的，我的健康状况很糟，表面上我看起来是快乐的，尤其是在自己人面前（我称波兰人为自己人），可是回到家里内心里却有什么东西折磨着我，侵蚀着我。那是一种预感，不安、做梦或失眠、眷恋、冷淡、生的欲望而一瞬间又是死的念头，一种甜蜜、安详、麻木、心不在焉包围着我。有时候是那些清晰的记忆困扰着我，就像打翻了的五味瓶——酸、甜、苦、辣、咸一起涌上心头，道不尽的人生况味！似乎有一种潜藏的混乱的情感震荡着我，我比以前更笨更呆了。

可怕的梦境

● 致尤利安·冯坦那，1841 年 8 月 11 日，诺昂，31 岁

现在我只希望你晚安，别做梦。至少不要像雅希那样梦见我死了，要做梦也要梦到我刚出生，或者是别的类似的事。不过我现在还真像是襁褓里的婴儿一样乖巧，即使有人拿教婴儿学步的扶手索来牵着我，我也会很开心的。注意：要在我的头上扣一顶厚实的棉帽，因为我感觉到我会步履蹒跚，随时可能跌倒。不幸的是，等待我的不是扶手索而是手杖或拐杖之类的东西，如果我以现在的步伐步入老年的话。我有次梦见我死在了医院里，那个梦在我脑海里栩栩如生，挥之

不去，就像是发生在昨天一样。你要是能活
得比我久的话，你就能知道这梦是不是真
的了。几年前我也梦到过其他的一些事情，
但是没有应验的……

⌐ 无尽的孤独

● 致沃伊杰赫·格奇马拉，约翰斯顿堡，
1848 年 9 月 4 日，38 岁

　　这封信我昨天就开始写，今天就可以写
完了；但外面变天了，刮风下雨。我变得焦
虑不安，心情沮丧。人们的过度关注使我厌烦，
我无法呼吸，无法工作。尽管周围有许多人，
我仍然感到孤独，孤独，无尽的孤独……

《b 小调钢琴奏鸣曲，58 号作品》
(Sonata in B minor Op.58)
1844 年，弗里德里克·肖邦，第一部分作曲
手稿（118 卷至 133 卷），标注日期者不详

有趣的见闻

● 致在华沙的让·马图斯辛斯基，1825 年，斯查法尼亚，15 岁

……这些只是开场白，接下来说点正事吧。如果你想拿你的普拉维（Pulawy）的野兔来吓我的话，我准备拿我的特欧儒恩（Torun）野兔（我敢肯定比你的大），还有我那四只鹧鸪（我前天刚买回来的）来把你比下去。你在普拉维看到什么了？什么？你只看到了我所看到的一小部分。

……我看到一整幢房子了，完整的房子，虽然现在看来有点世俗。但不要把哥白尼记在心上，下面我们讲讲特欧儒恩的蛋糕吧，为了让你了解得更多（至少比对哥白尼了解得更多），我不得不把跟它们相关的一些重要的事情告诉你，这可能让你感到惊讶。情况是这样的。按照这里的蛋糕师傅的习惯，蛋糕店都是一个个摊位、一个个橱柜严实地锁着，里面放着各式各样的糕点，成打成打地摆放着。你在阿达吉欧如姆①肯定看不到这种蛋糕店。我知道你对这肯定感兴趣，所以告诉你，以便你在翻译贺拉斯（Horace）②的时候，如果遇到不懂的也许能帮上忙。

有关特欧儒恩我只能跟你讲这些了，也许我能亲自见面跟你说呢。现在在信上我能告诉你的就是那蛋糕真的给我留下了特别深

① 阿达吉欧如姆（Adagiorum Hiliades），波兰城市。
②代指古罗马抒情诗人贺拉斯（前 65～前 8）的诗歌。

刻的印象。我真的看到整个镇上四周都筑起了防御工事。我还看到了一种很厉害的机器，它能将沙子从一个地方运到另一个地方。这机器不仅简单，而且很有意思，取名叫德国沙子机。我看到了由十字军骑士建造的哥特式的教堂，有一座还是建于 1231 年的呢。我看到了斜塔，还有市政厅，里外看上去都很壮观。它很别致，那窗户数就跟一年中的天数一样多，大厅就像一年中的月份那么多，里面的房间就跟星期一样多。那整个哥特式建筑看上去特别壮观。不过这些跟蛋糕比起来就简直根本算不上什么了。哦，蛋糕啊！我寄了一个到华沙。我能看到什么呢？我只能坐下，而且手头居然只剩一张纸了。我好像刚开始写信啊，刚开始和你聊天，马上又得停了。亲爱的雅希，我能做的只有拥抱你。现在十点了，大家都要睡了，我也得睡了。我 22 号回到华沙。我不会提前到的。我只能口头上结束这封信了，我真诚地拥抱你，亲爱的雅希。我在 20 英里之外拥抱你，吻你，再见了。

你最真诚、最真挚的朋友
肖邦

我是多么想见到你啊，为了去看你，我可以两个星期不玩，其实我在心里每天都能看到你。别把这封信给别人看，我很惭愧。我都不知道这封信写得怎么样，因为我还没完整地读过。

旅伴

● 致在华沙的家人，1828 年 9 月 16 日，星期二，柏林，18 岁

与我们同行的有一位来自德国的法律专家，他住在波兹南。他最擅长开些没轻没重的玩笑了。还有一位农学家，他四处旅行，连驿车都深有研究。在到达最后一站法兰克福之前，就我们几个为伴。之后又上来了一个叫克琳的德国女人，她说每句话都要带上"啊哈"、"呀"、"呐"，真是个浪漫的尤物，真有意思。她一路上一直对坐在她旁边的那个法律专家气恼不已。

……那是一位来自汉堡的植物学家——莱曼教授。我很羡慕他的手指，我得用两只手才能把小圆面包掰开，可他仅用一只手就能把它压成薄片。查布尔也有一双熊掌。他隔着我和雅罗茨基说话，兴奋极了，手指在我盘子上空飞舞，竟把手上的面包屑撒到我盘子里了。他肯定相当博学，还有一个又大又难看的鼻子。盘子给他弄得乱七八糟，我如坐针毡，只得用餐巾擦干净。

博物学者

● 致在华沙的家人，1828 年某月 27 日，柏林，18 岁

我身体很好。能看的都已经看过了。我下周一就要回到你们身边了。从明天算起正好有一周时间，我就能拥抱你们了。我的假期过得很愉快。除了去剧院，我什么也没干。

　　在我旅途中的重要事件中，我可以把和那些博物学者的第二次聚餐也算上。星期二晚上，也就是我们分别前一天晚上，我们举行了宴会，还配上了合适的音乐。每个人都唱了歌，坐在桌上的每个人都喝醉了，还伴着音乐碰杯。泽尔特做指挥，在他面前摆着深红色的基架，上面放着镀金的高脚杯，那是最高音乐地位的象征。我们比往常都喝得多，这有很多原因。

　　那些博物学者，特别是动物学家们，忙于改善肉质、酱油、肉汤等的口感；于是在接下来的宴会上他们就可以大饱口福了。据说有一部喜剧，虽然我没去看，但是听人说过，剧中的男人们正在喝啤酒，其中一个问道："为什么现在柏林的啤酒这么好喝呢？"，有人回答道："因为博物学家们来了啊。"

　　我该上床睡觉了。明天还得起早去驿站。我们在波兹南停留两天，沃利茨基大主教邀请我们吃饭。

艰难的跋涉

● 致在华沙的家人，1829 年 8 月 1 日，维也纳，19 岁

　　我最亲爱的父母和姐妹们！

　　我们昨天到达维也纳，既安全，又快乐，身体也很好，也很舒适。从克拉科夫开始，我们就开始乘坐不太舒适的驿车，而不是我们本该乘的私家马车。加利西亚省的风景很美，然后到别尔斯克，再到上西里西亚和摩

拉维亚，一路的旅程很满意。晚上有时候会下阵雨，缓解了我们一路尘土飞扬之苦。

我得先说说在奥伊楚夫（Ojców）发生的事，然后再开始描述维也纳。星期天晚上吃好晚饭以后，我们就问当地农民借了辆克拉科夫式四匹马的马车。离开了克拉科夫郊区之后，我们让车夫直接去奥伊楚夫，我们希望能找到潘·因迪克（Pan Indyk）。他会给任何人安排晚上的住宿。但不幸的是，我们的车夫不认识路，把我们带进了一条叫普拉德尼克（Pradnik）的小河，更确切说，是条小溪。我们无路可走，周围都是大大小小的石头。到了晚上九点的时候，正当我们犹豫着该怎么办的时候，遇到两位陌生人。他们看我们可怜，就答应做向导带我们去找因迪克。我们迎着露水，翻山越岭，穿越溪涧，在黑夜里足足走了半英里路。虽然几经周折，浑身肿块，怨声载道，但终于到了因迪克的家里。

他完全没料到这么晚会有客人来访。他让我们住在悬崖边的一间小屋里，那小屋是专门为游客准备的……因迪克为我们生了火堆，我的同伴们都把衣服脱了在火堆前烘衣服。就我一个人待在角落里，膝盖上都湿了，我在犹豫着到底要不要也把衣服脱了拿去烘呢，这时我突然看到因迪克要去房里为我们取被子了。出于好奇，我跟着他出去了。在那儿，我看了很多克拉科夫羊毛帽，这种帽子是成双的，就像睡帽一样。于是我什么也没顾得上就花了一提兹罗买了一个。然后把它撕成两半，把靴子脱下，裹在脚上，然后把绳子绑好，这样就可以防冻了。后来我在火堆边喝了点红酒，还和我和蔼可亲的同伴

们一起有说有笑的。因迪克为我们在地上铺
了床铺，那晚我们睡得特别香。

短暂的布拉格之旅

● 致在华沙的家人，1829 年 8 月 26 日，
德累斯顿，19 岁

我们在布拉格只待了三天。时光飞逝，
抓也抓不住。我一直在忙碌着；直到要走的
前一天，我穿了一半衣服就离开房间了，当
我匆忙走进一间奇怪的卧室时，当我听到有
人说："早上好——请问你有事吗？"原来
是我冲进了别人的房间，于是我慌忙逃走。
这里的房间太相似了！我们中午的时候乘坐
单独的马车离开德累斯顿，晚上就到了特普
利兹。

我们去了很多地方，例如像威灵斯顿皇
宫，那里面放着这个伟大士兵的头颅碎片，
还有那曾经他使用过的戟，以及其他的遗物。

短途旅行

● 致家人，1831 年 6 月 25 日，维也纳，
21 岁

前两天我和库迈尔斯基、恰普斯基一起
去了维也纳的利奥波德山 (Leopoldsberg)
和卡伦堡山 (Kahlenberg)。恰普斯基常
来看我，他不断证明了我们之间强有力的友

谊。我们的友谊到了什么程度呢，只要我需要，他甚至愿意支付我的所有旅途费用。那真是美好的一天！我还从来没有过那么酣畅淋漓的短途旅行。在利奥波德山，你可以看到整个维也纳、瓦格拉姆、亚斯伯尔尼、普莱斯堡（Presberg）、诺伊堡（Neuburg）的女修道院和城堡，以及所有可以到达蓝色多瑙河上游的路径。午饭之后，我们前往索比斯基国王当年在那瑞安营扎寨的卡伦堡山，我给伊莎贝拉寄了一片这里的树叶。这里还有一个教堂，曾经是一个加默度会（Camaldolese）会士的男修道院。在袭击土耳其之前，这个会士曾亲自在这里主持弥撒，授予儿子骑士腰带。晚上我们到达了卡伦堡山，那儿的小山谷引人入胜，让人如痴如醉。我们同时也领教了那里盛行的奇风异俗。那里的男孩子从头到脚都穿戴着树叶，他们在这种装扮下在灌木丛中走动、跳舞——从一个客人走向另外一个客人。还有个小淘气鬼，全身用树叶遮住，头上插满树枝，自称是"绿色小精灵"。这应该就是传说的"圣神降临周"的庆典活动了。真是滑稽极了！

旋转滑道

● 致家人，1831 年 7 月，星期六，维也纳，21 岁

前天，友善的乌尔费尔来看我，和他一起来的还有斯扎帕克、库迈尔斯基等人。我们去了圣维特，一个很美的地方；但另一个

叫做蒂沃利的地方，我倒没觉得有多好。

那里有个旋转滑道。当地人叫它"鲁西"。这是个蠢笨的玩意儿。成群结队的人滑上滑下，毫无目的。那些烂玩意儿我连看都不愿意多看一眼。可到了后来，我们八个好朋友决定一较高下，手脚并用，看谁滑得最快。我一开始对这种愚蠢的维也纳游戏不屑一顾，现在成了狂热的爱好者。直到恢复了理智，我才意识到这些东西有害健康强健的体魄，扰乱有用的心智。到此刻才明白人类正需要健全的身心来抵御这些东西。唉，让这些玩意儿见鬼吧！

美好的梦行

● 致在科托（Côteau）的奥古斯特·弗郎肖姆，1833 年 9 月，巴黎，23 岁

我知道我为我的沉默寻找借口是徒劳无益的，要是你能了解我的想法而不用写信该有多好啊！不管怎样，你应该很了解我的处事风格，知道我该做的从不去做。一路上都很顺利（除了一件令人不悦的小插曲，事情起因于一位抹了相当多香水的男人，他要一路到沙特尔。那晚他让我惊愕不已）。我发现巴黎比我离开前有更多的事情要做，这无疑使我无法去科托看你。

科托啊！科托！我的宝贝，告诉在科托的每个人——海纳（Touraine）之行让我此生难忘，他们的善良仁慈让我感动不已，久久难以忘怀。人们说我长胖了，气色也好了很多，我也感觉好极了，这多亏了我的膳食

管家，她给了我慈母般的关怀。每每想及此处，我都感觉自己像做梦一样，多美的梦啊，我愿意长眠不醒沉沉地睡在这个梦里。还有那勤劳淳朴的波尔尼克农妇、优质的面粉，甚至你会情不自禁用你那优雅美观的鼻子去深深地嗅一嗅。

世界上最美的地方

● 致在巴黎的尤利安·冯坦那，1838 年 11 月 19 日，与乔治·桑在帕尔马，28 岁

亲爱的：

我在帕尔马，周围到处都是棕榈树、雪松、仙人掌、橄榄树和石榴树。天空像绿松石，海如天青石，而山像翡翠，天空宛如天堂。这里整天阳光普照，但不热，每个人都穿着夏天的服装。晚上，吉他声和歌声不绝于耳，宽阔的阳台上长满了葡萄藤；也有摩尔式城墙，城墙上爬满了爬山虎，到处散发着非洲风情。总而言之，这是愉快宜人的生活！爱我！去跟普莱埃尔讲一声，钢琴到现在还没送到。要怎么样将琴送来呢？你很快便会收到一些前奏曲。我应该会搬到一个很棒的修道院中，那将是全世界最美丽的地方：海洋，高山，棕榈树，教堂，修道院，废弃的清真寺，古林，还有千年的老橄榄树。噢，亲爱的，我觉得自己好像又活过来了，我和至美是如此接近。我好多了。

《致亚当·捷尔吉·恰尔托雷斯基王子的书信片段》
（fragment of a letter to Prince Adam Jerzy Czartoryski）（原件遗失）
1833 年 1 月 16 日，弗里德里克·肖邦手稿，于巴黎
作曲家将 1830 年 3 月 1 日作为自己的生日。恰尔托雷斯基王子当时在巴黎任波兰作家协会主席。

抵达英国

● **致沃伊杰赫·格奇马拉，1848 年 4 月 21 日，星期五，伦敦，38 岁**

我渡过了大海，还好没有怎么晕船。我没有和仆从在一起，也没有和新结识的旅伴一起，因为他们要乘小船到海上坐大船去了，而我更愿意采用普通的旅行方式。我在福克斯顿不得不休息了几个钟头，昨天六点才到这里。睡了一觉之后给你写这封信。

好心的厄斯金姐妹替我考虑得很周到，甚至还记得我喝巧克力的习惯，他们还帮我找了住处，尽管我可能过一阵还要再搬到别的什么地方。恰巧昨天我就在她们那条街上找到了一处更好的房子，每周需支付四个金币①。我现在的地址是卡文迪什广场本廷克大街 10 号，不过过几天就要搬到新住处了，到时候请寄信到新地址: 维尔贝克大街 44 号。她们托我问候你，你难以想象她们是多么的善良热情。我刚注意到她们给我的这张纸上有我的名字缩写，她们对我真是无微不至。今天是耶稣受难日②，人们都停下了手上的工作。我要去看前国王的好友③，他们现在住在城外。你们是怎么到家的? 在回家的路上有没有遇到那些可怕的场景? 昨天和敌军的战斗有没有取得胜利? 请写信给我，愿上帝保佑你。

①金币是古代英国的一种货币。

②耶稣受难日，复活节前的星期五。
③暗指珀修斯家族，跟随路易菲利普国王一起流放，此处肖邦用词极为谨慎，刻意避免人名。

苏格兰古宅

● 致家人，1848 年 8 月 19 日，苏格兰，38 岁

这里被称作考尔德府邸（Calder House）。这座古老的巨宅被长满参天古木的树木所围绕，在这里放眼望去只有草原、森林、高山和天空。这儿的墙有八英尺厚，房子外侧都是回廊，阴暗的走廊中摆设着无数的古画，有各种不同的颜色，各种服饰，有些穿苏格兰装，有些身披甲胄，有些则是穿着长袍，每幅画都很有想象力。甚至有一个戴了某种红帽子的（鬼魂）会出现在这里，但我并未看见。昨天我欣赏了每一幅画，就是没找到那个在古堡游荡的鬼魂。从我所住的客房可以看见你想象中最美丽的景致。

[肖邦自己的脚注]虽然这儿不是苏格兰最漂亮的景致。对面是斯特林小姐的房间，远处则是格拉斯哥以及北方的美景。

车祸遇险

● 致沃伊杰赫·格奇马拉，约翰斯顿堡④，1848 年 9 月 4 日

对了，我忘了告诉你我的一次奇遇，这次奇遇就是我给你写完上一封信之后发生的。我当时甚至有着生命危险，不过幸运的是最终安然无恙。当时我们乘车到海边的邻居家去，我们乘坐的是一个用两匹纯种英国马拉的小篷车。正走着，一匹马开始跨开大步，

④约翰斯顿堡，离格拉斯哥 11 英里。

它的腿一下子被绊住了，然后它就开始乱踢。另一匹马也开始乱踢；走到花园的斜坡时，缰绳突然掉了，马车夫摔下车，摔得很厉害。马车也失去控制，撞了一棵树，又撞了另一棵树。我们从马车上也摔了下来，正好跌倒在悬崖边上，幸好悬崖边上的一棵树挡住了马车，一匹马缰绳松了，乱跑乱撞；另一匹马倒在车底下。车窗被树枝划烂了。万幸的是，我没什么大碍，只是由于跌撞，脚上碰出了许多淤血。仆人敏捷地跳出马车，所以最后只是马车跌坏了，两匹马受伤了而已。远处的人看到我和仆人一个乱跌乱撞，另一个在地上打滚，他们大叫起来，以为我们两个人性命难保。马还没有动的时候，我就钻出马车，发现我一切安好，没有人看到这一幕，我们两个人也纳闷我们是怎么保全性命的。这次经历让我想到了柏林的驻外大使伊曼纽在比利牛斯山的时候，他当时也遭受过这种灾祸。

肖邦 1848 年的袖珍年历
(Pocked calend of 1848)

城市印象

柏林

● 致在华沙的家人，1828 年 9 月 16 日，星期二，柏林，18 岁

直到现在，我除了看到动物园，其他也没看到什么。但是我对整个城镇有了些了解。因为这两天我一直在城里闲逛，发现这里的街道和桥梁真的特别美。我就不一一向你们介绍这里的主体建筑了。等我回去之后再跟你们仔细地介绍。不过，我对柏林的整体印象就是感觉整个城市建设得过于宽阔了，至少能住两倍的人口呢。

……柏林的郊区附近似乎没有什么特别的风景，但是让人感觉特别干净、整洁、精致，宛如在一颦一笑间用细节抓住了你的眼睛。

巴黎 1——一切超乎你的想象

● 致库迈尔斯基，1831 年 11 月 18 日，巴黎，21 岁

……有关我对这个大城市的印象好像只字未提呢。好，现在让我们言归正传吧。在这里（巴黎），你可以享受到最奢华无度的

待遇，也可以过最萎靡懒散的生活，既可以拥有最至高无上的美德，也可以最大张旗鼓地显摆卖弄；所到之处尽是张贴着医治花柳病的广告；吵闹声、喧哗声、机器的隆隆声以及随处可见的垃圾污垢都远远超乎你的想象。人往往可能在这近乎天堂一样的生活中萎靡颓废，当然也可以过得潇洒自如，在这里彼此之间没有人会过问另一个人的生活。冬天，你既可以衣衫褴褛地走在街头，也可以在一流的交际所里频繁出入；今天你可以在镶着壁镜、灯火辉煌的饭馆里花上 30 个苏吃一顿丰盛可口的晚餐，而明天就可以换个地方去吃顿要超过现在价格的三倍的午饭，而你得到的却是像鸟食一样微不足道的一点儿可怜的食物。你别不相信，这事就真的在我身上发生过，这都是因为对当地的情况不了解而付出的代价。都说"付出总有回报"，我也是在付出了金钱的代价之后明悉了这些道理。

巴黎 2——风把我吹到了这里

● 致在波图日恩的提图斯·沃伊杰乔夫斯基，1831 年 12 月 12 日，巴黎，21 岁

风把我吹到了这里（巴黎），人们可以尽情地放松，可有时候生活太安逸了，反而更容易让人感觉烦躁。巴黎就是你之所欲。你可以让你自己开心、无聊、大笑、大哭，为所欲为，没有人会看你，因为千千万万的人都像你一样做着相同的事情，每个人都随心所欲。

帕尔马

● 致在巴黎的尤利安·冯坦那，1838 年 12 月 28 日，帕尔马，28 岁

这里的大自然是非常仁慈的，但是这里的人却像贼。因为他们没见过外乡人，所以不知如何要价。橘子便宜得简直不要钱，裤子上的纽扣却贵得惊人。不过，当你拥有这片天空，这种万物呼吸散发出来的诗意，这种在人们眼中尚未褪色的多彩美景时，一切凡尘琐事都变得如沙砾一样微不足道了。没有人吓跑过每天在我们头顶上翱翔的老鹰！

肖邦的冰糖盒（Candi Box）
肖邦于 1850 年 3 月收到的礼物

马赛

● 致沃伊杰赫·格奇马拉，1839 年 3 月
27 日，马赛，29 岁

马赛非常丑陋。是个破旧的城市，历史
却并不悠久。它让我们感觉毫无趣味可言。

各个国家的人们

柏林女人

● 致在华沙的家人，1828 年 9 月 16 日，
星期二，柏林，18 岁

马勒尔斯基（Marylski）实在没有什么
鉴赏力，竟然说柏林女人美丽。她们的确也
注重穿着打扮，但看到面料华丽的衣服被皱
巴巴地穿在这些形象邋遢的女人身上，着实
让人惋惜。

肖邦 10 岁时收到的金表
（Gold watch presented by 10 years old
Chopin）

维也纳人

● **致家人，1831 年 7 月，星期六，维也纳，21 岁**

我在街上常会追逐长得像雅希或提图斯的人。昨天，我真该咒骂那个长得很像提图斯的人——那是个可恶的普鲁士人。别让我用的这些词语影响你们，对我所学习的维也纳有不良印象。的确他们做不到彬彬有礼，说话也不够礼貌得体，除了结尾处"卑贱的仆人"外，那些维也纳人天性中的任何毛病我都没染上。我甚至到现在为止还没彻底学会跳华尔兹，这就是明证！我的钢琴只能听到波兰玛祖卡的声音。

英国人 1

● **致家人，1848 年 8 月 19 日，伦敦，38 岁**

如果伦敦不是如此灰暗，人们不是如此阴沉，而且没有雾气和煤灰气味，我早就开始学习英语了。但这些英国人和法国人是如此不同，我已能认同自己和法国人一样，但英国人老是想到金钱，他们喜欢艺术是因为艺术是一种奢侈昂贵的休闲。他们心肠很好，但行事偏颇，我可以了解到一个人在这种情况下长大会如何变得麻木不仁，或是变得像机器一样。如果我年轻些，也许我会忍受过一种机械般的生活，到处演奏过着不很愉快但却成功的日子（一切都是为了赚钱），但现在才要将自己变成机器已经太迟了。

《乔治·桑像》
(Portrait of George Sand)
时间不详，阿尔弗雷德·德·缪塞，铅笔素描

英国人 2

● 致格奇马拉，1848 年 10 月 21 日，汉密尔顿公馆，38 岁

　　……在这里，艺术被理解为绘画、雕刻和建筑，音乐不是艺术，也不叫艺术。如果你说到艺术家，英国人想到的是画家、建筑家或者是雕刻家，而音乐不过是个职业，不是艺术。无论在谈话还是写作中，都没有人以艺术家来称呼任何一位音乐家。这是因为在他们的语言和习俗中，音乐是艺术之外的东西，是一种职业。你问任何一位英国人都会得到同样的回答，在这里内乌科姆（Neukomm）也是这么对我说的。音乐家们对此肯定是有责任的，我们要努力纠正这种看法！这些奇怪的家伙们完全是因为美而去弹奏，但如果你去教他们些像样的音乐的话，却被视为可笑。有一位有名的夫人，在这里算是一位杰出的音乐家了，我曾在她的府邸待过几天。有次在我演奏完钢琴之后，在另外几位苏格兰女士演唱完各类歌曲之后，有人把一架风琴送了进来，她居然用最严肃的神情在风琴上演奏出最糟糕的旋律。你有什么法子？我觉得仿佛这里每个人都有点神经不对头。另外一位夫人把自己的相册拿给我看，并对我说："女王陛下曾经看过它，我当时就站在她身边。"还有一位女士，玛丽斯多特的第 13 个表妹，为了表现独创精神，一边站着弹钢琴，一边唱着法语、英语混杂的情歌——《我爱过》！帕尔马公爵夫人告诉我，有一次一位女士对着她一边弹吉他一边吹口哨。那些知道我作品的人要求我："请为我弹奏你的第二首《叹息》，我

喜欢曲中的铃声。"她们每次欣赏完无不以
"犹如流水"之类的评论收场，也许是说我
演奏像流水般流畅。听我演奏过的英国女
士们没有一个不对我说"犹如流水"！！！
她们弹琴时，全都盯着自己的双手，以饱满
的激情，奏出错误百出的音符。古怪的人们，
愿上帝帮助她们。

　　（第一幅漫画）画的是一位勋爵穿着皱
领衣和护腿套，说话结结巴巴。

　　（第二幅漫画）画的是一位公爵，穿着
带马刺的靴子，驯鹿皮裤，外罩一件宽松的
睡衣。（见下图）

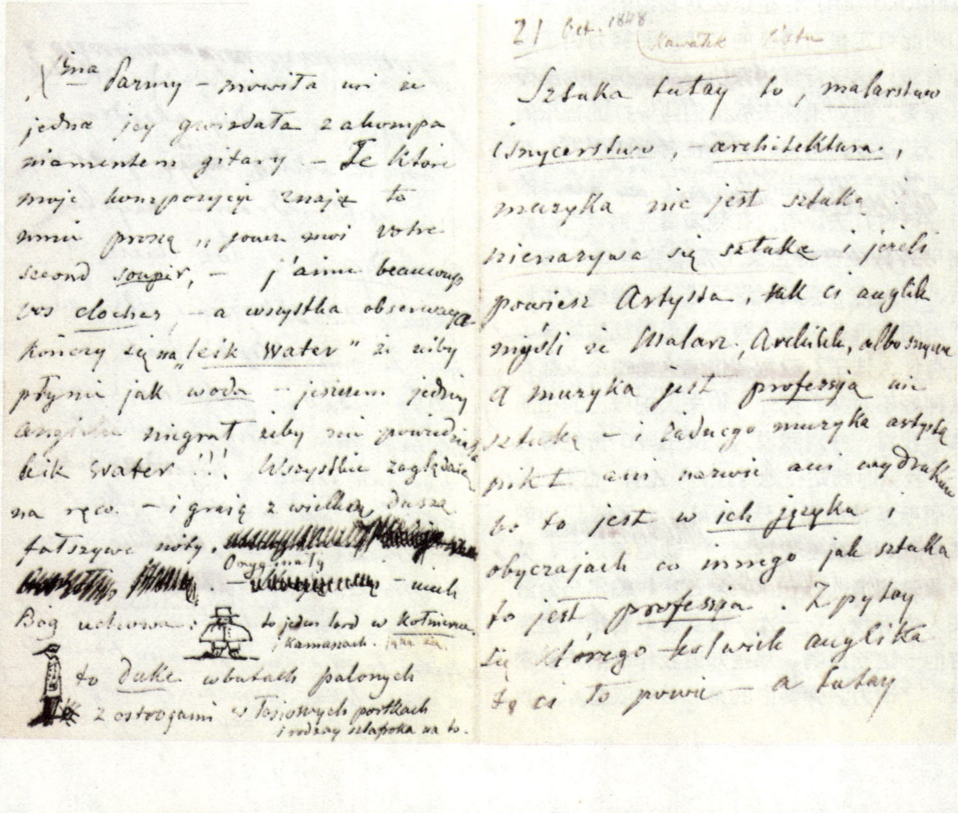

《致沃伊杰赫·格奇马拉的信》
(*Letter to Wojciech Grzymała*)
弗里德里克·肖邦

维也纳人

● 致沃伊杰赫·格齐马拉，1848 年 6 月 2
日，星期五，伦敦德芙大街，38 岁

　　出门访客应酬，要经历三四个小时在马
车上的颠簸，就好像从巴黎到了布伦①。而
这个距离在这里算近的！前几天有一个波兰
舞会，开得很成功。我有票，但我没有去，
因为我已没有气力了。在这次舞会之前我参
加了金勒夫夫人举办的宴会，云集了诸多达
官贵人、政要和衣冠禽兽之辈。我被介绍给
了那些我不认识的人们，可是我的心根本不
在伦敦：20 年在波兰，17 年在巴黎，在这
里我感到很不自在，特别是语言不通，这也
不奇怪。我演奏时他们不言不语，对我的音
乐总是赞不绝口。而我的那些小同行们，则
总是被他们冷落到一旁。我能感觉他们把我
看成业余艺术家，会很快成为显贵，因为我
穿着干干净净的鞋子，不会带着写有"从事
家教"和"晚会演奏"的名片到处拜访。罗
斯查尔德老夫人询问我的课怎么收费，因为
有位女士听过我弹奏，向她打听这事。因为
苏瑟兰德公爵夫人给我 20 金币，而且布罗
德伍德（送我钢琴弹的那个先生）也建议我
开这个价钱，所以我就回答 20 金币。这个
老夫人，显然很好心，说我弹得的确很好，
但是她还是建议我开价低一些，因为这个季
节需要价格公道。

　　由此看得出来，这里的人不怎么慷慨，
哪里都很难赚到钱。对资产阶级来说，需要
做惊人的事或是机械的东西，可是我干不来。
上层社会的人忙于应酬，非常高傲，如果他

们愿意仔细观察事物的话，他们又表现得富有涵养、极为公正。但是总有成千上万的事儿扰乱心神，使他们处于各种乏味的陈规俗套的包围中，音乐是好是坏，对他们来说是无所谓的，因为他们不得不从早到晚地听音乐。在这里，花卉展览有音乐，餐宴有音乐，旧货拍卖有音乐。萨瓦人、波西米亚人，我的同行蜂拥而至，混杂在一起。

看我写得好像你不知道伦敦什么情况似的。我倒想在私人的大房子里举办音乐会，如果成功的话，我可以拿到 150 个金币。可这里极少有这种事。因为，演一场歌剧能赚 1,000 多个金币，可是幕布还没拉开，900 多个金币就已经被花掉了。

苏格兰人

● 致弗朗肖姆，1848 年 8 月 6 日，爱丁堡，38 岁

这里的人长得丑，心地却明显很善良。奶牛长得很壮，但动不动就容易把人撞伤。这里的牛奶、黄油还有鸡蛋都无可挑剔，奶酪和鸡肉也很好吃。

音乐家也八卦

晚会

● 致提图斯·沃伊杰乔夫斯基，1829 年 11 月 14 日，华沙，19 岁

傍晚回来时，我在卡利兹参加了一个晚会。潘妮·万钦斯卡和潘娜·别尔纳卡都在。别尔纳卡小姐非要我跳舞。我只好和一位小姐跳了玛祖卡舞。这位小姐——潘娜·宝琳娜·涅兹科斯卡，不说比别尔纳卡小姐漂亮，至少也和她一样漂亮。她不想嫁给那位一直对她大献殷勤的密歇尔斯基将军。别尔纳卡小姐跟我谈了许多有关你和你哥哥的事情。看得出，在华沙度过的那个冬天唤起了她无尽的柔情蜜意。整个晚上我都在与她交谈，但只限于回答和询问。我从来没有像这天晚上那么喜欢过她。特别是她还谈到了你哥哥潘·卡罗尔的可爱性格。我不是在开玩笑，我告诉她，我会把晚上的一切都告诉你，还要把她逼我跳舞的事情向你诉苦。她可一点儿也不怕你知道。

婚礼

● 致提图斯·沃伊杰乔夫斯基，1830 年 5

月 15 日，星期六，华沙，20 岁

　　已经 63 岁高龄的医生比克塞尔和他死去妻子的侄女结婚了，这个女孩只有 17 岁。教堂里挤满了围观的人群，新娘不知道大家为什么都用同情的眼光看她。我是从伴娘——默里奥莱的女儿那里得知此事的。

新闻

● 致提图斯·沃伊杰乔夫斯基，1830 年 10 月 5 日，华沙，20 岁

　　下面是一些新闻。老戈斯基，那个磕巴，娶了潘娜·帕格斯卡，但是其他家庭成员们都还不知道这件事。老戈斯基在动身去比伊拉尼举办婚礼时，他儿子就跟他在一起，还说让他爸爸载他一程呢，完全不知道自己的爸爸就要做新郎官了。老戈斯基最后给了他一张购物券让他去买东西才摆脱了他。第二天上午，约翰尼和文森特·斯卡泽恩斯基一起去给他道贺时，他们发现老戈斯基看起来很尴尬，一直观察着窗外的动静，这让他俩感到很奇怪。老帕格斯基（新娘的父亲）待在房间里，老戈斯基正准备马车，小戈斯基还以为是老帕格斯基要去旅馆呢，所以一点也没觉得奇怪。可出去时，他又碰到了潘娜·帕格斯卡（现在已经是他的继母了）和她母亲一起进入房间，他就觉得奇怪了。他和他爸爸道别，他爸爸只是急匆匆地回答了一下就走了，掩饰不住的尴尬。随后他就去找前一天晚上才到的德兹康斯基……德兹康

斯基抱怨自己缺乏睡眠。小戈斯基问为什么。于是有了如下一番对话。

德兹康斯基："都是因为你父亲，他把所有的女仆都带走去准备婚礼了，现在家里乱死了。"

小戈斯基："什么意思？"

德兹康斯基："你刚进来之前没见到你父亲吗？"

小戈斯基："这是不可能的，他结婚怎么可能会不告诉我！"

德兹康斯基："你还是去问问负责照料马车的仆人吧！"

于是小戈斯基很伤心地回到了家里，发现老磕巴确实跟他耍了手段。潘妮·德兹康斯卡你认识的吧，她也不知道结婚的事。潘娜·帕格斯卡你也认识的吧，你曾在普鲁斯扎克家见过她，是一个小巧的、长得并不难看的女人，她曾经因小戈斯基而受到过伤害。很有可能老戈斯基就是为了他的儿子才结婚的。他们俩的婚礼是由德科特神父（你认识的）主持的。胡贝准备去意大利。诺瓦科夫斯基现在在比亚维斯托克，期待能找出点什么新鲜事来，他已经在那找到了工作，我真希望他不要回来了。演员诺瓦科夫斯基与一名女子在科拉科订婚了，真是可惜。德姆舍夫斯基告诉过我，订婚的那家人根本留不住他，因为他对婚姻提出的要求苛刻得可怕，其中第一条就是要求妻子必须跟他一样，也要去表演，而他未婚妻根本就不会表演。

《1830 年 11 月 29 日华沙军械库》
(Arsenal om 29 November 1830, Warsaw)
1831 年，克日什托夫・弗里德里克・迪特里希，凹版腐蚀制版法蚀刻画，据让・费利克斯・皮沃斯基 1830
年 11 月起义系列画所作

诡异的大衣

● 致在华沙的家人，1831 年 5 月 14 日，维也纳，21 岁

上周六原本打算放烟花，但是由于下雨落空了。这可真是奇怪：每次要放烟花时，天气总会不好。关于这件事，我跟你讲个轶事：据说某位绅士有一件不错的棕褐色大衣；但是每次只要他一穿上这件衣服，就会下雨。虽然他很少穿这件外套。可每次他穿这件衣服回家，衣服总是被雨淋得湿漉漉的。于是，他带着衣服去问裁缝：这是为什么呢？裁缝直摇头，也觉得很奇怪。于是就让他把衣服留下让他检查几天。他也不知道，他做的帽子啊、靴子啊、衬衫啊会不会引起同样的问题。毫不例外的是，这位裁缝穿上这件外套，一走出去就下倾盆大雨了，可怜的家伙忘了带伞，所以只能乘出租马车回去。一个更为可信的说法是，据很多人讲：裁缝的妻子和她的堂兄妹或朋友一起去喝咖啡了，她带走了雨伞。但事情就这样发生了。裁缝浑身都湿了，外套也湿了。裁缝没办法，只好等大衣晾干。等了一些日子之后，裁缝突然想到要把衣服撕开，也许衣服里面真有什么能吸引乌云的小魔怪。这可真是个伟大的主意啊！他把袖子撕开——什么也没有，他把下摆撕开——什么也没有，他把胸部的布料撕开，发现里面的衬里居然是烟花庆典通知的碎片！他把所有的碎片都清理干净，去除了通知，之后这衣服就不会变湿了！

① 维克多·雨果（Victor Hugo, 1802~1885），法国文学史上伟大的作家，法国浪漫主义学运动的领袖。与肖邦交往甚密。

风流雨果①

● **致家人，1845 年 7 月 20 日，诺昂，35 岁**

阿尔伯在来信中只告诉我，几家报纸都没点名地报道了两周前维克多·雨果闹的绯闻。一个不太有名的历史人物画家比亚尔先生，长得很丑陋，却有个漂亮的妻子。雨果勾引上了这个女人，却被比亚尔逮了个正着。比亚尔执意要让雨果被捕受罚，雨果只好拿出法国议员勋章，以获得缓期执行的喘息机会。比亚尔夫人本来想报复妻子一下，但最后两个人却闹得不得不私下分手。之后雨果突然开始了为期数月的旅行。雨果夫人（她倒是良善的人）便将比亚尔夫人保护起来。朱丽叶特是圣马丁剧院的女演员，已经在这里红了十多年了。雨果早就和她同居很久了。雨果不顾夫人、孩子，也不理会自己写过的多首有关家庭伦理道德的诗歌，与朱丽叶特远走高飞。巴黎人很高兴能有这么有趣的事情供他们茶余饭后乐一乐了。再加上雨果年近五十，在所有场合都表现得不苟言笑、正气凛然，人们就更有话说了。

肖邦镶嵌风格的墨水瓶
(Fryderyk Chopin's Inkpot in the boulle style)

大小仲马

● 致家人，1846 年 10 月 11 日，星期日，36 岁

你们知道吗，威克斯基已经和里奇小姐结婚了。里奇是意大利人，她的母亲是伯尼亚托夫斯卡。她母亲的弟弟，尼亚托夫斯基，是个在维也纳写歌剧的业余音乐爱好者，他现在已经到了巴黎。皮耶曾经给他写的一部歌剧配过一首诗，那首诗是大、小仲马写的。大仲马年岁还轻，却已有儿子了（结婚前就有了），小仲马也是个作家。尼亚托夫斯基写的新歌剧我不知道名字，今年冬天会上演的。

欧洲大事

骚乱

● 致提图斯·沃伊杰乔夫斯基，1830 年 9 月 22 日，星期三上午，华沙，20 岁

总算有机会向你解释我为什么还没出发②了。我父亲希望我不要去，主要是因为几周前在德国各地都开始爆发了骚乱。不要说莱茵河省刚立新国王的撒克逊人了，也不要说不伦瑞克、卡塞尔、达姆施塔特等地了，我们听说即使在维也纳也有数千人已开始为了面粉而操心。面粉供应出了什么问题我不知道，但是我知道是肯定有问题。在蒂罗尔州也已经开始出现排队购买了。意大利现在是人心惶惶……

②指肖邦去维也纳的计划。

①19世纪横行欧洲的霍乱，霍乱共有七次世界性大流行的记录。第一次始于1817年，随后的五次爆发，均发生在19世纪，故被称为"最令人害怕、最引人注目的19世纪世界病"。

1817年，一种特别严重和致命的霍乱病在印度加尔各答地区突然流行。在此后的15年中，霍乱向西传到世界其他大多数地方。与较早发生的黑死病相似，它是通过旅行者、商人和水手传播出去的。当报道说，霍乱开始从印度北部、阿富汗和伊朗传到欧洲后，欧洲人开始惊慌起来。到1830年，霍乱已传到俄罗斯，因而有些欧洲国家试图限制旅行者入境。在英吉利海峡，英国军舰拦截从疫病流行地区驶来的货船。但是霍乱病仍在蔓延。到1831年，霍乱病传到英国，致使7.8万人丧生。然后船舶又载着霍乱病越过大西洋，传到北美。霍乱迅速流行而事先没有预兆。在那个时候，人们不知道用什么药物来治疗这种疾病，所以得了此病便活不成了。每20个俄罗斯人中就有一人死于1830年那次霍乱爆发，每30个波兰人中也有一人死于该病。到1832年，霍乱才逐渐消失。

②托维斯基是波兰宗教神秘主义者，是救世主即将降临主义的创始人。他由于在课堂上向学生们灌输他的信仰而被法兰西大学开除，他的行为在波兰和法国都引起了轩然大波。

霍乱

● 致家人，1831年7月，星期六，维也纳，21岁

这里的人非常惧怕霍乱，怕得令人发笑。他们把抵御霍乱的祷告词印刷出售，他们连水果也不敢吃。很多人逃离了城镇。①

争执不断

● 致斯蒂芬·威特维基，1845年复活节，巴黎，35岁

我要告诉你的是：明天周一有一个复活节庆典，将在恰尔托雷斯基王子那里举行。今年密茨凯维奇不会发表演讲了，因为许多他曾经的追随者们弃他而去了，听说他们还给沙皇陛下写信祈求宽恕。但是更令人痛苦的是，有两个人（据说一个是皮利科夫斯基）在公证人面前签字画押，要把他们自己像财产那样，像奴隶那样臣服于托维斯基②，不过他们不牵涉孩子，而是要把自己全部生命都献给他。还有比这更荒唐的事情吗？密茨凯维奇和托维斯基的关系不像以前那样好了，托维斯基说他们把事情看得过于严重了，走得过头了。总之，他们之间就是一句话，争执不断。因此可以断定，最终将会是悲哀的结局。除此之外，其他事情还是老样子。

巴黎庆典活动

● 致家人，1845 年 7 月 20 日，诺昂，35 岁

从我写的这页开始，天气变了，今天雨一直淅淅沥沥地下个不停。我希望巴黎天气不要太坏，因为这个月有庆典活动。今年会跟你们去年看到的不同。到处都会灯火通明。今年夏天，一些头脑灵活的人又想出了新花样：在塞纳河上，让装扮③得漂漂亮亮的游船和威尼斯样式的贡都拉③船游弋在夜色中。新奇的美景让人们欣喜雀跃，据说许多人都去了河边去赏景了。今年香榭丽舍大街不会像去年那样灯火辉煌，但是游船码头还是会光彩纷呈，烟火表演、水上活动、小船云集等等，花样层出不穷。政府也会高度警戒，以减少事故的发生。说是"减少"是因为根本没办法阻止人们下河，所以总会有人淹死。就像在陆地上，总有人挤作一团凑热闹，相互踩踏。克拉桑提肯定记得有时候人们会拥挤到什么程度。这些人真傻，越是挤得厉害他们就越是开心。

③贡都拉（Gondolas），威尼斯特有的水上交通工具。它的历史可追溯至 11 世纪。纤细的船身和扁平的船底，使它十分适合航行在狭窄又水浅的运河中。最早在运河上的贡都拉有着各种颜色，当时的人们利用各种装饰和色彩来提高贡都拉的价值。自从 1562 年开始，威尼斯政府下令所有的贡都拉都要漆上黑色的船身，来遏止人们不断炫耀财富的做法。不过在特殊的场合，可以在船身加上鲜花来点缀。

皇室婚礼

● 致家人，1846 年 10 月 11 日，星期日，36 岁

马德里正在筹备女王和她表兄的婚礼仪式。女王的妹妹和菲利普国王的小儿子蒙庞西耶公爵的婚礼也在准备中。教育部部长萨

《致让·马图斯辛斯基的信》
(*Letter to Jan Matuszyński*)（原件遗失）
1830 年 12 月 26 日，弗里德里克·肖邦手稿，
于维也纳
　　"我诅咒我离开祖国的那一刻……我假装心
情平静，但一回到住处，就把满腔情绪发泄
到钢琴上……"

尔凡第（Salvandy）将大仲马、马可（一个年轻的作家，曾在他的指导下为他写过连载小说）和著名油画家刘易斯·布朗热一起从这里接走了，委派他们负责所有仪式和庆典的报道和绘画工作。大家都在谈论蒙庞西耶公爵准备什么礼物给他的未婚妻。女王（很年轻，却长得很胖）在给她的新郎准备礼物——除了宝座，还有镶着钻石的金羊毛领圈和剑柄上嵌有钻石的宝剑，剑身取自查里三世的一把宝剑，剑柄取自一位陆军元帅的权杖。还备有 17 辆华丽的马车，准备用来将参加婚礼的宾客送到阿特克教堂。这两对新人的婚礼都将在那里一起隆重举行，并且马车将载着他们从阿兰胡埃斯到马德里，就像这里的凡尔赛宫。如果这番描述能让你们颇有兴味的话，你可以看看报纸上德穆谢夫斯基的文章。你们肯定知道那位公主还不满 15 岁，而且她长得比女王好看些。下个月她的丈夫就会带她回巴黎，在那里的城市旅馆里会举行一场舞会和各种欢宴。如果我见到，我就可以跟你们讲讲她是不是和巴西公主约恩维利公爵夫人一样漂亮，约恩维利公爵夫人是整个家族中的美人，她身材修长，皮肤雪白，头发乌黑，眼睛很大。

时局动荡

● 致沃伊杰赫·格奇马拉，1848 年 6 月 2 日，星期五，伦敦德芙大街，38 岁

这里（伦敦）还是很平静的，无论是爱尔兰发生的事件①，还是宪章派的运动都没有使人感到不安。这些事情从大局来看显得并不那么重要。人们注意得更多的是巴黎的事态进展，是意大利和波兰。《泰晤士报》②报道了波兰的一些丑事，对这种不怀好意的态度连英国人都感到很吃惊。乔杰科基对波西米亚人的侵犯也是满腹猜忌，就让他们这群傻瓜们把事情都搞得一团糟吧，看他们以后怎么收拾残局，上帝会让他们付出代价的。

①爱尔兰事件，指的是新兴的爱尔兰激进组织密谋利用 1848 年革命后的局势组织反英起义，但由于未得到群众的支持，密谋被粉碎。

②《泰晤士报》，是伦敦一家有影响的日报，坚决反对 1848 年革命，对波兰也很不友好。

19 世纪的科学发明

新型机车

● 致家人，1845 年 10 月 1 日，诺昂，35 岁

布鲁内尔是位工程师（出生于法国），他修建了伦敦泰晤士河河下的隧道。且不说他别的发明，单说最近他刚刚发明出了一种新型机车，时速可以达到每小时 50 英里。这种机车有八个轮子。可那也不会使乘火车旅行舒服。

《巴黎马德莱娜大教堂远景》
(*Paris.Vue de la Madeleine*)
19世纪中叶，查尔斯·克劳德·巴夏里埃，彩色石版画
肖邦的丧礼在圣马德莱娜大教堂举行

海王星的发现、硝化棉和谐音机

● 致家人，1846 年 10 月 11 日，星期日，
36 岁

　　且不说别的新闻，你们可能听说过勒苏尔[1]计算出新天体的事情了吧。巴黎天文台长勒苏尔注意到天王星一些不规律的现象，认为是另一不明星体引起的，他描述了它的距离、方向和体积。总之，一切最后正如加勒在柏林和亚当斯在伦敦观测到的一样。通过数学演算得到这个发现，在科学上是一次多么伟大的胜利啊！在上一次的科学院会议上，阿拉果提议这颗行星应该以勒苏尔命名，却建议叫它雅纳斯。但勒苏尔更愿意叫它海王星。科学院各派意见分歧。但很多人认为应该以发现者的名字命名，发现者仅通过推算的力量证实了行星的位置，这是天文学史上是闻所未闻的丰功伟绩。既然彗星能叫维克或亨德，而天王星也被叫做赫歇尔，为什么这个星体就不能叫勒苏尔？国王马上委任他为荣誉军团的军官以示嘉奖。

　　你们肯定也听说了施宾先生发明了一种硝化棉吧。这里的人对它很好奇，一直没能见过。但是在伦敦，这些实验已当着阿尔伯亲王（女王的丈夫）的面做过。实验证实这种炸药粉力量更强大，无烟、无油而且不脏。浸泡到水里，干了以后又会恢复威力。引爆也比一般的药粉更快，因为把它放在普通炸药粉上，它会迅速爆炸。而普通的炸药还没着火。我光忙着给你们

①见 112 页旁注③。

写关于科学发明方面的事请了，就好像你们没有安特克和贝萨似的。希望贝萨在他新晋职位上过得愉快。天哪，马图辛斯基听说以后会多高兴啊。我无时无刻不在想他。我学生时代结交的朋友没有一个留在巴黎。

说到发明，这里又有一个，多少和我的专行有关。菲博先生是数学教授，又是机械师，他在伦敦展示了一个制作巧妙的自动装置，他称之为谐声机。这个装置可以清楚地说出长句子，而不只是一两个单词，更神奇的是它会唱海顿的咏叹调和《天佑女王》。如果歌剧导演有一些这样的机器人，他们就不需要请合唱团成员了，这些成员又费钱，又爱惹麻烦。这个机器很奇怪，通过杠杆、风箱、活塞、小链子（这个词用在这里可能不太合适）、管子、弹簧等等就能达到这种效果。我曾经在信里跟你们说过沃康松②的鸭子，能将吃下去的东西全部消化掉，沃康松也发明过一个会吹长笛的机器人。但是迄今为止没有哪个机器能将《天佑女王》连词唱出。两个月来，这个谐声机一直在埃及展览厅展出，巴泰克知道，埃及展览厅是专门用来展览各种各样奇特发明的。

② 雅克·德·沃康松 (Jacques de Vaucanson，1709~1782)，复兴时期法国丝绸制造检验员，著名的自动机械制造者。他发明了可以自动进食的鸭子（Vaucanson's Duck）。

/ 身体状况 /

①雷纳兹（Reinertz），波兰西部的
西里西亚（Silesian）矿泉地度假地。

无法远足

● 致在华沙的威尔赫姆·柯伯格，1826
年 8 月 18 日，雷纳兹①，16 岁

　　我们到了雷纳兹（Reinertz），先安顿
了下来。我已经喝了两个星期本地的水了。
他们说我气色看起来比以前好了，我觉得自
己胖了，而且还是跟以前一样懒惰，你也许
会把我长时间不动笔也归咎于此吧。但是如
果你了解我的生活方式的话，你肯定会同意
我连在家里坐下来的时间都没有。

　　……我也游览过雷纳兹周围的群山。我

　　1826 年为了应付 7 月波兰夏季考试的来临，肖邦花了
大量的时间和精力准备一般科目，超过负荷的肖邦，终于首
次病倒。7 月底，肖邦得悉自己已经通过考试后，才算松了
口气。7 月 27 日晚间，他和威廉·柯伯格一起到华沙歌剧
院（Warsaw Opera）聆听罗西尼的《鹊贼》。当晚，肖邦随
即作了一首小标题叫"再会，科尔伯格"的降 b 小调波兰舞曲。
第二天，肖邦启程前往位于波兰西部的西里西亚的矿泉地旅
游胜地雷纳兹度假，同行的还有他的母亲和姐妹露德维卡与
艾米莉亚。当时艾米莉亚已经病入膏肓，任何的休养或医药
都无法使她痊愈。第二年的春天，艾米莉亚过世，年仅 14 岁。

经常陶醉于这风景秀丽的峡谷，迟迟不愿下
山，所以有时候我是用四肢爬着下山的。我
从未试着去远足，因为他们不允许我去。离
雷纳兹不远的地方有座以石头闻名的山叫舍
乌埃尔山。山上的风景很迷人，但是山顶上
的空气对身体恢复不利，所以并非每个人都
能去。很不幸的是，我就是那些不允许去的
病人之一……

英俊小伙儿

● 致家人，1831 年 7 月，星期六，维也纳，
21 岁

从华沙来的查哈尔凯维奇
(Zacharkiewicz) 来拜访我，他的夫人曾
经在沙泽克 (Szaszek) 家见过我，她很惊讶，
我竟长成了一个英俊潇洒的小伙儿。我留了
右边的鬓角，留得很长了（左边没留，面对
观众的是我的右脸）。

三个医生

● 致在巴黎的尤利安·冯坦那，1838 年
12 月 3 日，帕尔马，38 岁

过去两周，我病得很重。虽然气温 18 度，
还有着玫瑰、橘橙、棕榈、无花果和岛上最
著名的三个医生，我还是感冒了。他们的诊
疗方法稀奇古怪，不可思议。第一个医生嗅
了嗅我吐出来的痰；第二个医生敲了敲我的

发给肖邦的母亲嘉斯蒂娜·肖邦的雷纳兹健康
矿泉疗养地病人卡
(Health Spa patient card in Reinerz,
issued to Justyna Chopin)
1826 年，印刷体原稿（包括在雷纳兹治疗的
账单）
1826 年嘉斯蒂娜与孩子们在雷纳兹度过夏天

胸；第三个医生摸了摸胸，并听了听我是怎样把痰吐出来的。第一个医生说，我死了；第二个医生说，我快死了；第三个医生说，我必死无疑。现在我的身体已经好转如初，我最不能原谅的是雅希，没把我的支气管炎治好，它会常常再犯。我很难阻止那些医生对我施行放血疗法……

虚弱的身体

● 致沃伊杰赫·格奇马拉，1848 年 10 月 1 日，爱丁堡，38 岁

……未来的日子愈来愈难过了。我愈来愈虚弱，无法创作任何乐曲，不是没有这样的意愿，而是受到体力的限制……整个早上一直到下午两点，什么事也没做成。我连穿衣服都没有力气，觉得难受。我急促地喘息，这种状态一直持续到晚饭时间。吃晚饭的时候，我必须枯坐桌旁两个小时，陪着许多人，看着他们喝酒，听着他们聊天。我感到无聊之极（虽然他们在饭桌前彬彬有礼，而且用法语交谈，但我想的是一回事，他们想的却是另一回事，无法沟通），我回到客厅，在那里我尽全力表现得振作些，因为他们总会要我弹奏几曲。然后，好心的丹尼尔把我搀扶到我的卧室（知道吗？我在这里的卧室一般都是在楼上的），帮我更衣，扶我上床，留一盏灯，这样我就可以自由呼吸了，我慢慢地进入了梦乡，一觉睡到了天亮，继续我又一天同样的生活。但我刚熟悉了一个地方的生活环境以后，我就又要离开了，去往另

《肖邦辞世时的面部模型》
(*Posthumous mask of Fryderyk Chopin*)
1849 年 10 月 17 日，让·巴蒂斯特·克莱辛格，石膏像，同时代复制品
肖邦辞世后立即制作

一个新的地方。我的苏格兰女士们让我不得清静。她们不是来接我赴宴，就是带我去见不同的亲戚（基于礼貌，她们会让她们的亲戚不断邀请她们）。这种礼节真让我快窒息了，同样出于礼节，我无法拒绝她们的好意。

病情严重

● **致格奇马拉**，1848 年 10 月 17 日至 18 日，伦敦，38 岁

　　我已经躺在床上 18 天了，自从我到达伦敦后，我就一步也没出过这房间。我得了重感冒，头也疼，还大喘气，几乎所有的病症我身上都有。医生每天都会过来给我看病（马伦医生在这里很有名望，他以施行顺势疗法出名，他是我苏格兰房东的亲戚，盖恩斯伯爵夫人是他的弟妹。他让我身体暂时硬朗起来，所以，在昨天的波兰演奏舞会上，我才能够演奏一曲，那个演奏会的场面实在太壮观了）。尽管演奏完我就离开了，但我还是整夜未能入眠。除了不停地咳嗽和呼吸困难外，我头也是疼得要命。到目前为止，大雾还是没有要散开的迹象，虽然得了感冒，但我必须把窗户都打开透透气，这样我也能呼吸点新鲜空气。

　　……现在我什么事都不想管了……我从来不诅咒别人，但现在我的日子是如此不堪，诅咒露克蕾西亚（Lucrezia）①似乎会让我好过一点，不过她也同样身受折磨，在愤怒的情绪里逐渐变得又老又丑，而承受更

①即乔治·桑。

多的折磨。我对索兰热的遭遇寄予无限的同
情……为什么上帝用让我生病的方法来一
点一点地折磨我，让我不停地发烧，为什
么不让我立刻就死掉呢？除了这些烦人的
事外，我那善良的苏格兰女士们也来烦我。
埃斯肯夫人（厄尔斯金）是个虔诚的新教
徒，心很好，也想把我变成个新教徒。她给
我拿了本《圣经》，谈了些关于灵魂的事，
读了些《圣经》里的诗篇给我听。她是个
可怜的虔诚之人，她是真正关心我的灵魂，
经常给我说另一个世界比现世要好。真的，
我发自内心地赞同这一点，我引用了《圣经》
里的经文来回答她，解释说我理解也明白这
个道理。我真心地拥抱你，给我回一封信吧，
也请原谅我日益暴躁的脾气，都是生病惹的
祸啊。

肺结核病人

● 致格奇马拉，1849 年 7 月 10 日，巴黎，
39 岁

　　我视如生命的朋友，我身体十分虚弱。
现在有些腹泻。昨天咨询了克鲁维耶医生，
他建议我不吃不喝，只是静养。他说若顺势
疗法对我起效，那是因为不服用药物，就不
会给身体造成负担……但是我明白他是把我
当成肺结核病人来医治的，因为他开了一茶
匙的什么药，里面添加了地衣。

肖邦用于饮用雷纳兹矿泉水的杯子
19 世纪，镀金玻璃杯

病中多疑

● （转译自法语的波兰文）致在巴黎的弗朗肖姆，1849 年 8 月，巴黎夏洛特大街，39 岁

亲爱的！

给我寄点你的波尔多葡萄酒吧，这些天我得喝点酒，但是现在我这里一点都没有了。寄的时候把酒瓶包好，封上你自己的封印。防备这些送信的人偷喝！我现在找不到一个可靠的送信人了。看我现在变得这么多疑了！

病中期盼友人到来 1

● 致在卡尔斯巴德的沃伊杰赫·格奇马拉，1849 年 8 月 20 日，巴黎，39 岁

我亲爱的朋友！

你要去奥斯坦德了。可我现在身体这么虚弱，根本不能离开巴黎去见你。但是我希望上帝能让你离我更近一些。医生不允许我外出旅行了。我在房间里喝着比利牛斯山的水，但是我觉得你如果能来的话比喝什么药都更管用。

病中期盼友人到来 2

● 致在奥斯坦德的沃伊杰赫·格奇马拉，1849 年 9 月 12 日，巴黎，39 岁

《肖邦的波兰和法国诗人和作家朋友的名字》（*Names of his Polish an French poet and writer friends*）
肖邦 1849 年的日历散下来的卡片，弗里德里克·肖邦手迹

弗里德里克·肖邦的 1849 年版袖珍日历
(Fryderyk Chopin's pocket calendar for
1849)
1848 年出版，印刷品，封皮棕色，刻有装饰
肖邦收集了大量价廉物美的小东西，并喜欢
把它们送给朋友们。

①可惜的是，肖邦没能熬过那年的
冬天，于一个月后就去世了。

　　我已经没有足够时间为你申请来此地的
许可证了。我无法为此亲自出门奔波，因为
我每天有半天时间是躺在床上的。所以我就
去找了个有影响的朋友帮我忙。一切都要等
到星期六才能确定。我真想出国，想坐火车
去瓦朗谢纳市拥抱你。但是前几天，我身体
虚弱得连凡尔赛附近的阿夫拉耶别墅都走不
到了，甚至不能去那里见我的教女。几位医
生不允许我离开巴黎一步，都是我的错，生
了病，否则我就可以在比利时的某地见你了。

　　也许你能设法来到这里，但是我不能太
自私让你大老远的专门来看我，而且我现在
太虚弱了，你来这里我只能让你感到几小时
的失望和无聊，交织着几小时愉快美好的回
忆，而我想让我们在一起的每一分每一秒都
完完全全是幸福的。

身体每况愈下

● （转译自法语的波兰文）致在巴黎的弗
朗肖姆，1849 年 9 月 17 日，巴黎，39 岁

　　你在芒市生病了，让我感到很难过。你
现在在杜兰，那里的阳光肯定会让你的身体
好些的。至于我，我现在身体每况愈下。克
鲁维勒先生、路易先生和布拉海先生会诊后
断言，我不宜出行，只能待在巴黎，住朝南
的房间。经过不断地寻找，已经找到这么一
套符合条件的住房，但是租金非常昂贵，地
址是靠近旺多姆广场 12 号。米拉在找房子
的时候帮了很多忙。总之，在今年冬天我会
在一个条件很好的住处接待你们了。①姐姐

会一直留在我这儿，除非家里催促她回国。我爱你，这就是现在我能对你说的一切。因为我可能随时倒下，不省人事。我太虚弱了。姐姐说很高兴能再次见到弗朗肖姆夫人，我也是。替我问候福雷斯特先生和夫人。我多么希望能和你们一起呆上几天啊。李格丽特夫人还在海边住着吗？别忘了见到她和她丈夫的时候带去我的问候。亲吻你的孩子，记得给我写信。

病中绝笔

这种咳嗽令我窒息，我请求你们解剖我的身体，以免我被活生生地埋葬。

这是肖邦的遗言，用铅笔写在信纸上。

《男子漫画》
（*Man's caricature*）（原作遗失）
无日期，弗里德里克•肖邦，铅笔画
肖邦的幽默感反映在很多方面，漫画是其中之一。

FRÉDÉRIC CHOP

19 OCTOBRE 1849

《临终时的肖邦》
(*Fryderyk Chopin on his deathbed*)
肖邦的左侧头部；两幅左手图
1849 年 10 月 19 日，阿尔伯特·格雷夫勒，
铅笔画

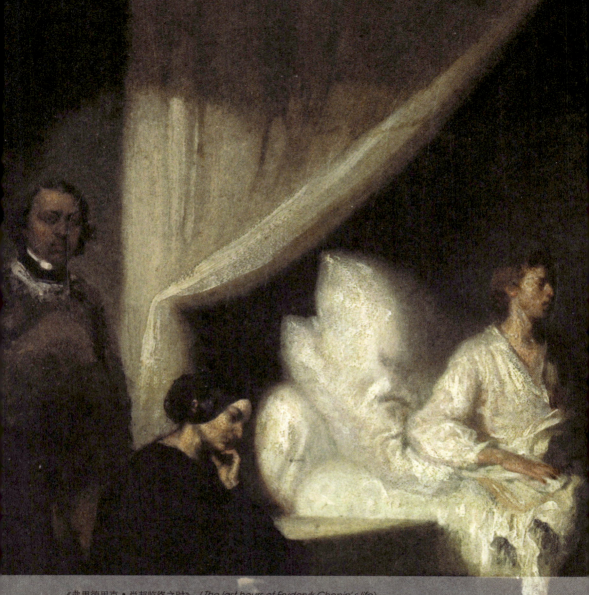

《弗里德里克·肖邦临终之时》（*The last hours of Fryderyk Chopin's life*）
1849 年，泰奥菲尔·克维亚特科夫斯基，木板油画
病危卧床的弗里德里克·肖邦，四周围绕着他的朋友：神父亚历山大·耶沃维茨基、玛赛琳娜·恰尔托雷斯卡、沃伊杰赫·格奇马拉和泰奥菲尔·克维亚特科夫斯基。站在肖邦病榻前的是露德维卡·杰瑞兹维克斯，肖邦的姐姐。

图书在版编目(CIP)数据

多面肖邦 / （波）肖邦（Chopin, F.）著 ； 王云松
等编译. — 济南 ： 山东美术出版社，2011.8
　（艺术大师自画像）
　ISBN 978-7-5330-3516-7

　I. ①多… II. ①肖… ②王… III. ①肖邦，
F. (1810~1849) - 自传 IV. ①K835.135.76

中国版本图书馆CIP数据核字(2011)第126042号

项目统筹：张　芸
责任编辑：霍　覃
装帧设计：徐春红
主管部门：山东出版集团
出版发行：山东美术出版社
　　　　　济南市胜利大街39号（邮编：250001）
　　　　　http://www.sdmspub.com
　　　　　E-mail:sdmscbs@163.com
　　　　　电话：0531-82098268　　传真：0531-82066185
　　　　　山东美术出版社发行部
　　　　　济南市胜利大街39号（邮编：250001）
　　　　　电话：0531-86193019　　86193028
制版印刷：山东临沂新华印刷物流集团有限责任公司
开　　本：165×210毫米　16开　20印张
版　　次：2011年8月第1版　2011年8月第1次印刷
定　　价：45.00元